桥梁抗震与抗撞

任 亮 郭忠照 编著

人民交通出版社股份有限公司
北 京

内 容 提 要

本书结合最新的桥梁结构抗震和抗撞设计规范，系统介绍了桥梁抗震与抗撞的基础知识、设计方法和具体设计过程，是学习桥梁抗震与抗撞的入门用书。本书的内容包括动力学基本理论、桥梁震害、抗震设计、抗震分析、桥梁减震与隔振、桥梁撞击破坏与抗撞理论、撞击数值模拟和基于性能的桥梁抗撞设计。

本书可作为高等院校土木工程专业桥梁工程方向本科及研究生的教学用书，也可作为桥梁工程技术人员的参考用书。

图书在版编目(CIP)数据

桥梁抗震与抗撞 / 任亮，郭忠照编著. — 北京：人民交通出版社股份有限公司，2023.11
ISBN 978-7-114-18965-4

Ⅰ.①桥⋯ Ⅱ.①任⋯②郭⋯ Ⅲ.①桥梁工程—抗震设计②桥梁工程—防撞—结构设计 Ⅳ.①U442.5

中国国家版本馆 CIP 数据核字(2023)第 166049 号

Qiaoliang Kangzhen yu Kangzhuang

书　　名：	桥梁抗震与抗撞
著 作 者：	任　亮　郭忠照
责任编辑：	朱明周
责任校对：	刘　芹
责任印制：	张　凯
出版发行：	人民交通出版社股份有限公司
地　　址：	(100011)北京市朝阳区安定门外外馆斜街 3 号
网　　址：	http://www.ccpcl.com.cn
销售电话：	(010)59757973
总 经 销：	人民交通出版社股份有限公司发行部
经　　销：	各地新华书店
印　　刷：	北京建宏印刷有限公司
开　　本：	787×1092　1/16
印　　张：	12.25
字　　数：	268 千
版　　次：	2023 年 11 月　第 1 版
印　　次：	2023 年 11 月　第 1 次印刷
书　　号：	ISBN 978-7-114-18965-4
定　　价：	49.00 元

(有印刷、装订质量问题的图书，由本公司负责调换)

前　言

近年来,随着我国经济快速发展,对交通运输需求量日益增大,桥梁作为交通网络的重要组成,修建数量飞速增长,随之而来的便是各种各样的安全问题,如桥梁自身耐久性不良导致的承载力不足,地震、车辆超载以及外部荷载的撞击导致桥梁结构的损伤、破坏甚至倒塌。在各种安全问题中,地震与外部荷载的撞击对桥梁结构的破坏日趋频繁,不仅造成巨大的经济损失和社会影响,而且还会危及人们的生命安全。因此,如何提升桥梁结构的抗震和抗撞设计水平已成为工程领域亟待解决的一个难题。

本书在这种背景下,力求反映近年来国内外桥梁抗震与抗撞的最新知识、成果以及有关新标准和新规范,并注重理论联系实际,同时紧密结合桥梁抗震和桥梁抗撞近年来的科研成果、工程实践及其在桥梁工程设计、施工、管理等方面的应用。本书适用面广,不仅可作为高等院校土木工程专业桥梁工程方向本科和研究生的教师及学生用书,也可作为桥梁工程设计、科研、施工、管理、技术和生产人员的参考用书。

本书由华东交通大学任亮、郭忠照编著。编写具体分工如下:任亮编写第一篇的第2章、第3章,第二篇的第2章、第3章、第4章,第三篇的第1章、第2章、第3章、第4章;郭忠照编写第一篇的第1章,第二篇的第1章。参与本书文字整理工作的还有华东交通大学陈天赐、方舟、章宇豪、郑胜佩等硕士研究生。全书由任亮、郭忠照统稿。在编写过程中,编者参考了同行大量的资料,并得到了国家自然科学基金项目(5206824)的资助,在此一并表示感谢。鉴于编者水平和时间有限,疏漏之处在所难免,恳请广大师生和同行提出宝贵的意见和建议。

编　者

2023 年 8 月于南昌

目 录

第一篇 结构动力学基本理论

第1章 结构动力学概论 2
1.1 结构动力学基本概念 2
1.2 结构体系的自由度 5
1.3 体系运动方程的建立 8
思考题与习题 9

第2章 单自由度体系的振动 11
2.1 单自由度体系无阻尼自由振动 11
2.2 单自由度体系有阻尼自由振动 15
2.3 单自由度体系无阻尼强迫振动 18
2.4 单自由度体系有阻尼强迫振动 21
思考题与习题 24

第3章 多自由度体系的振动 26
3.1 多自由度体系运动方程的建立 26
3.2 多自由度无阻尼体系自由振动 29
3.3 多自由度无阻尼体系强迫振动的振型分解法 31
3.4 多自由度有阻尼体系强迫振动的振型分解法 33
思考题与习题 34

第二篇 桥 梁 抗 震

第1章 桥梁震害 38
1.1 地震分布与危害 38
1.2 地震震级与烈度 39
1.3 上部结构震害 40
1.4 支座震害 42
1.5 下部结构和基础的震害 44
1.6 桥梁震害教训与对策 47
思考题与习题 49

第 2 章 桥梁抗震设计 50
2.1 桥梁抗震设防标准 50
2.2 设防分类 51
2.3 抗震设计方法及流程 54
2.4 地震动的输入 55
2.5 场地与地基 61
2.6 桥梁抗震概念设计 68
2.7 桥梁延性抗震设计 71
思考题与习题 81

第 3 章 桥梁抗震分析 82
3.1 抗震理论演变 82
3.2 反应谱法 87
3.3 动态时程分析法 94
3.4 功率谱法 96
3.5 抗震分析示例 98
思考题与习题 102

第 4 章 桥梁减隔震设计 103
4.1 减隔震技术的原理 103
4.2 减隔震装置与系统 105
4.3 桥梁减隔震设计 110
4.4 减隔震设计在桥梁中的应用 114
思考题与习题 119

第三篇 桥 梁 抗 撞

第 1 章 桥梁撞击破坏 122
1.1 车桥碰撞破坏 122
1.2 船桥碰撞破坏 124
1.3 落石撞击破坏 126
1.4 桥梁撞击破坏教训与对策 128
思考题与习题 129

第 2 章 桥梁抗撞理论 130
2.1 桥梁碰撞研究方法 130
2.2 撞击力 134
2.3 极限抗撞承载力 138
思考题与习题 144

第3章 桥梁撞击数值模拟 ··· 146
  3.1 LS-DYNA 软件 ·· 146
  3.2 车桥碰撞数值模拟 ··· 160
  3.3 船桥碰撞数值模拟 ··· 163
  3.4 落石撞击数值模拟 ··· 165
  3.5 车桥碰撞分析示例 ··· 166
  思考题与习题 ·· 170

第4章 基于性能的桥梁抗撞设计 ······································ 171
  4.1 桥梁抗撞设防标准 ··· 171
  4.2 桥梁抗撞设防分类 ··· 172
  4.3 抗撞设计方法及流程 ··· 173
  4.4 桥梁抗车撞设计 ··· 175
  4.5 桥梁抗船撞设计 ··· 179
  4.6 桥梁抗落石撞击设计 ··· 182
  思考题与习题 ·· 184

参考文献 ··· 185

第一篇　结构动力学基本理论

　　结构动力学是研究动力荷载作用下的结构内力和变形的一门技术学科，是动载环境下工程结构安全和可靠性评估的理论基础。本篇共分为3章。第1章是结构动力学概论，介绍了建立结构体系运动方程的常用方法。第2章是单自由度体系振动的基本理论，主要讲解了单自由度体系的自由振动和受迫振动响应计算问题。第3章是多自由度体系振动的基本理论，主要介绍多自由度体系运动方程的建立、固有频率和固有振型的概念、主坐标和振型矢量的正交性，重点介绍了求解多自由体系受迫振动响应的振型分解法。

第 1 章
结构动力学概论

1.1 结构动力学基本概念

1.1.1 结构动力分析的目的

实际工程中的桥梁,不仅受到静力荷载作用,还承受大量的动力荷载作用,例如车辆荷载、风荷载、地震荷载等。静力荷载作用下的桥梁服役性能良好,桥梁设计和分析理论已较为完善。相比较而言,动力荷载作用是桥梁结构损伤和破坏主要原因之一,例如地震引起的桥梁结构倒塌破坏,风荷载导致的大桥振动甚至垮塌,船舶、车辆撞击引发的桥梁振动等,其造成破坏和损失的程度远大于静力荷载。因此,动力荷载引起的桥梁结构振动一直是工程人员和研究者关注的焦点之一。

结构动力学研究的目的是分析动力荷载作用下结构的内力和变形(统称响应),并通过动力分析明确结构的动力特性,旨在为工程结构的可靠性评估提供坚实的理论基础。

1.1.2 动力荷载的定义及分类

1) 动力荷载的定义

作用在结构上的荷载由 3 个因素确定:大小、方向、作用点。如果这些因素不随时间变化或随时间缓慢变化,则这种荷载为静力荷载。如果荷载的大小、方向和作用点随时间变化,则这种荷载为动力荷载。

事实上,绝对静止的荷载是不存在的,荷载变化的快与慢是相对于结构的固有周期而言的。一种随时间变化的荷载是否为动力荷载,需要将荷载本身的特征和结构的动力特性结合起来考虑才能确定。

2) 动力荷载的分类

根据荷载是否具有随机性,动力荷载可以分为两类:确定性(非随机)荷载和非确定性(随机)荷载。确定性荷载是指当时间给定后,荷载量值是唯一确定的,亦可称之为数定的动力荷载。非确定性荷载的量值随时间的变化规律不是唯一确定的,是一个随机过程,故亦可称为随机荷载或非数定的动力荷载。

根据荷载随时间的变化规律,动力荷载一般可以划分为两类,即周期荷载和非周期荷载。根据结构对不同荷载的反应特点或根据动力分析方法的不同,周期荷载又可分为简谐荷载和非简谐周期荷载。非简谐周期荷载又分为冲击荷载和一般任意荷载。

(1) 简谐荷载

简谐荷载随时间做周期性变化,可以用简谐函数 $F(t)=A\sin\theta t$ 或 $F(t)=A\cos\theta t$ 来表示其变化规律,其中,$F(t)$ 为简谐函数,A 为振幅,θ 为频率,t 为时间变量,如图 1-1-1a)所示。

(2) 非简谐周期荷载

非简谐周期荷载随时间做周期性变化,是时间 t 的周期函数,但不能简单地用简谐函数来表示,例如平稳情况下波浪对堤坝的动水压力、轮船螺旋桨产生的推力等,如图 1-1-1b)所示。

(3) 冲击荷载

冲击荷载的幅值(大小)在很短时间内急剧增大或急剧减小,例如爆炸引起的冲击波、突加重量等,如图 1-1-1c)所示。

(4) 一般任意荷载

一般任意荷载的幅值变化复杂,难以用解析函数表示,例如由环境振动引起的地脉动、地震引起的地震动以及脉动风引起的结构表面的风压时程等,如图 1-1-1d)所示。

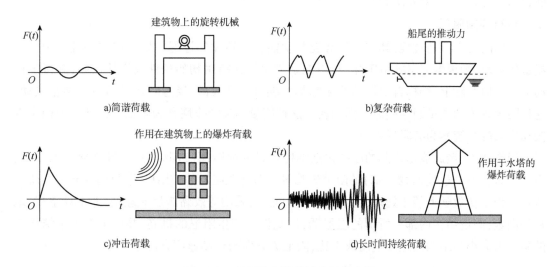

图 1-1-1　典型动力荷载的特性及来源

1.1.3　结构的动力特性

表征动力荷载作用下结构响应规律的物理量,即结构动力特性,与结构的质量、刚度分布和能量耗散等有关。结构的动力特性包括三个方面:结构的自振频率、结构的振型、结构的阻尼。对于不同的结构,只要结构的动力特性相同,则相同动力荷载作用下的结构响应(位移、速度、加速度等)是一样的,这和静力分析是不同的。因此,结构动力特性是结构动力分析的重要内容。

1) 结构的自振频率

当结构受到某种外界干扰后产生位移或速度而偏离平衡位置,但外界干扰消失后结构将在其平衡位置附近继续振动,这种振动就称为自由振动。

结构在自由振动时的频率称为结构的自振频率或固有频率,用 ω 表示。自振频率的个数与结构的自由度相等。

将结构的自振频率按由小到大的顺序排列,称为结构的频率谱。不同类型的结构具有不同的频率谱特征。频率间隔较大的频率谱称为稀疏型频率谱,如单跨梁、悬臂梁和不考虑扭转振动的房屋建筑等结构,其频率谱为稀疏型频率谱。频率间隔较小的频率谱称为密集型频率谱,如连续梁、板、空间结构、考虑扭转振动的房屋建筑等结构,其频率谱为密集型频率谱。频率谱中最小的频率称为结构的基本频率,简称基频(或第1阶频率),记为 ω_1,其余频率依次记为 $\omega_2, \omega_3, \cdots, \omega_n$,相应地称为第2阶频率、第3阶频率……第 n 阶频率。

2) 结构的振型

当结构按频率谱中某一自振频率做自由振动时,其变形形状保持不变(即振动过程中各个质点的位移之比保持一个确定的关系),这种变形形状称为结构的主振型(或固有振型),简称振型。结构按基频做自由振动时的振型称为结构的基本振型,其余依次称为第2阶振型、第3阶振型……第 n 阶振型。

3) 结构的阻尼

结构的自由振动过程,其实质是势能与动能相互转化的过程。如果在这一过程中没有能量的耗散,则根据能量守恒定律,自由振动将永远保持由初始条件决定的振幅,并持续运动下去。但实际上,结构自由振动的振幅都会随时间而衰减,经过一定时间后会停止振动,这是因为系统的能量因某些原因而消耗。这种能量的耗散作用称为阻尼。由于阻尼而出现振动衰减的系统称为有阻尼系统。

通常认为,造成能量耗散的原因包括结构材料的内摩擦(或黏性)、构件连接处的摩擦、周围介质(如空气、建筑物地基)的阻力影响等。但有关阻尼的作用机理,目前尚未完全研究清楚。为了从数学上便于处理,通常进行一些假定,采用等效黏滞阻尼理论,即不计空气、地基等因素,假设结构内部有所谓的阻尼器,以此作为产生阻尼的机制,并假定作用于结构上的阻尼力大小与结构的运动速度成正比,阻尼力方向与运动速度方向相反。

1.1.4 结构动力学的特点

结构动力学与结构静力学相比,有以下几方面的不同:

第一,结构动力学的数学处理更复杂。开展结构动力分析时,要考虑结构因振动而产生的惯性力和阻尼力,而惯性力涉及位移对时间的二阶导数,这样需按牛顿运动定律建立微分方程,而对于结构静力学的线弹性问题,平衡方程为线性方程。另外,有关阻尼作用机理,目前尚未完全研究清楚,只能在数学上做一些假设处理,结构静力学则不存在此类问题。

第二,由于荷载和结构响应随时间变化,动力学问题不像静力学问题那样具有单一解,必须建立与时间有关的一系列解答。因此,动力分析比静力分析更复杂且更耗时间。

第三,结构的动力响应不仅与荷载变化规律有关,还与结构的刚度分布、质量分布、能量耗散等情况有关。

1.2 结构体系的自由度

结构系统的动力计算和静力计算一样,也需要选择计算简图。因为要考虑质量的惯性力,所以必须明确结构的质量分布情况,并分析结构可能产生的位移。在结构系统运动的任一时刻,确定其全部质量位置所需的独立几何参变量的个数,称为系统的动力自由度,简称自由度。这些独立的参数是动力分析的基本未知量,它们是线位移或角位移。按照结构体系的动力自由度的数目,将结构体系分为单自由度体系(即1个自由度)、多自由度体系(自由度等于2或大于2)及无限自由度体系。

实际结构的质量是连续分布的,因此,它们都是无限自由度体系。无限自由度体系的动力计算十分复杂,只有一些很简单的情况才能给出解答。因此,通常对结构计算模型加以简化,常采用的简化方法为结构离散化方法,把无限自由度问题转化为有限自由度问题。动力分析中常用的结构离散化方法有集中质量法、广义坐标法和有限元法。

1.2.1 集中质量法

集中质量法把连续分布的质量集中到有限个质点上,即把连续分布的质量离散成为有限个集中质体。该方法是结构动力分析最常用的处理方法。

图 1-1-2 是两个质量连续分布的结构,通过集中质量法将无限自由度体系转化为有限自由度体系。图 1-1-2a)为一简支梁,通过把连续分布的质量集中到如图 1-1-2a)所示的梁中间三个点上,即用集中质点代替连续分布质量,将梁简化为具有三个质点的有限自由度体系。如果仅考虑梁平面内的横向运动,则集中质量简支梁具有三个横向位移自由度,即两个线位移和一个角位移。图 1-1-2b)为三层平面框架结构,如果把每一层柱和梁的质量集中到相应楼层梁的中点,则框架结构成为具有三个集中质点的有限自由度体系。

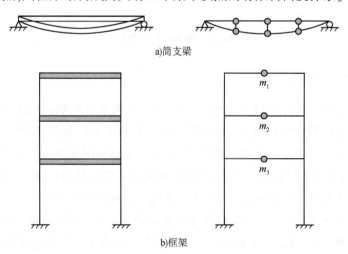

a)简支梁

b)框架

图 1-1-2 集中质量法离散化示意图

1.2.2 广义坐标法

对于质量连续分布且比较简单的结构,可采用广义坐标法。广义坐标法是从数学的角度对体系运动的位移形态施加一定的内在约束,使体系由无限自由度转化为有限自由度。这种约束位移形态的数学表达式称为位移函数(形函数),其中所含的独立参数即为广义坐标。

设图1-1-3a)所示简支梁在 t 时刻 x 点的位移为 $y(x,t)$,将它用一族位移函数的线性之和表示:

$$y(x,t) = \sum_{i=1}^{\infty} q_i(t) \sin \frac{i\pi x}{l} \tag{1-1-1}$$

式中,$\sin(i\pi x/l)$ 为满足位移边界条件的位移函数;$q_i(t)$ 为待定参数,亦称为广义坐标。给定各个广义坐标 $q_i(t)$,则 $y(x,t)$ 即可确定,结构的无限个自由度可以用无限个广义坐标 $q_i(t)$ 表示。一般情况下,只需要前面有限项叠加就有足够的精度,比如取前三项叠加,这样就将无限自由度系统简化为三个自由度的系统,如式(1-1-2)所示。

$$y(x,t) = \sum_{i=1}^{3} q_i(t) \sin \frac{i\pi x}{l} \tag{1-1-2}$$

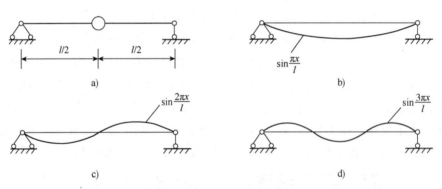

图 1-1-3 简支梁的广义位移

1.2.3 有限单元法

有限单元法是将实际结构视为有限个在结点处互相连接的单元所组成的离散体系,对每个单元给定插值函数,然后叠加单元在各个相应结点的贡献,最终建立结构体系的求解方程。有限单元法根据基本未知量选取的不同,可分为位移有限元法、应力有限元法和兼有应力、位移未知量的混合有限元法。其中,位移有限元法的应用最为广泛。位移有限元法又可分为刚性有限元法和变形有限元法,两者各自适用于不同的工程问题。

对质量连续分布的实际结构,位移有限元法中的体系自由度数为单元结点可发生的独立位移未知量的总个数,如图1-1-4所示。位移有限元法的要点是先把结构划分成适当数量的单元,然后对每个单元运用广义坐标法,通常取单元的若干个几何特征点处的广义位移作为广义坐标,并对每个广义坐标建立相应的位移函数。这样,无限自由度的体系就被简化为有限个自由度的体系。

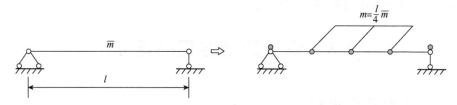

图 1-1-4　简支梁单元与质点的划分示意图

有限单元法综合了集中质量法和广义坐标法的部分特点,是非常灵活有效的结构离散化方法,它提供了既方便又可靠的理想化模型,特别适用于计算机建模分析,是最为有效的数值计算方法。

1.2.4　体系自由度的确定

对于广义坐标法或有限单元法,体系的自由度等于广义坐标数或独立结点的位移数量。对于集中质量法简化得到的有限自由度体系,确定其动力自由度时应注意以下几点:

①平面问题,一个质点有2个独立自由度(水平和竖向位移),而质量块有3个独立自由度(水平和竖向位移及转动);空间问题,一个质点有3个独立自由度,而质量块有6个独立自由度。

②结构动力自由度与质点数量无关。

③结构动力自由度与结构是否静定及结构的超静定次数无关。

④受弯结构的轴向变形忽略不计。

⑤结构动力自由度与计算假定有关。一般来说,自由度越多,越能反映结构的实际动力特性,但计算工作量也越大。

根据上述几点说明,图 1-1-5 给出了平面结构体系自由度的确定示例。

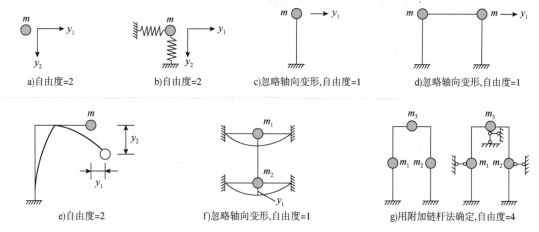

图 1-1-5　自由度的确定示例

对于较复杂的结构体系,可在质点处附加刚性链杆以限制质点运动的方法来确定结构体系自由度。此时,结构体系自由度就等于约束所有质点的运动所需增加的最少链杆数目。例如,图 1-1-5g)所示的体系有 4 个自由度。

1.3 体系运动方程的建立

1.3.1 达朗贝尔原理

应用达朗贝尔原理,引入惯性力,便可以在形式上按结构体系的静力平衡计算,列出运动方程。图 1-1-6a)的体系受到动力荷载 $F(t)$ 作用,设在某一时刻 t,质体的总位移为 y^t(包括质体重量所产生的静位移 y_{st} 和动位移 y,$y^t = y_{st} + y$),并以向下为正。因此,速度和加速度也以向下为正。如图 1-1-6b)所示,作用于质体上的力如下:

①重力 $W = mg$。

②动力荷载 $F(t)$。

③弹簧对质体的作用力 $F_s(t)$,它的方向与位移方向相反。它具有使质体返回原处的作用,因此通常又称为弹性恢复力,大小与总位移 y^t 成正比,可表示为:

$$F_s(t) = -ky^t(t) \tag{1-1-3}$$

④阻尼力 $F_d(t)$,按照黏性阻尼理论,有:

$$F_d(t) = -c\dot{y}(t) \tag{1-1-4}$$

式中,c 为阻尼系数;负号表示阻尼力方向与速度方向相反。

⑤惯性力 $F_i(t)$,根据达朗贝尔原理,有:

$$F_i(t) = -m\ddot{y}(t) \tag{1-1-5}$$

式中,负号表示惯性力方向与加速度方向相反。

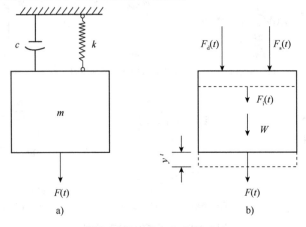

图 1-1-6 单自由度体系

将上述质体上的力代入平衡条件，可得运动方程：

$$W + F_i(t) + F_s(t) + F_d(t) + F(t) = 0 \tag{1-1-6}$$

即

$$m\ddot{y}(t) + c\dot{y}(t) + k[y(t) + y_{st}] = W + F(t) \tag{1-1-7}$$

考虑质体重量所产生的静位移 y_{st} 与质体重力 W 之间的关系 $ky_{st}=W$，上式进一步改写为

$$m\ddot{y}(t) + c\dot{y}(t) + ky(t) = F(t) \tag{1-1-8}$$

式(1-1-8)表明：若建立运动方程时以结构体系的静平衡位置作为计算位移的起点，则关于动位移的微分方程与重力无关。下面所讨论的位移一般均指动位移，欲求总位移，则须与静位移叠加。

1.3.2 虚位移原理

当结构比较复杂，系统的各种力可以方便地用位移自由度表示，此时，采用虚位移原理建立运动方程较为方便。

采用虚位移原理时，在结构系统中引入惯性力，然后给系统以约束所容许的微小虚位移，再令系统上各个力经相应虚位移所做总虚功等于零，便可得出运动方程。如图 1-1-6b)所示系统，令各力经竖向虚位移的 δ_y 所做总虚功为零，考虑 δ_y 的任意性，并代入各力的表达式，便可得到式(1-1-8)。

1.3.3 哈密顿原理

哈密顿原理是能量变分形式的平衡方程。在时段 t_1 和 t_2 内，动能 T 减位能 V 的变分加非保守力做的功 W_{nc} 的变分等于零，即：

$$\int_{t_1}^{t_2} \delta(T-V)\mathrm{d}t + \int_{t_1}^{t_2} \delta W_{nc} \mathrm{d}t = 0 \tag{1-1-9}$$

对于图 1-1-6b)所示系统，根据动能 $T = \frac{1}{2}m\dot{y}^2$，位能等于应变能 $V = U = \frac{1}{2}ky^2$，以及 $\delta W_{nc} = F(t)\delta y - c\dot{y}\delta y$，代入式(1-1-9)，并采用分部积分，可得到以下计算式：

$$\int_{t_1}^{t_2} m\ddot{y}\delta \dot{y} \mathrm{d}t = m\dot{y}\delta y \Big|_{t_1}^{t_2} - \int_{t_1}^{t_2} m\ddot{y}\delta y \mathrm{d}t = -\int_{t_1}^{t_2} m\ddot{y}\delta y \mathrm{d}t \tag{1-1-10}$$

同样可以得到式(1-1-8)。

以上三种方法，达朗贝尔原理应用最广泛，其物理概念清楚、方法简便，只要熟悉静力计算中的平衡方程就不难写出运动方程。虚位移原理本身等价于力的平衡条件，与达朗贝尔原理类似，都需要引入惯性力和阻尼力。哈密顿原理计算能量的变分，不需要引入惯性力，适用于连续分布质量系统，但计算较为麻烦，在工程结构中应用较少。

思考题与习题

①结构动力计算与静力计算的主要区别是什么？

②结构动力分析的目的是什么?

③结构动力学具体研究什么内容?

④采用集中质量法、广义坐标法和有限单元法都可使无限自由度体系简化为有限自由度体系,它们所采用的手段有什么不同?

⑤建立结构体系运动微分方程的方法主要有哪些?它们的基本原理是什么?

⑥什么是体系的动力自由度?它与几何组成分析中体系的自由度有何区别?如何确定体系的动力自由度?

⑦分析图 1-1-7 结构体系的自由度数。

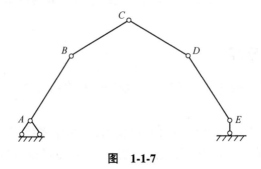

图 1-1-7

⑧如图 1-1-8 所示的三角形桁架,各杆的边长相等,试用虚位移原理求杆 1 的内力。

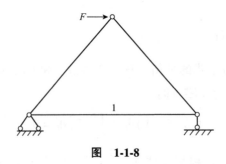

图 1-1-8

第 2 章
单自由度体系的振动

结构动力分析中最简单的结构是单自由度体系。在单自由度体系中,结构的运动状态仅需一个位移参数就可以确定,例如单质点的弹簧摆、弹簧振子等。单自由度体系的动力分析是多自由度体系动力分析的基础,只有牢固地打好这个基础,才能顺利地学习更复杂的结构动力学的内容。单自由度体系的重要性体现在:第一,单自由度体系包括了结构动力分析中涉及的所有物理量及基本概念;第二,很多实际的动力问题可以直接按单自由度体系进行分析计算,例如单层厂房、水塔等,有时候为了简化分析,也将多自由度体系等效为单自由度体系进行求解,例如土-结构的动力相互作用问题,有时将上部结构等效为单质点结构。另外,求解多自由度体系振动问题的振型叠加法是将多自由度问题简化成一系列单自由度问题进行分析求解。图 1-2-1 给出了几种结构动力分析中常用的单自由度体系力学模型。

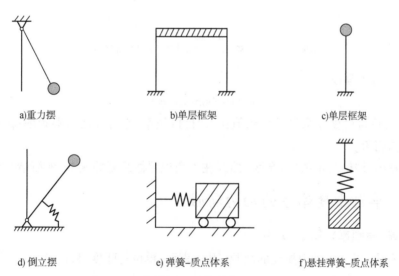

图 1-2-1 结构动力分析中常用的单自由度体系力学模型

2.1 单自由度体系无阻尼自由振动

结构体系的自由振动规律反映了结构的动力特性,本节讨论单自由度体系的无阻尼自由振动。

2.1.1 单自由度体系无阻尼自由振动方程的求解

单自由度线弹性体系的振动微分方程为：

$$m\ddot{y}(t)+c\dot{y}(t)+ky(t)=F(t)$$

在上式中，令等号右边的荷载项 $F(t)$ 为零，并去掉阻尼力 $c\dot{y}(t)$ 项，即得无阻尼自由振动方程：

$$m\ddot{y}(t)+ky(t)=0 \tag{1-2-1}$$

将式(1-2-1)中每项除以 m，令 $\omega=\sqrt{k/m}$，则式(1-2-1)成为：

$$\ddot{y}(t)+\omega^2 y(t)=0 \tag{1-2-2}$$

式(1-2-2)为常系数线性齐次常微分方程，它的通解为：

$$y(t)=C_1\sin\omega t+C_2\cos\omega t \tag{1-2-3}$$

利用初始条件，即 $t=0$ 时的初位移 $y(0)=y_0$ 和初速度 $v(0)=\dot{y}(0)=v_0$，可求得：

$$C_1=v_0/\omega,\ C_2=y_0$$

将 C_1 和 C_2 代入式(1-2-3)，有：

$$y(t)=\frac{v_0}{\omega}\sin\omega t+y_0\cos\omega t \tag{1-2-4}$$

如果设：

$$\sin\varphi=\frac{y_0}{A},\ \cos\varphi=\frac{v_0/\omega}{A},\ A=\sqrt{y_0^2+(v_0/\omega)^2}$$

则式(1-2-4)可写成：

$$y(t)=A\sin(\omega t+\varphi) \tag{1-2-5}$$

式中，A 为单自由度体系的振动幅值；ω 为自振频率，亦可称之为圆频率；φ 为单自由度体系振动的初相角。

从上式看出，结构按正弦（或余弦）曲线在平衡位置做往复的振动，即简谐振动。

2.1.2 单自由度体系的动力特性

1) 圆频率(角频率)、周期、频率

圆频率为结构在 2π 秒内振动的次数，用 ω 表示，单位是弧度/秒(rad/s)：

$$\omega=\sqrt{k/m}=\sqrt{1/m\delta}=\sqrt{g/m\delta g}=\sqrt{g/y_{st}} \tag{1-2-6}$$

式中，δ 为单自由度体系的柔度；g 为重力加速度；y_{st} 为质体重量 mg 沿振动方向作用于质体所产生的静力位移。圆频率也可称为自振频率。

周期为结构重复出现同一运动状态的最小时间间隔，用 T 表示，单位是秒(s)：

$$T=2\pi/\omega \tag{1-2-7}$$

频率为单位时间（一般是1s）内振动的次数，用 f 表示，单位是赫兹(Hz)：

$$f=1/T \tag{1-2-8}$$

从式(1-2-6)看出,结构体系的自振频率只与其质量、刚度或柔度系数等有关,即只与结构体系本身固有的特性有关,所以自振频率亦称固有频率。还可以看出,结构的自振频率随着结构的刚度增大而增大,即刚度大的结构自振频率高,而柔度大的结构自振频率低。

2) 振幅、相位、初相位

振幅为结构振动时离开平衡位置的最大位移,一般用 A 表示。振幅的大小不仅与结构的固有特性有关,也与结构振动的初始条件有关,它反映了外界给结构能量的大小。

相位 $\omega t+\varphi$,单位为弧度或度。一个确定的相位对应于一个确定的结构运动状态。

初相位 φ,单位为弧度或度。它表示结构在开始振动时的运动状态。

【例 1-2-1】 图 1-2-2 中的刚架,其横梁的刚度为无限大,柱的抗弯刚度 $EI=4.5\times10^6\text{N}\cdot\text{m}^2$,柱的高 $h=3\text{m}$,梁的质量 $m=5000\text{kg}$,不计柱的轴向变形和阻尼,试计算刚架的自振频率。

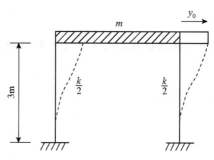

图 1-2-2 刚架结构

解: 刚架质点 m 只做单自由度的水平振动,二柱的侧移刚度系数为:

$$k_1=k_2=\frac{12EI}{h^3}$$

其总刚度为:

$$k=k_1+k_2=2\left(\frac{12EI}{h^3}\right)=2\times12\times4.5\times10^6/3^3=4.0\times10^6(\text{N/m})$$

由式(1-2-6)可求得无阻尼的自振频率和工程频率为:

$$\omega=\sqrt{k/m}=\sqrt{4.0\times10^6/5000}=28.284(\text{rad/s})$$

$$f=\frac{1}{2\pi}\sqrt{\frac{4\times10^6}{5000}}=4.502(\text{Hz})$$

【例 1-2-2】 图 1-2-3 中的简支梁 AB,不计梁的重量。在梁的中点放置一重为 W 的物体 M 时,其静挠度为 y_{st}。现将物体 M 从高 h 处自由释放,落到梁的中点处,求该系统的振动规律。

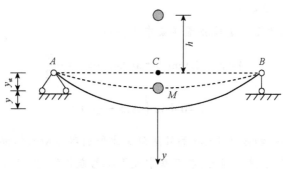

图 1-2-3 梁的自由振动

解： 由于梁相当于一弹簧，物体 M 落到梁中点 C 以后，将在静平衡位置 O 附近沿铅直线做简谐振动。取 O 点为坐标原点，y 轴正向铅直向下，则 M 点的运动位移可表示为：

$$y = A\sin(\omega t + \varphi)$$

由 $\omega = 2\pi f$ 及式(1-2-6)，可求出圆频率：

$$\omega = \sqrt{\frac{g}{y_{st}}}$$

系统的振幅和初相角分别为：

$$A = \sqrt{y_0^2 + \frac{\dot{y}_0^2}{\omega^2}}, \quad \varphi = \arctan\frac{\omega y_0}{\dot{y}_0}$$

因物体落到 C 点后才开始振动，所以：

$$y_0 = -y_{st}, \quad \dot{y}_0 = \sqrt{2gh}$$

于是：

$$A = \sqrt{y_{st}^2 + \frac{2gh}{g/y_{st}}} = \sqrt{y_{st}^2 + 2hy_{st}}$$

$$\varphi = \arctan\left[\frac{\sqrt{\frac{g}{y_{st}}}(-y_{st})}{\sqrt{2gh}}\right] = \arctan\left(-\sqrt{\frac{y_{st}}{2h}}\right)$$

设 $y_{st} = 0.4\text{cm}, h = 10\text{cm}$，则：

$$\omega = \sqrt{\frac{g}{y_{st}}} = \sqrt{\frac{980}{0.4}} = 49.5(\text{rad/s})$$

$$A = \sqrt{0.4^2 + 2 \times 10 \times 0.4} = 2.86(\text{cm})$$

$$\varphi = \arctan\left(-\sqrt{\frac{0.4}{2 \times 10}}\right) = -\arctan 0.141 = -8.05° = -0.14\text{rad}$$

该系统的振动位移为：

$$y = 2.86\sin(49.5t - 0.14)$$

式中，y 以 cm 计，t 以 s 计。

如果 $h = 0$，即将物体无初速地放置在梁中点，则：

$$A = y_{st} = 0.4\text{cm}, \quad \varphi = \arctan(-\infty) = -\frac{\pi}{2}$$

$$y = 0.4\sin\left(49.5t - \frac{\pi}{2}\right)$$

对比以上结果可见，物体从 10cm 高处落到梁上所引起振动的振幅是将物体突然放到梁上所引起振动的振幅的 7 倍。因此，在厂房中放置机器或物体时，应注意机器或物体不要落下，以免引起梁、板的过大振动而产生裂缝，甚至破坏。

2.2 单自由度体系有阻尼自由振动

根据上一节的讨论,单自由度体系的无阻尼自由振动是简谐运动,其振幅不随时间变化,振动可以永不停息地持续下去。然而,实际观察到的情况是,振动的振幅随时间而逐渐减小,振动最终将停止。这是由于振动系统除了受到弹性恢复力作用外,还受到阻尼力作用。

2.2.1 单自由度体系有阻尼自由振动运动方程的求解

在式(1-1-8)中,令荷载项 $F(t)=0$,保留阻尼力 $c\dot{y}(t)$,得到有阻尼自由振动的基本方程:

$$m\ddot{y}(t)+c\dot{y}(t)+ky(t)=0 \tag{1-2-9}$$

$$\ddot{y}(t)+\frac{c}{m}\dot{y}(t)+\frac{k}{m}y(t)=0 \tag{1-2-10}$$

令:

$$\omega^2=\frac{k}{m},\xi=\frac{c}{2m\omega} \tag{1-2-11}$$

ξ 称为阻尼比。于是得到:

$$\ddot{y}(t)+2\xi\omega\dot{y}(t)+\omega^2 y(t)=0 \tag{1-2-12}$$

式(1-2-12)为常系数齐次线性微分方程,其特征方程为:

$$r^2+2\xi\omega r+\omega^2=0 \tag{1-2-13}$$

该特征方程有两个根,即:

$$r_{1,2}=-\xi\omega\pm\omega\sqrt{\xi^2-1} \tag{1-2-14}$$

由此可见,式(1-2-12)的解与阻尼比大小有关,后续三个小节将分别予以讨论。

2.2.2 临界阻尼情况

当 $\xi=1$ 时,结构体系为临界阻尼体系,特征方程(1-2-14)的根是一对重根。
将 $\xi=1$ 代入式(1-2-11)的第二个式子,得到:

$$c=c_{cr}=2m\omega \tag{1-2-15}$$

式中,c_{cr} 称为临界阻尼系数,利用式(1-2-11)的第一个式子又可以得到:

$$c_{cr}=2\sqrt{km} \tag{1-2-16}$$

由于特征方程具有重根 $-\omega$,根据微分方程理论,此时微分方程(1-2-12)的通解可以写为:

$$y(t)=e^{-\omega t}(C_1+C_2 t) \tag{1-2-17}$$

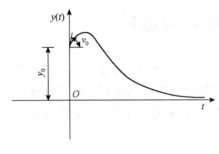

图 1-2-4 临界阻尼体系的自由反应

引入初始条件 $y(0)=y_0, v(0)=\dot{y}(0)=v_0$，得到临界阻尼体系的解为：

$$y(t)=\mathrm{e}^{-\omega t}[y_0(1+\omega t)+v_0 t] \quad (1\text{-}2\text{-}18)$$

根据式(1-2-18)绘制的位移-时程曲线如图 1-2-4 所示。由图可知，结构体系振幅将随时间按指数函数规律衰减到零，运动过程不呈现振动的特性。临界阻尼也可以定义为不产生振动的最小阻尼。$\xi=1$ 称为临界阻尼比。

2.2.3 过阻尼情况

当 $\xi>1$ 时，结构体系为过阻尼体系。

特征方程(1-2-13)有两个实根，即：

$$r_{1,2}=-\xi\omega\pm\bar{\omega} \quad (1\text{-}2\text{-}19)$$

$$\bar{\omega}=\omega\sqrt{\xi^2-1} \quad (1\text{-}2\text{-}20)$$

方程(1-2-14)的解可以写为：

$$y(t)=\mathrm{e}^{-\xi\omega t}(C_1\mathrm{sh}\bar{\omega}t+C_2\mathrm{ch}\bar{\omega}t) \quad (1\text{-}2\text{-}21)$$

式中，C_1、C_2 是由初始条件确定的积分常数。

从上式可以看出，过阻尼体系的运动也不是振动，它与临界阻尼体系的运动类似。当阻尼增大时，结构体系返回中心位置的速度变得更加缓慢。

2.2.4 低阻尼情况

当 $\xi<1$ 时，结构体系为低阻尼体系。特征方程(1-2-13)有两个虚根，即：

$$r_{1,2}=-\xi\omega\pm\mathrm{i}\omega' \quad (1\text{-}2\text{-}22)$$

$$\omega'=\omega\sqrt{1-\xi^2} \quad (1\text{-}2\text{-}23)$$

式中，i 为虚数单位。于是方程(1-2-9)的解为：

$$y(t)=\mathrm{e}^{-\xi\omega t}(C_1\mathrm{e}^{\mathrm{i}\omega't}+C_2\mathrm{e}^{-\mathrm{i}\omega't}) \quad (1\text{-}2\text{-}24)$$

写成实数形式为：

$$y(t)=\mathrm{e}^{-\xi\omega t}(C_1\cos\omega't+C_2\sin\omega't) \quad (1\text{-}2\text{-}25)$$

式中的常数由初始条件确定，设初始条件为：

$$v(0)=\dot{y}(0)=v_0, y(0)=y_0 \quad (1\text{-}2\text{-}26)$$

得到：

$$y(t)=\mathrm{e}^{-\xi\omega t}\left(y_0\cos\omega't+\frac{v_0+\xi\omega y_0}{\omega'}\sin\omega't\right) \quad (1\text{-}2\text{-}27)$$

如果设：

$$\varphi = \arctan \frac{\omega' y_0}{v_0 + \xi\omega y_0} \qquad (1\text{-}2\text{-}28)$$

$$A = \sqrt{y_0^2 + \left(\frac{v_0 + \xi\omega y_0}{\omega'}\right)^2} \qquad (1\text{-}2\text{-}29)$$

则式（1-2-27）可简化为：

$$y(t) = Ae^{-\xi\omega t}\sin(\omega' t + \varphi) \qquad (1\text{-}2\text{-}30)$$

式中，$Ae^{-\xi\omega t}$ 为有阻尼振动的振幅；ω' 为有阻尼自振频率。一般情况下，由于 $\xi \ll 1$，因此 $\omega' \approx \omega$，即阻尼对自振频率的影响很小，可忽略不计，认为有阻尼自振频率和无阻尼自振频率相等。低阻尼体系自由振动的反应曲线如图1-2-5所示，图中，$T' = 2\pi/\omega'$ 为有阻尼自振周期。对相邻 s 个周期振幅之比取对数，为：

$$\delta_s = \ln \frac{A_n}{A_{n+s}} = \ln \frac{Ae^{-\xi\omega t}}{Ae^{-\xi\omega(t+sT')}} = s\xi\omega T'$$

$$= 2\pi s\xi \frac{\omega}{\omega'} = 2\pi s \frac{\xi}{\sqrt{1-\xi^2}} \qquad (1\text{-}2\text{-}31)$$

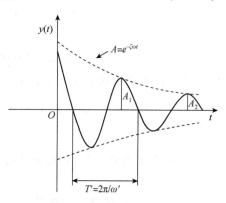

图1-2-5　低阻尼体系的自由振动反应

对于小阻尼体系而言，上式可以近似为：

$$\delta_s = 2\pi s\xi \qquad (1\text{-}2\text{-}32)$$

利用上式可以测得阻尼比。也就是说，当测得结构在进行自由振动时相隔 s 个周期的振幅之比后，就可以得到结构的阻尼比，为：

$$\xi = \frac{\delta_s}{2\pi s} \qquad (1\text{-}2\text{-}33)$$

下面考察式（1-2-31）计算的阻尼比精确值 $\xi_{精确}$ 和式（1-2-33）计算的阻尼比近似值 $\xi_{近似}$ 的差异。由式（1-2-31）得到阻尼比的精确值为：

$$\xi_{精确} = \sqrt{\frac{(\delta_s/2\pi s)^2}{1+(\delta_s/2\pi s)^2}} = \frac{\xi_{近似}}{\sqrt{1+\xi_{近似}^2}} \qquad (1\text{-}2\text{-}34)$$

用 η 表示阻尼比修正系数，有：

$$\eta = \frac{\xi_{精确}}{\xi_{近似}} = \sqrt{\frac{(\delta_s/2\pi s)^2}{1+(\delta_s/2\pi s)^2}} = \frac{1}{\sqrt{1+\xi_{近似}^2}} \qquad (1\text{-}2\text{-}35)$$

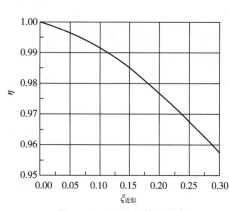

图1-2-6　阻尼比修正系数

式（1-2-35）可以用图1-2-6表示。因此，采用近似式（1-2-33）计算阻尼比时，只需要在计算结果上乘以阻尼比修正系数 η，就可以得到阻尼比的精确值。需要注意的是，s 取较大值时精度高，一般取 $s=3\sim6$ 较为合适。从图 1-2-6 可以看出，即使结构的阻尼比达到 0.2，近似值的误差也不会超过 2%，绝大多数情况下，采用近似式（1-2-33）计算结构的阻尼比是可行的。

【例 1-2-3】 结构及有关参数同【例 1-2-1】。若用千斤顶使质体 m 产生侧移 25mm 然后突然放开，刚架产生自由振动，振动 5 周后测得的侧移为 7.12mm。试求：①考虑阻尼时的结构体系自振频率；②阻尼比和阻尼系数。

解：由 $y_0 = 25\text{mm}$ 和 $y_{0+5} = y_5 = 7.12\text{mm}$，求阻尼比和阻尼系数：

$$\xi = \frac{\delta_s}{2\pi s} = \frac{1}{2\pi s}\ln\frac{A_n}{A_{n+s}} = \frac{1}{10\pi}\ln\frac{25}{7.12} = 0.04$$

$$c = 2m\omega\xi = 2\times 5000\times 28.284\times 0.04 = 11313.6(\text{kg/s})$$

考虑阻尼影响的自振频率 ω' 和工程频率 f'：

$$\omega' = \omega\sqrt{1-\xi^2} = 28.284\sqrt{1-0.04^2} = 28.261(\text{rad/s})$$

$$f' = f\sqrt{1-\xi^2} = 4.498(\text{Hz})$$

将 ω' 和 f' 与例 1-2-1 的结果进行比较可以看出，考虑和不考虑阻尼的数值是很接近的。

2.3 单自由度体系无阻尼强迫振动

结构在振动过程中不断受到外部干扰力作用，则称为强迫振动或受迫振动。

2.3.1 单自由度体系无阻尼强迫振动运动方程的求解

在单自由度线弹性体系的振动微分方程（1-1-8）中，$c=0$ 且 $F(t)\neq 0$，则单自由度无阻尼强迫振动微分方程为：

$$m\ddot{y}(t) + ky(t) = F(t) \tag{1-2-36}$$

或

$$\ddot{y}(t) + \omega^2 y(t) = \frac{F(t)}{m} \tag{1-2-37}$$

根据常系数齐次线性微分方程的理论，微分方程（1-2-37）的通解由相应的齐次方程的一般解 y 和任意一特解 y^* 组成。相应的齐次方程的一般解 y 为：

$$y(t) = C_1\cos\omega t + C_2\sin\omega t \tag{1-2-38}$$

特解 y^* 可利用 Lagrange 变动常数法求解，设：

$$y^* = A(t)\cos\omega t + B(t)\sin\omega t \tag{1-2-39}$$

代入式（1-2-37）得到：

$$-A'(t)\omega\sin\omega t + B'(t)\omega\cos\omega t = \frac{F(t)}{m} \tag{1-2-40}$$

比较式（1-2-40）和式（1-2-37）的系数，得到：

$$A'(t) = -\frac{F(t)\sin\omega t}{m\omega}, B'(t) = -\frac{F(t)\cos\omega t}{m\omega} \tag{1-2-41}$$

即：

$$A(t) = -\frac{1}{m\omega}\int_0^t F(\tau)\sin\omega\tau\,\mathrm{d}\tau, B(t) = \frac{1}{m\omega}\int_0^t F(\tau)\cos\omega\tau\,\mathrm{d}\tau \tag{1-2-42}$$

将式(1-2-42)代入式(1-2-39)得到：

$$y^*(t) = \frac{1}{m\omega}\left\{-\left[\int_0^t F(\tau)\sin\omega\tau\,\mathrm{d}\tau\right]\cos\omega t + \left[\int_0^t F(\tau)\cos\omega\tau\,\mathrm{d}\tau\right]\sin\omega t\right\}$$

$$= \frac{1}{m\omega}\int_0^t F(\tau)\sin\omega(t-\tau)\,\mathrm{d}\tau \tag{1-2-43}$$

于是微分方程(1-2-36)的解为：

$$y(t) = C_1\cos\omega t + C_2\sin\omega t + \frac{1}{m\omega}\int_0^t F(\tau)\sin\omega(t-\tau)\,\mathrm{d}\tau \tag{1-2-44}$$

当荷载为简谐荷载时，即 $F(t) = F\sin\theta t$，得到：

$$y(t) = C_1\cos\omega t + C_2\sin\omega t + \frac{F}{m(\omega^2-\theta^2)}\left(\sin\theta t - \frac{\theta}{\omega}\sin\omega t\right) \tag{1-2-45}$$

式中，F 为外荷载的振幅；θ 为外荷载的频率。式(1-2-47)中的积分常数由初始条件确定。设初始条件为：

$$v(0) = \dot{y}(0) = v_0, y(0) = y_0 \tag{1-2-46}$$

得到：

$$y(t) = y_0\cos\omega t + \frac{v_0}{\omega}\sin\omega t - \frac{\theta}{\omega}\frac{F}{m(\omega^2-\theta^2)}\sin\omega t + \frac{F}{m(\omega^2-\theta^2)}\sin\theta t \tag{1-2-47}$$

式(1-2-47)的前三项表示自振频率为 ω 的自由振动。其中，第一项、第二项是初始条件决定的自由振动，第三项与初始条件无关，是受干扰力作用而产生，称为伴生自由振动。式(1-2-47)的第四项是按照干扰力的频率 θ 而进行的振动，称为纯受迫振动或稳态受迫振动。

2.3.2 动力放大系数 μ

若考虑阻尼作用，式(1-2-47)的前三项自由振动都将很快衰减，最后将仅剩下纯强迫振动部分。一般情况下，可以只考虑结构体系的纯强迫振动部分，即：

$$y(t) = \frac{F\sin\theta t}{m\omega^2[1-(\theta/\omega)^2]} = \frac{F}{K}\frac{\sin\theta t}{1-(\theta/\omega)^2} = \mu y_{\mathrm{st}}\sin\theta t \tag{1-2-48}$$

$$\mu = \frac{y_{\max}}{y_{\mathrm{st}}} = \frac{1}{1-(\theta/\omega)^2} = \frac{1}{1-\beta^2} \tag{1-2-49}$$

$$y_{\mathrm{st}} = \frac{F}{K} = \frac{F}{m\omega^2} \tag{1-2-50}$$

式中，y_{st} 为静位移，即外荷载振幅值静止地作用在体系上所产生的位移；μ 为无阻尼动力放大系数，为结构体系在动力荷载作用下的位移振幅 y_{max} 与动力荷载振幅值作用在体系上所产生的静位移 y_{st} 的比值；β 为频率比，为外部动力荷载的频率和结构体系自振频率的比值。

对于单自由度体系，当干扰力作用于某质点上时，结构各截面上内力和位移与该质点处的位移成正比，所以当得到动力放大系数后，就可以很方便地由静力作用下的内力和位移乘以动力放大系数，得到动力影响值。下面进一步讨论动力放大系数。

动力放大系数只与荷载频率和结构自振频率的比值有关，其变化规律见图1-2-7。从该图可以看出，荷载频率为0时，$\mu=1$，相当于静力荷载作用的情况。此后，μ 随 θ/ω 的增大而增大；当 θ/ω 接近于1时，μ 迅速增大；当 $\theta/\omega=1$ 时，μ 将成为无限大，这种现象称为共振。在工程设计中，应尽量避免共振现象发生。当由 $\theta<\omega$ 过渡到 $\theta>\omega$ 时，μ 将由正变为负，这说明，荷载频率小于自振频率时，质点振动和荷载是同相位的。当荷载频率大于自振频率时，即质体振动频率与荷载频率间产生了相位差 π。$\theta/\omega>1$ 以后，μ 的绝对值随着 θ/ω 的增大而减小，最后将趋近于零。这表示具有很高频率的荷载作用于质体时，其振幅很小，质体基本上处于静止状态。

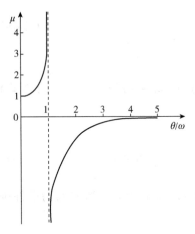

图1-2-7 动力放大系数变化曲线

【例1-2-4】 图1-2-8所示的一无重简支梁，在跨中有重 $W=20\text{kN}$ 的电机，电机偏心所产生的离心扰力为 $F(t)=10\sin\overline{\omega}t$，若机器每分钟的转数 $n=500\text{r/min}$，梁的 $EI=1.008\times10^4\text{kN}\cdot\text{m}^2$。在不计阻尼的情况下，试求梁的最大位移和弯矩。

解：（1）梁的自振频率 ω

机器重力作用下梁的最大静力位移：

$$y_{st}=\frac{Wl^3}{48EI}=\frac{20\times4^3}{48\times1.008\times10^4}=0.00265(\text{m})$$

由式(1-2-6)求梁的自振频率：

$$\omega=\sqrt{\frac{g}{y_{st}}}=\sqrt{\frac{9.8}{0.00265}}=60.812(\text{rad/s})$$

（2）机器的扰力频率 $\overline{\omega}$

$$\overline{\omega}=\frac{2\pi n}{60}=\frac{2\times3.1416\times500}{60}=52.36(\text{rad/s})$$

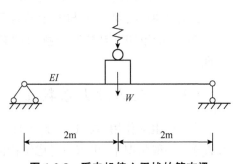

图1-2-8 受电机偏心干扰的简支梁

（3）系统的动力放大系数 μ

$$\mu=\frac{1}{1-\dfrac{\theta^2}{\omega^2}}=\frac{1}{1-\left(\dfrac{52.36}{60.812}\right)^2}=3.866$$

(4) 梁跨中截面的最大位移 y_{max} 和弯矩 M_{max}

$$y_{max} = y_{st} + \mu y_{st} = \frac{Wl^3}{48EI} + \mu \frac{Fl^3}{48EI}$$

$$= 0.00265 + 3.866 \frac{10 \times 4^3}{48 \times 1.008 \times 10^4} = 0.00265 + 0.00511 = 0.00776 (m)$$

$$M_{max} = M_{st} + \mu M_{st} = \frac{Wl}{4} + \mu \frac{Fl}{4}$$

$$= \frac{20 \times 4}{4} + 3.866 \times \frac{10 \times 4}{4} = 58.66 (kN \cdot m)$$

2.4 单自由度体系有阻尼强迫振动

2.4.1 单自由度体系有阻尼强迫振动运动方程的求解

单自由度体系有阻尼强迫振动的振动微分方程(1-1-8)两边同时除以 m,得到:

$$\ddot{y}(t) + 2\xi\omega\dot{y}(t) + \omega^2 y(t) = \frac{F(t)}{m} \quad (1\text{-}2\text{-}51)$$

根据常系数齐次线性微分方程的理论,微分方程(1-2-51)的通解由相应的齐次方程的一般解 y 和任意一特解 y^* 组成。相应的齐次方程的一般解 y 在单自由度体系有阻尼自由振动的章节中已经得到,为:

$$y(t) = e^{-\xi\omega t}(C_1 \cos\omega't + C_2 \sin\omega't) \quad (1\text{-}2\text{-}52)$$

特解 y^* 可利用 Lagrange 变动常数法求解,设:

$$y^* = C_3 \cos\theta t + C_4 \sin\theta t \quad (1\text{-}2\text{-}53)$$

当外荷载为简谐荷载时,即 $F(t) = F\sin\theta t$,将式(1-2-53)代入式(1-2-51),比较方程两边的系数后得到:

$$C_3 = -\frac{F}{m} \frac{2\xi\omega\theta}{(\omega^2 - \theta^2)^2 + 4\xi^2\omega^2\theta^2} \quad (1\text{-}2\text{-}54)$$

$$C_4 = \frac{F}{m} \frac{\omega^2 - \theta^2}{(\omega^2 - \theta^2)^2 + 4\xi^2\omega^2\theta^2} \quad (1\text{-}2\text{-}55)$$

注意到式(1-2-49)和式(1-2-50),且将 C_3、C_4 代入式(1-2-53)得到:

$$y^* = \frac{F}{k} \cdot \frac{-2\xi\beta\cos\theta t + (1-\beta^2)\sin\theta t}{(1-\beta^2)^2 + 4\xi^2\beta^2} \quad (1\text{-}2\text{-}56)$$

设

$$A = \frac{F}{k} \frac{1}{\sqrt{(1-\beta^2)^2 + 4\xi^2\beta^2}} = \frac{y_{st}}{\sqrt{(1-\beta^2)^2 + 4\xi^2\beta^2}} \quad (1\text{-}2\text{-}57)$$

$$\tan\varphi = \frac{2\xi\beta}{1-\beta^2} \quad (1\text{-}2\text{-}58)$$

则式(1-2-56)可以进一步简化为：

$$y^* = A\sin(\theta t - \varphi) \tag{1-2-59}$$

于是方程(1-2-51)的通解为：

$$y(t) = e^{-\xi\omega t}(C_1\cos\omega' t + C_2\sin\omega' t) + A\sin(\theta t - \varphi) \tag{1-2-60}$$

式中的积分常数由初始条件确定。从式(1-2-60)可以看出，前一项与自振频率一致，将随时间很快衰减，后一项与外荷载频率一致，最后将剩下该项，即稳态振动部分。一般情况下，可以只考虑结构体系的纯强迫振动部分，即：

$$y(t) = A\sin(\theta t - \varphi) \tag{1-2-61}$$

令

$$\mu = \frac{1}{\sqrt{(1-\beta^2)^2 + 4\xi^2\beta^2}} \tag{1-2-62}$$

对于考虑阻尼影响的动力放大系数，它的大小不仅与频率比有关，还与阻尼比有关。与无阻尼动力放大系数比较，参见式(1-2-49)，可知无阻尼动力放大系数是考虑阻尼影响的动力放大系数的一个特例。φ 为初相位角。纯强迫振动表达式(1-2-61)也可以写成：

$$y(t) = \mu y_{st}\sin(\theta t - \varphi) \tag{1-2-63}$$

2.4.2 有阻尼体系的动力放大系数的特点

从式(1-2-62)与 $\beta = \theta/\omega$ 可知，动力放大系数 μ 不仅与 θ 和 ω 的比值有关，还与阻尼比 ξ 有关。对于不同的 ξ 值，可画出相应的 μ-θ/ω 图，如图1-2-9所示。

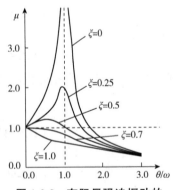

图1-2-9 有阻尼强迫振动的振幅-频率特征曲线

从图1-2-9可以看出：

①随着阻尼比 ξ 的增大，μ 值下降，特别是在 $\theta/\omega = 1$ 附近，μ 的峰值下降得最为显著。通常在 $0.75 < \theta/\omega < 1.25$ 这一区间(称为共振区)，由于阻尼 μ 的影响较大，计算时需考虑阻尼的影响。

② $\theta/\omega = 1$ 的共振情况下，动力放大系数可由式(1-2-62)求得：

$$\mu\Big|_{\frac{\theta}{\omega}=1} = \frac{1}{2\xi} \tag{1-2-64}$$

它为一有限的数值，由此可见，在考虑阻尼影响时，动力系数并不趋向于无限大。

③ μ 的最大值并不发生在 $\theta/\omega = 1$ 处。由式(1-2-58)与 $\beta = \theta/\omega$ 可得：

$$\varphi = \arctan\frac{2\xi\omega\theta}{\omega^2 - \theta^2} \tag{1-2-65}$$

利用求极值的方法，即由式(1-2-65)，$\delta\mu/(\delta\beta) = 0$，求得当 $\xi < 1/\sqrt{2}$ 时，响应峰值发生在频率比 $\beta_{峰} = \sqrt{1-2\xi^2}$ 处，相应的动力放大系数的峰值为：

$$\mu_{max} = (2\xi\sqrt{1-\xi^2})^{-1} \tag{1-2-66}$$

2.4.3 相位角与阻尼和频率的关系

由式(1-2-65)绘出了相位角与阻尼和频率比的关系曲线,如图 1-2-10 所示。

由图 1-2-10 可以看出,初相位角 φ 随 θ/ω 的增大而增大,当 θ/ω 从 $0\to 1$ 时,φ 从 $0\to \pi/2$;当 θ/ω 从 $1\to\infty$ 时,φ 从 $\pi/2\to\pi$;当 $\theta/\omega=1$ 时,不管阻尼比 ξ 的值是多少,初相位角总是 $\pi/2$。在动力试验中,可以利用这个特性来测定结构体系的自振频率,这种量测自振频率的方法称为相位共振法。

在动力荷载作用下,有阻尼的结构动力响应(位移、速度、加速度)一定会滞后动力荷载一段时间,即存在响应滞后现象。这个滞后时间由相位反映,如果滞后时间为 t_0,则 $\varphi=\theta t_0$。由计算相位 φ 的公式可知,滞后的相位角同频率比 θ/ω 和阻尼比均有关。

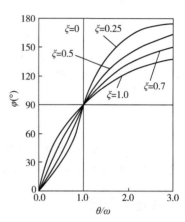

图 1-2-10 相位角与阻尼和频率比的关系曲线

由式(1-2-61)可知,位移 $y(t)$ 与荷载 $F(t)$ 之间有一个相位差 φ,也就是说,在有阻尼的强迫振动中($\xi\neq 0$),位移 $y(t)$ 要比荷载 $F(t)$ 落后一个相位差 φ。然而,在无阻尼的强迫振动中($\xi=0$),位移 $y(t)$ 与荷载 $F(t)$ 之间是同步的。

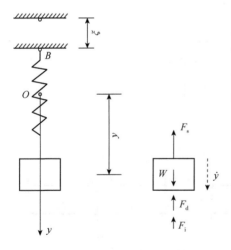

图 1-2-11 支座移动的单自由度系统

【例 1-2-5】 质量为 m 的物体挂在弹簧常数为 k 的弹簧的一端,弹簧的另一端 B 沿铅直线按 $\xi=d\sin\theta t$ 做简谐运动,d 为振幅,如图 1-2-11 所示。设物体受到黏性阻尼力作用,不计弹簧质量,试求物体的运动规律。

解:取 $\xi=0$ 时物体的平衡位置 O 为坐标原点,y 轴铅直向下。物体在任一位置时,受到重力 $W=mg$、弹性力 $F=-k(y_{st}+y-\xi)$ 和阻尼力 $F_d=-c\dot y$ 的作用。物体的运动微分方程为:

$$m\ddot y = W-k(y_{st}+y-\xi)-c\dot y = -ky+k\xi-c\dot y$$

可写成:

$$m\ddot y+c\dot y+ky=kd\sin\theta t \tag{1-2-67}$$

由上式可见,弹簧悬挂点有位移 $\xi=d\sin\theta t$ 时,相当于在物体上施加一干扰力 $\xi=d\sin\theta t$(当 B 点有位移时,弹簧的伸长或缩短减少了 $d\sin\theta t$)。

如令 $\dfrac{k}{m}=\omega^2$,$\dfrac{c}{m}=2\xi\omega$,并且令 $kd=F$,则式(a)可以变换成:

$$\ddot{y}(t)+2\xi\omega\dot{y}(t)+\omega^2 y(t)=\frac{F}{m}\sin\theta t$$

因此,物体受迫振动的规律可以表示为:

$$y(t)=A\sin(\theta t-\varphi)$$

式中,

$$A=\frac{F}{k}\frac{1}{\sqrt{(1-\beta^2)^2+4\xi^2\beta^2}}$$

而 $\frac{F}{k}=\frac{kd}{k}=d$,即 $\frac{F}{k}$ 等于悬挂点 B 总位移的最大值。因此有:

$$\frac{A}{d}=\mu_d=[(1-\beta^2)^2+4\xi^2\beta^2]^{-1/2} \tag{1-2-68}$$

由式(b)可知,当物体较重,且弹簧常数 k 很小,而弹簧悬挂点 B 振动的频率远高于系统自振频率时, $\theta\gg\omega$,即 $\beta\to\infty$,物体的振幅 $A\to 0$,即物体趋于静止。

思考题与习题

①什么是结构的动力特性?结构的动力特性与哪些因素有关?

②什么是结构的自由振动?什么是结构的受迫振动?

③什么是结构的自振频率?自振频率与哪些因素有关?

④什么是有阻尼系统?

⑤求图 1-2-12 中梁结构的自振周期和自振频率。

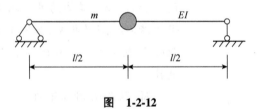

图 1-2-12

⑥比较图 1-2-13 中各结构的自振频率。

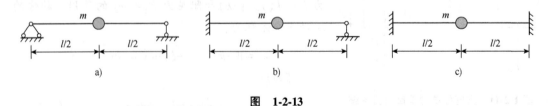

图 1-2-13

⑦图 1-2-14 中,机器与基础总重量 $W=60\text{kN}$,基础下土壤的抗压刚度系数为 $c_z=0.6\text{N/cm}^3$,基础底面积 $A=20\text{m}^2$。求机器连同基础做竖向振动时的振动频率。

⑧如图 1-2-15 所示简支梁,将一重为 W 的物体无初速地放置在梁中点,求该系统的振动规律。

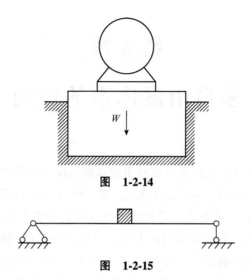

图 1-2-14

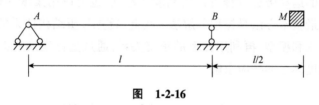

图 1-2-15

⑨外伸梁的尺寸如图 1-2-16 所示,梁的抗弯刚度为 EI,伸臂的端点固定一质量为 M 的重物,不计梁的质量,试确定其自由振动的频率;若在初始时刻给重物一个初速度 v_0,求其自由振动的响应,包括振幅和相位。

图 1-2-16

第 3 章
多自由度体系的振动

将实际结构近似为单自由度体系所得结果的精度取决于结构的刚度和质量的分布以及荷载特性。若荷载只激起结构某种形式的振动,那么单自由度体系的解就将是一个合理的近似。在不少情况下,这样的简化在一定程度上能反映结构的主要动力特性。

将实际结构简化为单自由度体系的最大缺点是难以估计所得结果的可靠性,且有时会掩盖结构实际存在的一些振动形态。为了提高结构动力分析的精确度,需要将实际结构简化为多自由度体系。另外,也有不少实际问题,如多层厂房的侧向振动、不等高厂房的排架振动、拱坝和水闸的振动等,必须当作多自由度体系来计算,才能得到比较切合实际的解答。

多自由度体系的运动微分方程可以用刚度法建立,也可以用柔度法建立。分析多自由度体系动力响应的最基本方法是振型分解法。为此,首先分析结构体系的自由振动,求出结构体系的前几阶频率和振型,再利用振型的正交关系,通过坐标变换将振动方程解耦,最终转化为广义单自由度体系的响应求解。

3.1 多自由度体系运动方程的建立

下面以三个质点的多自由度体系,也就是常用的剪切型层模型为例,说明多自由度体系运动方程的建立过程。

图 1-3-1 为三层剪切型层的动力计算模型,将质量集中在楼盖处。当采用刚度法建立多自由度体系的运动微分方程时,假设楼板的刚度无穷大,可以保证柱和楼板的节点不能转动。不考虑柱子的轴向变形,这样可以保证楼板在运动时保持水平。通过上述简化,可以得到三层剪切型层模型的动力计算简图,如图 1-3-1b) 所示,俗称为"糖葫芦模型",其任意两个质点之间的刚度系数 k_i 为相邻楼层之间产生单位相对位移所需要施加的水平力。对于两端固定而不能转动的等截面直杆,刚度系数 k 为:

$$k = 12EI/l^3 \qquad (1\text{-}3\text{-}1)$$

对于一端固定、一端铰支的等截面直杆,刚度系数为:

$$k = 3EI/l^3 \qquad (1\text{-}3\text{-}2)$$

式中,EI 为直杆的抗弯刚度;l 为直杆的长度。

上述系数也称为抗侧移刚度。各层的刚度系数为该层所有柱的抗侧移刚度系数之和,称为层抗侧移刚度。根据每层楼板的隔离体动平衡条件得到:

$$\begin{cases} m_1\ddot{y}_1+k_1y_1-k_2(y_2-y_1)-P_1(t)=0 \\ m_2\ddot{y}_2+k_2(y_2-y_1)-k_3(y_3-y_2)-P_2(t)=0 \\ m_3\ddot{y}_3+k_3(y_3-y_2)-P_3(t)=0 \end{cases} \tag{1-3-3}$$

上式中，$y_i(t)$ 为质点 i 相对于地面的位移。写成矩阵形式：

$$M\ddot{y}(t)+Ky(t)=P(t) \tag{1-3-4}$$

式中，

$$M=\begin{bmatrix} m_1 & & \\ & m_2 & \\ & & m_3 \end{bmatrix}, K=\begin{bmatrix} k_{11} & k_{12} & k_{13} \\ k_{21} & k_{22} & k_{23} \\ k_{31} & k_{32} & k_{33} \end{bmatrix}=\begin{bmatrix} k_1+k_2 & -k_2 & 0 \\ -k_2 & k_2+k_3 & -k_3 \\ 0 & 0 & k_3 \end{bmatrix}$$

$$y(t)=\begin{Bmatrix} y_1(t) \\ y_2(t) \\ y_3(t) \end{Bmatrix}, \ddot{y}(t)=\begin{Bmatrix} \ddot{y}_1(t) \\ \ddot{y}_2(t) \\ \ddot{y}_3(t) \end{Bmatrix}, P(t)=\begin{Bmatrix} P_1(t) \\ P_2(t) \\ P_3(t) \end{Bmatrix}$$

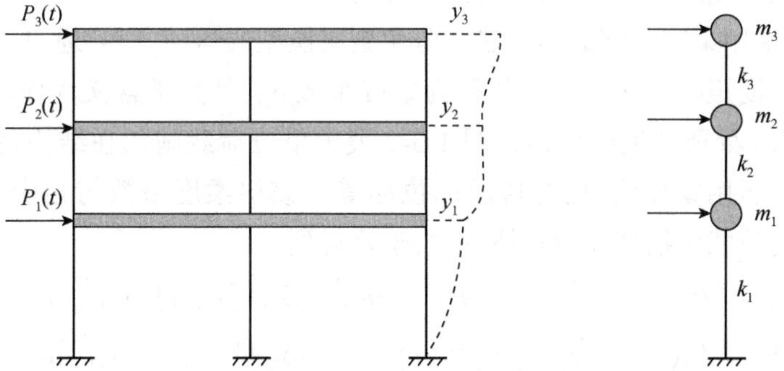

a) 实际结构 b) 动力计算简图

图 1-3-1 剪切型层模型

式(1-3-4)中，M 和 K 分别为质量矩阵和刚度矩阵；$y(t)$ 和 $\ddot{y}(t)$ 分别为位移列向量和加速度列向量；$P(t)$ 为荷载列向量；k_{ij} 为刚度系数，其含义为当质点 j 发生单位位移时在质点 i 所产生的水平力。

对于一般的多自由度系统，如果要考虑阻尼，则运动方程可以写为下式：

$$M\ddot{y}(t)+C\dot{y}(t)+Ky(t)=P(t) \tag{1-3-5}$$

式中，

$$M=\begin{bmatrix} m_1 & & & \\ & m_2 & & \\ & & \ddots & \\ & & & m_n \end{bmatrix}, C=\begin{bmatrix} c_{11} & c_{12} & \cdots & c_{1n} \\ c_{21} & c_{22} & \cdots & c_{2n} \\ \vdots & \vdots & \ddots & \vdots \\ c_{n1} & c_{n2} & \cdots & c_{nn} \end{bmatrix}, K=\begin{bmatrix} k_{11} & k_{12} & \cdots & k_{1n} \\ k_{21} & k_{22} & \cdots & k_{2n} \\ \vdots & \vdots & \ddots & \vdots \\ k_{n1} & k_{n2} & \cdots & k_{nn} \end{bmatrix}$$

$$y(t) = \begin{Bmatrix} y_1(t) \\ \vdots \\ y_n(t) \end{Bmatrix}, \dot{y}(t) = \begin{Bmatrix} \dot{y}_1(t) \\ \vdots \\ \dot{y}_n(t) \end{Bmatrix}, \ddot{y}(t) = \begin{Bmatrix} \ddot{y}_1(t) \\ \vdots \\ \ddot{y}_n(t) \end{Bmatrix}, P(t) = \begin{Bmatrix} P_1(t) \\ \vdots \\ P_n(t) \end{Bmatrix}$$

式(1-3-5)中，C 为阻尼矩阵；$\dot{y}$ 为速度列向量。显然，很容易将式(1-3-5)所示的刚度矩阵和质量矩阵推广到任意层数的剪切型层模型，即：

$$M = \begin{bmatrix} m_1 & \cdots & 0 \\ \vdots & \ddots & \vdots \\ 0 & \cdots & m_3 \end{bmatrix}, K = \begin{bmatrix} k_1+k_2 & -k_2 & 0 & \cdots & \cdots & 0 \\ -k_2 & k_2+k_3 & -k_3 & 0 & \vdots & \vdots \\ 0 & -k_3 & k_3+k_4 & \ddots & \ddots & \vdots \\ \vdots & 0 & \ddots & \ddots & -k_{n+1} & 0 \\ \vdots & \vdots & \ddots & -k_{n-1} & k_{n-1}+k_n & -k_n \\ 0 & \cdots & \cdots & 0 & -k_n & k_n \end{bmatrix}$$

剪切型层模型的刚度矩阵比较特殊，为三对角矩阵。

此外，也可以采用柔度矩阵的形式建立剪切型层模型的运动方程，通过柔度矩阵描述结构的弹性特性。柔度矩阵中的每一系数称为柔度系数 δ_{ij}，其力学含义为作用于节点 j 处的单位静荷载在节点 i 处所产生的位移。图 1-3-2 表示单位荷载施加在结构每一个楼层时各质点的柔度系数。运用叠加法，任意楼层的位移等于该层柔度系数与相应力的乘积之和。作用在每一楼层的荷载包括外荷载和惯性力，于是得到：

$$\begin{cases} y_1 = \left[P_1(t) - m_1\ddot{y}_1\right]\delta_{11} + \left[P_2(t) - m_2\ddot{y}_2\right]\delta_{12} + \left[P_3(t) - m_3\ddot{y}_3\right]\delta_{13} \\ y_2 = \left[P_1(t) - m_1\ddot{y}_1\right]\delta_{21} + \left[P_2(t) - m_2\ddot{y}_2\right]\delta_{22} + \left[P_3(t) - m_3\ddot{y}_3\right]\delta_{23} \\ y_3 = \left[P_1(t) - m_1\ddot{y}_1\right]\delta_{31} + \left[P_2(t) - m_2\ddot{y}_2\right]\delta_{23} + \left[P_3(t) - m_3\ddot{y}_3\right]\delta_{33} \end{cases} \quad (1\text{-}3\text{-}6)$$

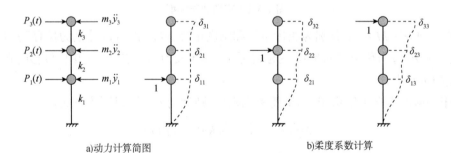

a)动力计算简图　　　　　　　　　　b)柔度系数计算

图 1-3-2　剪切型层模型柔度矩阵

上述方程组简写为：

$$y(t) = \delta P(t) - \delta M \ddot{y}(t) \quad (1\text{-}3\text{-}7)$$

式中，M 为质量矩阵；$y(t)$ 和 $\ddot{y}(t)$ 分别为位移列向量和加速度列向量；$P(t)$ 为荷载列向量；δ 为柔度矩阵，表达式如下：

$$\boldsymbol{\delta} = \begin{bmatrix} \delta_{11} & \delta_{12} & \delta_{13} \\ \delta_{21} & \delta_{22} & \delta_{23} \\ \delta_{31} & \delta_{32} & \delta_{33} \end{bmatrix} \tag{1-3-8}$$

将式(1-3-7)左乘 $\boldsymbol{\delta}^{-1}$，得到：

$$\boldsymbol{M}\ddot{\boldsymbol{y}}(t) + \boldsymbol{\delta}^{-1}\boldsymbol{y}(t) = \boldsymbol{P}(t) \tag{1-3-9}$$

将式(1-3-9)与式(1-3-4)对照，得到：

$$\boldsymbol{\delta}^{-1} = \boldsymbol{K} \tag{1-3-10}$$

也就是说，柔度矩阵和刚度矩阵互为逆矩阵。因此，柔度矩阵可以通过刚度矩阵求逆得到，也可以从柔度系数的力学含义直接得到：

$$\boldsymbol{\delta} = \begin{bmatrix} \dfrac{1}{k_1} & \dfrac{1}{k_1} & \dfrac{1}{k_1} \\ \dfrac{1}{k_1} & \dfrac{1}{k_1}+\dfrac{1}{k_2} & \dfrac{1}{k_1}+\dfrac{1}{k_2} \\ \dfrac{1}{k_1} & \dfrac{1}{k_1}+\dfrac{1}{k_2} & \dfrac{1}{k_1}+\dfrac{1}{k_2}+\dfrac{1}{k_3} \end{bmatrix} \tag{1-3-11}$$

可以看到，无论是柔度矩阵还是刚度矩阵，都是对称矩阵，并且都是正定矩阵。但是，剪切型层模型的刚度矩阵为三对角矩阵，而柔度矩阵不具备三对角矩阵的特性，因此理论上三层剪切型层模型可以推广到任意多层的结构。

3.2 多自由度无阻尼体系自由振动

结构在受迫振动时的动力响应与结构的动力特性密切相关。当用振型叠加法计算任意干扰力作用下的结构动力响应时，往往要用到自由振动的频率和振型。为此，要首先分析自由振动。一般情况下，结构系统的阻尼对自振频率和振型的影响很小，若不考虑结构阻尼，可使结构自振特性计算的工作量大为减少。因此，可略去阻尼影响来确定系统的自振频率和振型。为简化分析，以下内容介绍中的质量矩阵一律采用集中质体法。

3.2.1 多自由度无阻尼体系自由振动运动方程的求解

将自由振动方程中的荷载项和阻尼项去掉，得到无阻尼系统的自由振动方程：

$$\boldsymbol{M}\ddot{\boldsymbol{y}}(t) + \boldsymbol{K}\boldsymbol{y}(t) = 0 \tag{1-3-12}$$

上式为常系数齐次线性微分方程，其一般解可由 n 个特解的线性组合得到，设其特解为：

$$\boldsymbol{y}(t) = \boldsymbol{A}\sin(\omega t + \varphi) \tag{1-3-13}$$

式中，$\boldsymbol{A} = [A_1, A_2, \cdots, A_n]^T$，为振幅列向量。将式(1-3-13)及其二次微分一起代入式(1-3-12)得到：

$$(-\omega^2 \boldsymbol{M} + \boldsymbol{K})\boldsymbol{A} = 0 \tag{1-3-14}$$

式(1-3-14)就是特解满足微分方程(1-3-12)需要满足的条件,由此可以得出:①式(1-3-14)中没有初相角,说明微分方程特解与初相角无关;②式(1-3-14)给出各质体振幅的齐次代数方程组,说明各个质体都需要满足这个关系式;③当各个质体振幅均为零时,可以满足式(1-3-14),但这对应于无振动情况,也不是寻求的解答。振动时,各质体的振幅不全为零,为了使式(1-3-14)有非零解,要求振幅 A 的系数行列式等于零,即:

$$|K-\omega^2 M| = 0 \tag{1-3-15}$$

展开式(1-3-15)可得到一个 ω^2 的 n 次代数方程,求解后得到 n 个频率,按从小到大的顺序排列为 $\omega_1, \omega_2, \cdots, \omega_n$,依次称为第一频率、第二频率等。对应于每一个频率 ω_i 都有一个特解,即:

$$y_i(t) = A_i \sin(\omega_i t + \varphi_i) \tag{1-3-16}$$

根据常系数齐次线性微分方程的理论可得到式(1-3-12)的一般解为:

$$y(t) = \sum_{i=1}^{n} y_i(t) = \sum_{i=1}^{n} A_i \sin(\omega_i t + \varphi_i) \tag{1-3-17}$$

3.2.2 主振型

将每一个自振频率 ω_i 代入式(1-3-14),可以得到各质点对应的振幅 A_i。由于式(1-3-14)的系数行列式为零,方程组(1-3-14)没有唯一解,只能得到 A_i 的相对值,它与时间无关,且为常数。也就是说,在振动的过程中,各质点的位移相对值始终保持不变,称为主振型,简称为振型。当结构体系按 ω_1 振动时得到的 A_1 称为第一振型,当体系按 ω_2 振动时得到的 A_2 称为第二振型,依次类推。一般而言,结构体系有多少个自由度就有多少个频率,对应就有多少个振型。频率和振型是结构体系的固有特性,与是否作用外荷载及是否存在阻尼无关。

如果各质点的初速度为零,而各质点初位移与某一振型成比例,则结构体系就按这个振型做简谐振动。如果初始条件是任意的,结构体系所发生的振动就不是按主振型的简谐自由振动,而是复杂的周期振动,这时可以用各阶主振动的线性组合来描述它,即结构体系的振动方程的通解为各个特解之和。

3.2.3 主振型的正交性

振型的正交性是一个很重要的性质,利用它可以使结构的动力响应的计算大为简化。取系统的两个不同主振型,设 ω_i 对应的振型为 A_i,ω_j 对应的振型为 A_j,并设 $\omega_i \neq \omega_j$,根据式(1-3-14)有:

$$(K - \omega_i^2 M) A_i = 0 \tag{1-3-18}$$

$$(K - \omega_j^2 M) A_j = 0 \tag{1-3-19}$$

对式(1-3-18)左乘 A_j^T,对式(1-3-19)左乘 A_i^T,得到:

$$A_j^T K A_i - \omega_i^2 A_j^T M A_i = 0 \tag{1-3-20}$$

$$A_i^T K A_j - \omega_j^2 A_i^T M A_j = 0 \tag{1-3-21}$$

由于质量矩阵和刚度矩阵为对称矩阵,即 $K = K^T$,$M = M^T$,对式(1-3-20)转置,得到:

$$(A_i^T K A_i - \omega_i^2 A_i^T M A_i)^T = A_i^T K^T A_j - \omega_i^2 A_i^T M^T A_j = A_i^T K A_j - \omega_i^2 A_i^T M A_j \qquad (1\text{-}3\text{-}22)$$

式(1-3-22)与式(1-3-21)相减,得到:

$$(\omega_i^2 - \omega_j^2) A_i^T M A_j = 0 \qquad (1\text{-}3\text{-}23)$$

注意到 $\omega_i \neq \omega_j$,于是:

$$A_i^T M A_j = 0 \qquad (1\text{-}3\text{-}24)$$

将式(1-3-24)代入式(1-3-21),得到:

$$A_i^T K A_j = 0 \qquad (1\text{-}3\text{-}25)$$

由式(1-3-24)和式(1-3-25)可知,多自由度体系的任意两个振型关于质量和刚度是正交的。以后可以看到,振型的正交性为振型分解法提供了理论基础。为了理解振型正交的力学意义,将式(1-3-23)变为:

$$\omega_i^2 A_i^T M A_j = \omega_j^2 A_j^T M A_i \qquad (1\text{-}3\text{-}26)$$

将 $\omega_i^2 A_i^T M$、$\omega_j^2 A_j^T M$ 分别看作同一个结构上受到的两个荷载体系,而将振型 A_i、A_j 分别看作两个荷载体系作用下产生的位移,因而得到:第 i 振型的惯性力在第 j 振型的位移上所做的功等于第 j 振型的惯性力在第 i 振型的位移上所做的功,这就是功互等定理。

3.3 多自由度无阻尼体系强迫振动的振型分解法

3.3.1 无阻尼强迫振动

多自由度体系自由振动与单自由度体系自由振动一样将随着时间很快衰减。对于受迫振动问题来说,通常不关心其自由振动分量(因为阻尼的作用使自由振动分量迅速衰减),而只需求出其纯受迫振动的稳态分量。因此,我们更关心多自由度体系的强迫振动。多自由度无阻尼体系强迫振动的方程为:

$$M\ddot{y}(t) + K y(t) = P(t) \qquad (1\text{-}3\text{-}27)$$

运动方程(1-3-27)以质点的位移 $y_i(t)$ 作为坐标。因此,每一个方程中包含了所有的质点位移并耦联在一起,必须联立求解,这给计算带来不便。利用振型的正交特性并采用广义坐标,我们将可以将联立方程组解耦,从而使多自由度问题变为一系列单自由度体系来计算,使计算简化,这就是振型分解法的基本思路。

由线性代数的理论可知,一个多自由度体系的各个振型是线性无关的。因此,各质点在任意时刻的位移 $y(t)$ 可以通过其振型的线性组合来表示,即:

$$y(t) = q_1(t) A_1 + q_2(t) A_2 + \cdots + q_n(t) A_n = \sum_{i=1}^{n} q_i(t) A_i = \boldsymbol{\Phi} \cdot \boldsymbol{q}(t) \qquad (1\text{-}3\text{-}28)$$

式中:

$$\boldsymbol{\Phi} = [A_1, A_2, \cdots, A_n] \qquad (1\text{-}3\text{-}29)$$

$$\boldsymbol{q}(t) = [q_1(t), q_2(t), \cdots, q_n(t)]^T \qquad (1\text{-}3\text{-}30)$$

矩阵 $\boldsymbol{\Phi}$ 是以振型为列,按顺序排列而成的,称为振型矩阵。将式(1-3-28)代入式(1-3-27),

得到：

$$M\boldsymbol{\Phi}\ddot{q}(t)+K\boldsymbol{\Phi}q(t)=P(t) \quad (1\text{-}3\text{-}31)$$

上式两边左乘 A_i^T，得到：

$$A_i^T M\boldsymbol{\Phi}\ddot{q}(t)+A_i^T K\boldsymbol{\Phi}q(t)=A_i^T P(t) \quad (1\text{-}3\text{-}32)$$

由振型的正交性，有：

$$\begin{aligned}A_i^T M\boldsymbol{\Phi}\ddot{q}(t)&=A_i^T M[A_1,A_2,\cdots,A_n]\ddot{q}(t)\\&=A_i^T MA_1\ddot{q}_1(t)+A_i^T MA_2\ddot{q}_2(t)+\cdots+A_i^T MA_n\ddot{q}_n(t)\\&=A_i^T MA_i\ddot{q}_i(t)\end{aligned} \quad (1\text{-}3\text{-}33)$$

同理，

$$A_i^T K\boldsymbol{\Phi}q(t)=A_i^T KA_i q_i(t) \quad (1\text{-}3\text{-}34)$$

令

$$A_i^T KA_i=\hat{k}_i,\ A_i^T MA_i=\hat{m}_i,\ A_i^T P(t)=\hat{P}_i(t) \quad (1\text{-}3\text{-}35)$$

则式(1-3-32)可化为：

$$\hat{m}_i\ddot{q}_i(t)+\hat{k}_i q_i(t)=\hat{P}_i(t) \quad (i=1,2,\cdots,n) \quad (1\text{-}3\text{-}36)$$

这样就将原来耦联的运动方程组(1-3-27)解耦为 n 个独立的单自由度体系，可以根据单自由度无阻尼强迫振动求得其解答 $q_i(t)(i=1,2,\cdots,n)$，然后代入式(1-3-28)得到原体系的解答。

方程(1-3-36)也可以写成矩阵的形式：

$$\widetilde{M}\ddot{q}(t)+\widetilde{K}q(t)=\widetilde{P}(t) \quad (1\text{-}3\text{-}37)$$

式中：

$$\widetilde{K}=\boldsymbol{\Phi}^T K\boldsymbol{\Phi}=\text{Diag}[\hat{k}_1,\hat{k}_2,\cdots,\hat{k}_n] \quad (1\text{-}3\text{-}38)$$

$$\widetilde{M}=\boldsymbol{\Phi}^T M\boldsymbol{\Phi}=\text{Diag}[\hat{m}_1,\hat{m}_2,\cdots,\hat{m}_n] \quad (1\text{-}3\text{-}39)$$

矩阵 $\widetilde{K}$ (广义刚度矩阵) 和 $\widetilde{M}$ (广义质量矩阵) 为对角矩阵。可以证明方程(1-3-37)对应的频率 ω_i 就是原体系对应的频率 ω_i，证明如下。将式(1-3-18)左乘 A_i^T，展开得到：

$$A_i^T(K-\omega_i^2 M)A_i=A_i^T KA_i-\omega_i^2 A_i^T MA_i=0 \quad (1\text{-}3\text{-}40)$$

于是

$$\omega_i^2=\frac{A_i^T KA_i}{A_i^T MA_i}=\frac{\hat{k}_i}{\hat{m}_i} \quad (1\text{-}3\text{-}41)$$

所以式(1-3-36)也可以改写为：

$$\ddot{q}_i(t)+\omega_i^2 q_i(t)=\hat{P}_i(t)/\hat{m}_i \quad (i=1,2,\cdots,n) \quad (1\text{-}3\text{-}42)$$

式(1-3-42)的 n 个方程都是相互独立的，每一个方程都具有和单自由度体系运动方程相同的形式，其解答可以用 Duhamel 积分计算：

$$q_i(t) = \frac{1}{\hat{m}_i \omega_i} \int_0^t \hat{P}_i(\tau) \sin\omega_i(t-\tau) d\tau \quad (1\text{-}3\text{-}43)$$

求得主坐标后,再用 $y = \boldsymbol{\Phi} \cdot q(t)$,便可求得实际坐标中的位移。

3.3.2 振型矩阵的正交规格化

矩阵 $\widetilde{\boldsymbol{M}}$ 为对角矩阵,如果能将其化为单位矩阵,则计算将进一步简化。这可以通过振型矩阵的正交规格化来实现。用 $\widetilde{\boldsymbol{M}}^{-1/2}$ 左乘 $\widetilde{\boldsymbol{M}}$,然后右乘 $\widetilde{\boldsymbol{M}}^{-1/2}$,得到:

$$\boldsymbol{I} = \widetilde{\boldsymbol{M}}^{-1/2}\widetilde{\boldsymbol{M}}\,\widetilde{\boldsymbol{M}}^{-1/2} = \widetilde{\boldsymbol{M}}^{-1/2}\boldsymbol{\Phi}^{\mathrm{T}}\boldsymbol{M}\boldsymbol{\Phi}\widetilde{\boldsymbol{M}}^{-1/2} = (\boldsymbol{\Phi}\widetilde{\boldsymbol{M}}^{-1/2})^{\mathrm{T}}\boldsymbol{M}(\boldsymbol{\Phi}\widetilde{\boldsymbol{M}}^{-1/2}) = \widetilde{\boldsymbol{\Phi}}\boldsymbol{M}\widetilde{\boldsymbol{\Phi}}^{\mathrm{T}} \quad (1\text{-}3\text{-}44)$$

其中:

$$\widetilde{\boldsymbol{\Phi}} = \boldsymbol{\Phi}\widetilde{\boldsymbol{M}}^{-1/2} \quad (1\text{-}3\text{-}45)$$

$\widetilde{\boldsymbol{\Phi}}$ 称为正交规格化振型矩阵。当采用 $\widetilde{\boldsymbol{\Phi}}$ 代替计算,将得到:

$$\ddot{q}(t) + \boldsymbol{\Omega}^2 q(t) = \boldsymbol{P}(t) \quad (1\text{-}3\text{-}46)$$

这实际上就是将式(1-3-42)写成矩阵的形式。式中:

$$\boldsymbol{\Omega}^2 = \widetilde{\boldsymbol{\Phi}}^{\mathrm{T}}\boldsymbol{K}\widetilde{\boldsymbol{\Phi}} = \mathrm{Diag}[\omega_1^2, \omega_2^2, \cdots, \omega_n^2] \quad (1\text{-}3\text{-}47)$$

事实上,根据 $(\boldsymbol{K} - \omega_i^2 \boldsymbol{M})\boldsymbol{A}_i = 0 (i=1,2,\cdots,n)$,写成矩阵的形式:

$$\boldsymbol{K}\boldsymbol{\Phi} - \boldsymbol{\Omega}^2 \boldsymbol{M}\boldsymbol{\Phi} = 0 \quad (1\text{-}3\text{-}48)$$

左乘 $\boldsymbol{\Phi}^{\mathrm{T}}$ 得到:

$$\boldsymbol{\Phi}^{\mathrm{T}}\boldsymbol{K}\boldsymbol{\Phi} - \boldsymbol{\Omega}^2 \boldsymbol{\Phi}^{\mathrm{T}}\boldsymbol{M}\boldsymbol{\Phi} = 0 \quad \widetilde{\boldsymbol{K}} - \boldsymbol{\Omega}^2 \widetilde{\boldsymbol{M}} = 0 \quad (1\text{-}3\text{-}49)$$

于是:

$$\boldsymbol{\Omega}^2 = \widetilde{\boldsymbol{K}}\,\widetilde{\boldsymbol{M}}^{-1} \quad (1\text{-}3\text{-}50)$$

当采用 $\widetilde{\boldsymbol{\Phi}}$ 代替 $\boldsymbol{\Phi}$ 计算时,则有:

$$\widetilde{\boldsymbol{K}} = \widetilde{\boldsymbol{\Phi}}^{\mathrm{T}}\boldsymbol{K}\widetilde{\boldsymbol{\Phi}} = \boldsymbol{\Omega}^2, \widetilde{\boldsymbol{M}} = \widetilde{\boldsymbol{\Phi}}\boldsymbol{M}\widetilde{\boldsymbol{\Phi}}^{\mathrm{T}} = \boldsymbol{I} \quad (1\text{-}3\text{-}51)$$

3.4 多自由度有阻尼体系强迫振动的振型分解法

在结构动力分析中,由于阻尼因素对结构自由振动特性以及冲击荷载作用下结构体系响应的影响比较小,所以,在做自由振动计算和进行冲击荷载作用下结构动力响应分析时,往往不考虑阻尼因素的影响。但是,在计算一般外力作用下结构的动力响应时,阻尼对结构的最大响应起到控制作用,因此,必须考虑阻尼的影响。

多自由度有阻尼体系强迫振动的方程为:

$$\boldsymbol{M}\ddot{y}(t) + \boldsymbol{C}\dot{y}(t) + \boldsymbol{K}y(t) = \boldsymbol{P}(t) \quad (1\text{-}3\text{-}52)$$

前述多自由度无阻尼体系之所以可以运用振型分解法来求解,就是因为其质量矩阵和刚度矩阵具有振型正交特性。为了使运动方程(1-3-52)可以解耦,我们假定阻尼矩阵为质量矩阵和刚度矩阵的线性组合,这样的阻尼矩阵能满足正交条件,即:

$$\boldsymbol{C} = \alpha_1 \boldsymbol{M} + \alpha_2 \boldsymbol{K} \quad (1\text{-}3\text{-}53)$$

式中，α_1 和 α_2 为比例常数。

上述确定阻尼的方法称为 Rayleigh 阻尼假设。由于用试验方法确定阻尼矩阵中的各个系数是很困难的，与质量和刚度相比，阻尼对于结构动力反应的影响相对较小，而上述确定阻尼的方法既能使运动方程解耦，同时其中的系数容易确定，因此，上述确定阻尼的方法得到了广泛的应用。将式(1-3-28)和式(1-3-53)两式代入式(1-3-52)，得到：

$$M\boldsymbol{\Phi}\ddot{\boldsymbol{q}}(t)+(\alpha_1 M+\alpha_2 K)\boldsymbol{\Phi}\dot{\boldsymbol{q}}(t)+K\boldsymbol{\Phi}\boldsymbol{q}(t)=\boldsymbol{P}(t) \qquad (1-3-54)$$

左乘 $\boldsymbol{\Phi}^\mathrm{T}$ 得到：

$$\boldsymbol{\Phi}^\mathrm{T} M\boldsymbol{\Phi}\ddot{\boldsymbol{q}}(t)+\boldsymbol{\Phi}^\mathrm{T}(\alpha_1 M+\alpha_2 K)\boldsymbol{\Phi}\dot{\boldsymbol{q}}(t)+\boldsymbol{\Phi}^\mathrm{T} K\boldsymbol{\Phi}\boldsymbol{q}(t)=\boldsymbol{\Phi}^\mathrm{T}\boldsymbol{P}(t) \qquad (1-3-55)$$

即：

$$\widetilde{M}\ddot{\boldsymbol{q}}(t)+(\alpha_1\widetilde{M}+\alpha_2\widetilde{K})\dot{\boldsymbol{q}}(t)+\widetilde{K}\boldsymbol{q}(t)=\widetilde{\boldsymbol{P}}(t) \qquad (1-3-56)$$

由于质量矩阵 $\widetilde{M}$ 和刚度矩阵 $\widetilde{K}$ 为对角矩阵，所以上述方程组实际上已经解耦，可写成：

$$\hat{m}_i\ddot{q}_i(t)+(\alpha_1\hat{m}_i+\alpha_2\hat{k}_i)\dot{q}_i(t)+\hat{k}_i q_i(t)=\hat{P}_i(t) \qquad (1-3-57)$$

$$\ddot{q}_i(t)+(\alpha_1+\alpha_2\omega_i^2)\dot{q}_i(t)+\omega_i^2 q_i(t)=\hat{P}_i(t)/\hat{m}_i \qquad (1-3-58)$$

令：

$$(\alpha_1+\alpha_2\omega_i^2)=2\xi_i\omega_i \qquad (1-3-59)$$

则式(1-3-58)可写成：

$$\ddot{q}_i(t)+2\xi_i\omega_i\dot{q}_i(t)+\omega_i^2 q_i(t)=\hat{P}_i(t)/\hat{m}_i \qquad (1-3-60)$$

系数 α_1 和 α_2 通常由第一和第二振型频率和阻尼比确定，即：

$$\begin{cases}\alpha_1+\alpha_2\omega_1^2=2\xi_1\omega_1\\ \alpha_1+\alpha_2\omega_2^2=2\xi_2\omega_2\end{cases} \qquad (1-3-61)$$

对于钢筋混凝土结构，一般取 $\xi_1=\xi_2=0.05$。由上述方程组可以解得：

$$\alpha_1=\frac{2\omega_1\omega_2(\xi_1\omega_2-\xi_2\omega_1)}{\omega_2^2-\omega_1^2},\ \alpha_2=\frac{2(\xi_2\omega_2-\xi_1\omega_1)}{\omega_2^2-\omega_1^2} \qquad (1-3-62)$$

由单自由度有阻尼体系强迫振动的 Duhamel 积分，得到式(1-3-59)的稳态解为：

$$q_i(t)=\frac{1}{m\omega_i'}\int_0^t e^{-\xi\omega_i(t-\tau)}\hat{P}_i(\tau)\sin\omega_i'(t-\tau)\mathrm{d}\tau \qquad (1-3-63)$$

将上式代入式(1-3-28)，可以得到多自由度有阻尼体系的稳态解。

思考题与习题

① 为什么实际工程中大多采用多自由度体系的动力模型？

② 多自由体系的振型是指什么？

③ 什么是主振动？什么是主坐标？

④ 什么是振型分解法？振型分解法使用时有哪些局限性？

⑤如图 1-3-3 所示三层刚架,横梁刚度为无穷大,请用刚度法求其自振频率和主振型。

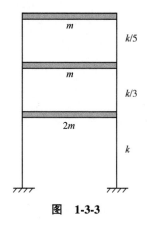

图 1-3-3

⑥求如图 1-3-4 所示简支梁的自振频率和主振型,并验证主振型的正交性。

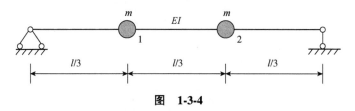

图 1-3-4

⑦图 1-3-5 中的伸臂梁上面有两个集中质量 $m_1=m_2=m$,梁的抗弯刚度为 E,不计梁的质量,试建立系统的自由振动微分方程,并求系统的固有特性。

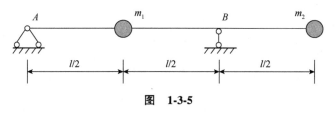

图 1-3-5

⑧若题⑦中的 A 为固定端,重新计算。

第二篇　桥梁抗震

　　桥梁作为交通网络的枢纽工程，其抗震性能直接影响桥梁本身的服役安全，进而影响整个交通网络的正常运行，因此，桥梁结构抗震一直是桥梁工程领域的研究热点。本篇共分为4章。第1章介绍了桥梁震害的类型和破坏特征。第2章介绍了桥梁抗震设计，包括桥梁抗震设防标准和分类、抗震设计方法和流程、地震动输入、场地选择与划分、抗震概念设计和延性抗震设计。第3章介绍了桥梁抗震分析，包括地震分析理论的演变、地震反应谱法、动态时程分析法和功率谱法，并给出了抗震分析实例。第4章介绍了桥梁减隔震设计，包括减隔震技术原理、减隔震装置与系统、桥梁减隔震设计及应用。

第1章
桥梁震害

地震是一种对人类危害极大的突发性自然灾害,是地球内部地壳板块挤压和碰撞导致地壳板块变形、破碎,进而引发地壳振动的过程。该振动以波的形式传到地表,引起地面颠簸和摇晃。据统计,地球每年发生地震约500万次,绝大多数地震由于震源深或者释放的能量小而难以觉察,可以感觉到的地震仅占地震总数的1%左右。进入21世纪后,世界上造成灾害的强烈地震平均每年发生近20次。

1.1 地震分布与危害

我国位于世界两大地震带上,东部是环太平洋地震带,西部和西南部是欧亚地震带,是地震多发的国家之一。

环太平洋地震带沿着南、北美洲西海岸,经阿拉斯加半岛、千岛群岛、日本列岛,至我国台湾岛和菲律宾群岛一直到新西兰,是地球上最活跃的地震带,集中了全世界80%以上的地震,释放的地震能量约占全球的75%。

欧亚地震带大致从印尼西部、缅甸经我国横断山脉、喜马拉雅山地区,经中亚到地中海,又称喜马拉雅-地中海地震带。带内地震震源浅,震中分布零散,震中带展布宽度为2000~3000km,几乎10倍于环太平洋地震带的分布宽度。该地震带的地震成因,一方面与板块构造运动相关,另一方面又在很大程度上与板内断块(小板块)构造密切相关。

20世纪以来,地球上发生的1200多次7级以上的地震中,有十分之一发生在中国。例如,1976年发生在我国河北省唐山市的里氏7.8级大地震,造成24万余人死亡、43万余人受伤,唐山市遭到毁灭性破坏,18座桥梁倒塌,20座桥梁发生严重破损,34座桥梁出现中等程度损伤,破坏的主要形式有落梁、地基失效、支座破坏、桥墩断裂、梁间碰撞等。2008年5月12日发生在我国四川省汶川县的里氏8.0级的特大地震,造成近7万人死亡、37万余人受伤、1.7万余人失踪,直接经济损失达8452亿元。

桥梁是交通线路的"咽喉",是重要的社会基础设施。地震中桥梁的破坏将导致交通中断,不仅造成严重的经济损失,而且严重影响震后的救灾工作,导致受灾地区的人员难以顺利疏散以及救援人员和救灾物资难以快速转运。同时,遭受破坏的大型桥梁修复起来比较困难,严重阻碍交通的快速恢复。因此,对桥梁采取合理、有效的抗震设计,保证桥梁在地震中的安全和正常使用,对抗震防灾减灾工作和地震灾区的震后恢复重建工作都具有重要意义。

1.2 地震震级与烈度

1.2.1 地震震级

地震震级是衡量一次地震大小的等级,用符号 M 表示。

目前,国际上比较通用的是里氏震级(常用 M_L 表示),由里克特(C.F. Richter)于 1935 年提出。它的定义是:在离震中 100km 处用伍德-安德生(Wood-Anderson)式标准地震仪(摆的自振周期为 0.8s,阻尼系数为 0.8,放大倍数为 2800 倍)所记录到的最大水平地动位移(即振幅 A,以 μm 计)的常用对数值,即:

$$M_L = \lg A \tag{2-1-1}$$

由于地震发生时不可能正好在 100km 处记录,而且所使用的仪器也不尽相同,所以一般需要根据震中距和使用的仪器对实测的震级进行适当的修正。

震级的大小直接与震源释放的能量有关。震级 M 与地震释放能量 E 之间有如下关系:

$$\lg E = 11.8 + 1.5M \tag{2-1-2}$$

由此可知,震级每增加一级,地震释放的能量就增加 32 倍之多。据测算,一次 7 级地震释放的能量与 4000 万吨级的 TNT(三硝基甲苯)炸弹爆炸释放的能量相当。

按震级的大小,地震可分为微震(震级小于 2 级)、有感地震(震级 2~5 级)、中强地震(震级 5~7 级)和强震(震级大于 7 级)。微震只有仪器才能记录到,有感地震一般可以被人感觉到,中强地震能造成桥梁受到不同程度的破坏,而强震则往往具有巨大的破坏性。

1.2.2 地震烈度

地震烈度是衡量地震破坏作用大小的一个指标,它表示某一地区的地面和各类建筑物遭受地震影响的程度。对于一次地震来说,震级只有一个,烈度则随着地点而变。一般来说,震中的烈度最高,距震中越远,地震影响就越小,烈度就越低。但是,在某一烈度区里,有时会因局部场地的地形、地质条件等因素的影响,出现局部烈度较高或较低的"烈度异常区"。

以往,一个地区的抗震设防的主要依据是基本烈度。基本烈度是指该地区今后一个时期内,在一般场地条件下可能遭遇到的最大地震烈度,即《中国地震动参数区划图》(GB 18306—2015)规定的烈度。地震区划是地震区域划分的简称,是指在地图上按地震情况的差异划分出的不同区域。《中国地震动参数区划图》(GB 18306—2015)是一般建设工程的抗震设防依据。

1.2.3 震级与震中烈度的关系

地震震级与地震烈度是完全不同的两个概念。震级好比炸弹的装药量,烈度则是炸弹爆炸时所造成的破坏程度。尽管如此,从数学角度,震中烈度可以表示为震级和震源深度的函数。在环境条件基本相同的情况下,震级越大且震源深度越浅,则震中烈度越高。对于发生频率最高的浅源地震来说,根据我国地震资料,可以由下面经验公式估计震中烈度 I_0 与震

级 M 之间的关系：

$$M = 1.5 + 0.58 I_0 \tag{2-1-3}$$

其大致对应关系如表 2-1-1 所示。

震中烈度与震级对照　　　　　　　　　　表 2-1-1

震中烈度(I_0)	4	5	6	7	8	9	10	11	12
震级(M)	4	4.5	5	5.5	6.5	6.75	7.25	8	8.5

1.3　上部结构震害

按照震害成因的不同，桥梁上部结构的震害可分为上部结构的破坏、上部结构的移位以及上部结构的碰撞破坏。

1.3.1　上部结构的破坏

桥梁上部结构遭受震害而被破坏的情形比较少见。在发现的少数此类震害中，主要是钢结构的局部屈曲破坏。图 2-1-1 是 1995 年日本阪神地震中的钢箱梁局部屈曲破坏。图 2-1-2 是 1995 年日本阪神地震中拱桥风撑的屈曲破坏。

图 2-1-1　阪神地震中钢箱梁局部屈曲破坏

图 2-1-2　阪神地震中拱桥风撑屈曲破坏

1.3.2　上部结构的移位

桥梁上部结构的移位在地震中极为常见，表现为桥梁上部结构的纵向移位、横向移位以及扭转移位，最常见的是桥梁上部结构的纵向移位和落梁。图 2-1-3 是 2008 年汶川地震中，桥梁上部结构发生的纵向移位。图 2-1-4 是 2008 年汶川地震中，映秀岷江大桥桥梁上部结构发生的横向移位。

图 2-1-5 是 1971 年美国的圣·费尔南多地震中，金州高速干道与 14 号州际高速的立交枢纽上、下跨交叉部分出现落梁。经研究，认为此次破坏的主要内因是主梁两侧支撑桥墩随地面出现过大相互远离的位移，牛腿连接处支撑长度过短且钢筋混凝土柱未配置足够箍筋、延性较差。

图 2-1-3　汶川地震中桥梁上部结构纵向移位

图 2-1-4　汶川地震中映秀岷江大桥横向移位

图 2-1-6 是 2016 年日本熊本地震中府领一号桥坍塌并堵住北侧交通。图 2-1-7 是 2008 年汶川地震中，都汶高速公路上的庙子坪大桥引桥第五跨出现落梁。落梁的原因是地震中梁、墩相对位移过大，引桥第五跨伸缩缝处的相对位移大于搭接长度。

图 2-1-5　圣·费尔南多地震中立交桥落梁震害

图 2-1-6　府领一号桥落梁震害

图 2-1-8 是 2021 年青海玛多地震中，位于西丽高速公路共玉路段的野马滩大桥发生上、下行分离，下行线落梁 18 跨，上行线落梁 19 跨，所有落梁均为南侧落到地面，北侧支撑于桥墩，立面呈斜置状态。此次地震中，导致连续多跨主梁落梁的直接原因是全部主梁向北发生大位移。北侧第一跨主梁向北移位 1.2m，超过盖梁支撑宽度（盖梁半宽 0.85m），桥面连续构造无法承担主梁重量导致其南端落梁，同时也撞推其北侧相邻主梁位移超出盖梁，进而导致北侧相邻主梁的南端落梁。

图 2-1-7　庙子坪大桥落梁震害

图 2-1-8　青海野马滩大桥落梁震害

1.3.3 上部结构的碰撞破坏

桥梁上部结构在地震中经常发生相互碰撞,例如相邻的上部结构碰撞、上部结构与桥台的碰撞以及相邻桥梁间的碰撞。图 2-1-9 是 1989 年美国洛马·普里埃塔地震中相邻跨上部结构的碰撞。图 2-1-10 是 2008 年汶川地震中,成灌高速公路跨线桥上部结构的碰撞。图 2-1-11 是 2008 年汶川地震中相邻跨上部结构的碰撞。图 2-1-12 是 1989 年美国洛马·普里埃塔地震中相邻桥梁结构间的碰撞。

图 2-1-9 洛马·普里埃塔地震中相邻跨上部结构碰撞

图 2-1-10 成灌高速公路跨线桥梁体撞击损伤

图 2-1-11 汶川地震中相邻跨上部结构碰撞

图 2-1-12 洛马·普里埃塔地震相邻桥梁结构间的碰撞

1.4 支座震害

桥梁支座历来被认为是桥梁结构体系中抗震性能比较薄弱的构件,在以往地震中,支座的震害都比较普遍。支座的破坏形式一般表现为支座移位、锚固螺栓拔出和剪断、活动支座脱落、支座本身构造上的破坏等。图 2-1-13~图 2-1-16 是汶川地震中桥梁支座的脱空、移位、脱落。当支座与桥梁上、下部结构之间的连接强度不足或者支座自身强度不足时,会发生锚固破坏或者构造破坏。图 2-1-17 和图 2-1-18 是汶川地震中支座自身破坏。

图 2-1-13　支座部分脱空

图 2-1-14　支座完全脱空

图 2-1-15　金马河大桥支座移位

图 2-1-16　映秀岷江大桥支座脱落

图 2-1-17　支座严重剪切变形

图 2-1-18　四氟滑板支座脱空并破坏

1.5 下部结构和基础的震害

下部结构和基础的严重破坏是引起桥梁倒塌的主要原因。除了地基毁坏的情况,桥梁墩台和基础的震害是由于受到较大的水平地震力,使得其相对薄弱的截面发生破坏。

1.5.1 桥梁墩柱破坏

大量震害资料表明,桥梁结构中普遍采用的钢筋混凝土墩柱的破坏形式主要有弯曲破坏和剪切破坏。弯曲破坏是延性破坏,而剪切破坏是脆性破坏。高且细的桥墩大多为弯曲破坏,而矮且粗的桥墩大多为剪切破坏,介于两者之间的桥墩为混合型破坏。另外,桥梁墩柱的基脚破坏也是一种可能的破坏形式。

1) 墩柱的弯曲破坏

桥梁墩柱的弯曲破坏非常常见,弯曲破坏属于延性破坏,多表现为混凝土开裂、混凝土剥落压溃、钢筋裸露和弯曲等,并出现很大的塑性变形。墩柱的弯曲破坏主要原因是约束箍筋配置不足、纵向钢筋的搭接或焊接不牢等引起的墩柱延性不足。

图 2-1-19 为汶川地震中百花大桥发生的墩柱弯曲破坏,纵筋已发生屈曲,核心混凝土破碎严重。这一震害的主要原因是约束箍筋的配置不足,箍筋间距为 60cm。图 2-1-20 为阪神地震中因约束箍筋不足、纵向的焊接接头破坏而引起的墩柱弯曲破坏。

图 2-1-19 百花大桥墩柱弯曲破坏

图 2-1-20 阪神地震中墩柱弯曲破坏

2) 墩柱的剪切破坏

桥梁墩柱的剪切破坏十分常见,剪切破坏属于脆性破坏,往往会造成墩柱及上部结构的倒塌。图 2-1-21 为 2008 年汶川地震中百花大桥的墩柱弯剪混合破坏,破坏的主要原因是桥墩的箍筋配置不足。图 2-1-22 是 1999 年集集地震中,乌溪桥桥墩的剪切破坏。

图 2-1-23 为 1971 年美国圣·费尔南多地震中 5 号和 210 号州际高速公路之间立交桥发生的墩柱剪切破坏。由图中可见,墩柱的两端没有弯曲破坏的迹象,而剪切破坏却发生在墩柱中部。显然,这是由于横向约束钢筋(箍筋)往往配置较少,墩柱的剪切强度低于弯曲强

度造成的。图 2-1-24 为 1995 年日本阪神地震中一个高架桥矮墩发生剪切破坏,其破坏原因是纵向钢筋的连接失败和约束箍筋不足。

图 2-1-21　百花大桥墩柱弯剪破坏

图 2-1-22　集集地震中的矮墩剪切破坏

图 2-1-23　圣·费尔南多地震中的墩柱剪切破坏

图 2-1-24　阪神地震中的矮墩剪切破坏

3) 墩柱的基脚破坏

墩柱的基脚破坏相当少见,一旦出现则导致墩梁倒塌的严重后果。在 1971 年美国的圣·费尔南多地震中就发生了这种情况。图 2-1-25 中,22 根螺纹钢筋从桩基础中拔出,导致桥墩倒塌。很显然,这是因墩底主钢筋的构造处理不当,造成主钢筋的锚固失效所引起的。可见,保证墩柱和下部基础的整体作用是相当重要的。

图 2-1-25　圣·费尔南多地震中的墩柱基脚主筋拔出

1.5.2　框架墩破坏

框架墩的破坏主要表现为盖梁的破坏、墩柱的破坏、节点的破坏。盖梁的破坏形式主要有剪切强度不足(当地震力与重力叠加时)引起的剪切破坏、盖梁负弯矩钢筋的过早截断引起的弯曲破坏、盖梁钢筋的锚固长度不够引起的破坏。框架墩柱的破坏形式与其他墩柱类似,而框架节点的破坏主要是剪切破坏。

图 2-1-26 为 2008 年汶川地震中百花大桥一个框架墩在系梁与墩柱的节点区域发生破坏,系梁端部与墩柱局部发生剪切破坏。图 2-1-27 为 1989 年美国洛马·普里埃塔地震中 Cypress 高架桥 800m 上层框架塌落,原因是梁柱结点配筋不足,竖直柱体配筋连续性和横向箍筋不足,盖梁钢筋的锚固长度不够。

图 2-1-26　百花大桥一个框架墩节点区域震害　　　图 2-1-27　Cypress 高架桥上层框架塌落

1.5.3　桥台破坏

桥台破坏在历次地震中也比较常见,地基丧失承载力引起的桥台滑移、台身与上部结构的碰撞破坏以及桥台倾斜是桥台震害的主要表现形式。图 2-1-28 为 2008 年汶川地震中寿江大桥桥台震害,其背墙被挤压失效,侧墙严重开裂、露筋,桥头搭板与路面挤压破坏。图 2-1-29 为 1999 年集集地震中桥台倾覆。

图 2-1-28　寿江大桥桥台破坏　　　　　　图 2-1-29　集集地震中桥台倾覆

1.5.4　基础破坏

桥梁基础破坏是重要的桥梁震害之一。大量资料表明,地基失效(如土体滑移和砂土液化)是桥梁基础破坏的主要原因。扩大基础的破坏一般由地基失效引起。桩基础的破坏除了地基失效这一主要原因外,还有上部结构传下来的惯性力所引起的桩基剪切破坏和弯曲破坏,更有桩基设计不当引起的基础破坏。图 2-1-30 为 1976 年唐山地震中唐遵线陡河桥桥墩因河床液化而折断歪斜。

图 2-1-30　唐山地震中桥梁基础震害

1.6　桥梁震害教训与对策

地震是一种随机性很强的偶然作用。要求结构在强震作用下仍保持正常工作,这显然是难以实现的。因此,我们对桥梁结构的震害要有一个科学的认识。桥梁结构的震害多种多样,每一种震害的发生机理各不相同,每一种震害对整体结构的影响也截然不同。桥梁震害根据产生机理可划分为 4 类:支承连接部件失效、碰撞引起的破坏、桥墩和桥台的破坏、基础的破坏。针对这 4 类震害,分析各种震害的内在成因,确定合理的处理原则,探求科学的应对对策。

1.6.1　支承连接部件失效

支承连接部件失效一般始于支座破坏。支座一般分为固定支座和活动支座。固定支座破坏主要表现为支座与梁的连接构件、支座部件以及墩台上的锚固构件破坏,主要是强度不足引起的。活动支座的破坏主要是支座位移超出了允许范围(脱落),这是支座的位移能力不足引起的。支座破坏之后,上部结构和下部结构之间产生更大的相对位移。在设有伸缩装置的部位,如果设计低估了这一相对位移,墩、台顶部以及挂梁支承牛腿处设置的支承面太窄,又没有可靠的约束装置,就有可能发生落梁。一般来说,在高墩、相邻墩台刚度突变处、斜弯桥、两种结构体系过渡孔处,落梁震害较为常见。

要避免或减轻落梁震害,首先需要在结构体系方面统筹考虑,通过合理设置结构的延性部位,避免支承连接部件成为地震作用下的首要薄弱环节。但考虑到地震作用的随机性以及结构自身的不确定性等,在结构设计中,还应通过两种适当的构造措施来降低落梁震害风险:

①规定支承连接部位的支承面最小宽度。

②在相邻梁之间以及梁、墩之间安装约束装置。

1.6.2 碰撞引起的破坏

在地震中,碰撞产生的强烈撞击力往往会破坏结构构件。特别是当上部结构与桥台发生碰撞时,往往会导致背墙结构损伤,严重时会导致桥台向后倾斜,进而可能导致落梁震害。这种震害往往严重影响桥梁的通行能力,甚至导致交通完全中断,并且修复较为困难、成本较高、周期较长,因此,应尽量避免。相邻桥梁之间的碰撞可以通过设置较大的间距来避免,而相邻跨上部结构之间以及上部结构与桥台之间的碰撞却很难避免,因为在地震这种随机荷载作用下,很难准确模拟碰撞过程。因此,比较实用的做法是在梁与梁之间、梁与桥台之间加装缓冲材料(如橡胶垫等弹性垫块),以减小撞击力,见图2-1-31。

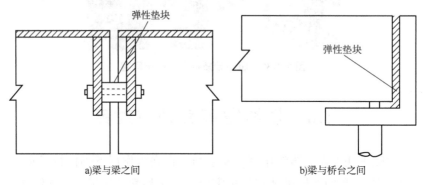

a)梁与梁之间　　　　　　　　b)梁与桥台之间

图 2-1-31　梁与梁之间以及梁和桥台之间的缓冲措施

1.6.3 桥墩与桥台破坏

桥墩是支承上部结构的主要构件,也是承担结构地震惯性力的主要构件。若桥墩发生垮塌,上部结构也难幸免,道路交通将完全中断,震后往往需要拆除重建才能恢复道路通行能力。若桥墩发生了一定的损伤但并未倒塌,则桥梁在震后一般可具有一定的限载通行能力,能满足救灾车辆紧急通行的需要。并且,这种桥墩的损伤往往易于检查、修复或更换。因此,从结构体系上看,当结构在强震下不可避免要发生损伤时,如果能控制损伤部位发生在桥墩上且损伤的程度不会导致结构倒塌,不失为一种经济合理的选择。

桥梁震害中的钢筋混凝土桥墩的破坏形式主要有两种:以弯曲破坏为主和以剪切破坏为主。

①对于以弯曲破坏为主要特征的墩柱,在完全破坏以前具有一定的延性变形能力,既有助于增大结构的基本周期,墩柱的塑性区域还具有一定的耗能能力,可进一步减小结构的地震反应。因此,这种以弯曲为主要特征的墩柱破坏形式在强震下应当是容许的,其设计的关键是控制损伤发生的程度,避免发生结构倒塌。在抗震设计中,首先要根据结构的受力特点合理选择墩柱的潜在塑性铰区,并通过合理的构造设计来提高墩柱潜在塑性铰区的延性性能,具体包括合理设置约束箍筋的数量、间距、直径以及箍筋的端部应做135°的弯钩伸入核心混凝土中,避免纵筋焊接强度不够或搭接失效,避免纵筋过早切断,避免纵筋和箍筋的锚

固长度不足等。

②对于以剪切破坏为主要特征的墩柱,其破坏形式是脆性的,容易导致结构承载能力的急剧下降并可能导致结构垮塌,因此,这种破坏形式应当严格避免。在抗震设计中,主要通过加强墩柱的横向钢筋配置来提高构件的抗剪能力,使弯曲破坏先于剪切破坏发生。值得注意的是,对于塑性铰区域内的抗剪能力计算,应考虑到混凝土开裂、破碎以及保护层剥落等的影响,避免塑性铰区域内剪切破坏的发生。此外,框架墩的墩柱节点的剪切破坏应当通过合理的节点配筋来予以避免,柱脚的锚固破坏也应当通过确保足够的纵筋锚固长度来予以避免,从而确保整个墩柱体系表现为延性破坏特征。

桥台结构的刚度一般较大,延性性能相对较差。桥台震害一般源于与上部结构的碰撞以及地震引起的台后填土的主、被动土压力的变化。因此,在结构抗震设计中,尽量避免让桥台承担上部结构的地震惯性力,并通过设计缓冲材料减小桥台与上部结构之间的碰撞力,同时合理设计台身构造以及确保台后填土的质量等,避免相应震害的发生。

1.6.4 基础破坏

桥梁中大量采用桩基础,其震害有极大的隐蔽性,震后不易发现,而且修复比较困难,应尽量避免。震害调查发现,软土地基中常用的桩基础所受的不少震害是由于桩基自身设计强度不足或构造处理不当引起的。因此,应当采用能力保护设计方法给桩基础提供足够的强度,最大限度地防止桩基出现破坏。另外,需要重视构造设计,如加强桩顶与承台连接构造措施、延长桩基深入稳定土层的长度等。

思考题与习题

①地震是什么?世界的地震活动集中分布在哪几个主要地带?
②什么是震级、地震烈度、设防烈度?试说明地震震级与烈度的区别和联系。
③阐述地震的烈度与地震类型的关联性。
④一般情况下,在一次地震中,有几个震中、地震烈度、震级、震源深度?
⑤桥梁的震害一般如何分类?有哪些震害?
⑥桥梁上部结构的震害有哪些表现形式?
⑦桥梁支座的震害有哪些表现形式?
⑧桥梁墩柱在震后会出现哪些震害?它们的特征是什么?试说明破坏机理。
⑨在高烈度区的桥梁设计中可采取哪些措施避免落梁震害?
⑩近代大地震带来的桥梁震害,对我们有什么启示?

第 2 章
桥梁抗震设计

根据地震动背景,为保证工程结构在寿命期内的地震损失(经济损失及人员伤亡)不超过规定的水平或社会可接受的水平,现行《建筑工程抗震设防分类标准》(GB 50223)规定了工程结构必须具备相应的抗震能力。现行《建筑工程抗震设防分类标准》(GB 50223)是衡量抗震设防要求高低的尺度,也是工程结构抗震设计的准则。

桥梁工程的抗震设防目标是既要减少桥梁抗震措施引起的造价上涨,又要减轻地震中桥梁的破坏和损失,让其满足合理安全度的原则,在经济和安全之间取得合理平衡。

2.1 桥梁抗震设防标准

桥梁工程的抗震设防标准是指确定"地震作用"的标准。地震作用定义得越强,抗震设防标准的要求越高,桥梁使用寿命期间投入的抗震设防费用也越多。但是,桥梁在使用寿命期间遭遇抗震设防标准所期望的地震总是少数,这需要在桥梁的安全与经济之间寻找平衡点,用较少的经济投入取得最好的使用效益。

目前,世界各国普遍采用分类设防的抗震设计思想,即"小震不坏、中震可修、大震不倒"。小震是指工程建设地点经常发生的地震,中震是指在工程的使用年限内偶然发生的地震,大震是指在工程的使用年限内发生概率极小的地震。小震、中震和大震,也分别称为多遇地震、偶遇地震和罕遇地震。国内外现行的一些抗震设计规范,通常以 50 年为基准期,把基准期内超过概率为 63.2%的地震定义为小震,超过概率为 10%、重现期为 475 年的地震定义为中震,超过概率为 2%、重现期为 2000 年的地震定义为大震。与这三个地震动水准相应的抗震设防目标是:在小震作用下,结构物不需修理,仍可正常使用;在中震作用下,结构物无重大损坏,经修复后仍可继续使用;在大震作用下,结构物可能产生重大破坏,但不致倒塌。

桥梁工程抗震设防标准在很大程度上是依据人们的主观经验决定的,一般考虑三方面因素:一是桥梁的重要性、抢修和修复的难易程度;二是地震破坏后,桥梁结构功能丧失可能引起的损失;三是建设单位所能承担抗震防灾的最大经济能力。

在确定桥梁工程的抗震设防标准的同时,还必须规定对应的结构性能目标。根据多级设防的抗震设计思想,桥梁的设防目标不是单一的,而是多级的。

2.2 设防分类

2.2.1 抗震设防类别

桥梁的最低抗震设防标准应该满足现行的《公路桥梁抗震设计规范》(JTG/T 2231-01—2020)。根据公路桥梁的重要性和修复的难易程度,《公路桥梁抗震设计规范》(JTG/T 2231-01—2020)将抗震设防类别分为 A、B、C、D 四类,详见表 2-2-1,分别对应不同的抗震设防标准和设防目标。其中,A 类抗震设防要求最高,B 类、C 类、D 类抗震设防要求依次降低。

公路桥梁抗震设防类别及适用范围 表 2-2-1

抗震设防类别	适用范围
A	单跨跨径超过 150m 的特大桥
B	单跨跨径不超过 150m 的高速公路、一级公路上的桥梁; 单跨跨径不超过 150m 的二级公路上的特大桥、大桥
C	二级公路上的中桥、小桥; 单跨跨径不超过 150m 的三、四级公路上的特大桥、大桥
D	三、四级公路上的中桥、小桥

2.2.2 抗震设防措施与目标

抗震设防烈度是指桥梁抗震设防依据的地震烈度,应按国家审批或颁发的文件(图件)执行,一般采用中国地震局颁发的地震区划图中规定的基本烈度。抗震设防烈度为Ⅵ度及Ⅵ度以上地区的桥梁都必须进行抗震设计。不同抗震设防烈度下的桥梁抗震措施等级和抗震重要性系数应按《公路桥梁抗震设计规范》(JTG/T 2231-01—2020)确定,见表 2-2-2、表 2-2-3。

桥梁抗震措施等级 表 2-2-2

桥梁抗震设防类别	抗震设防烈度					
	Ⅵ	Ⅶ		Ⅷ		Ⅸ
	0.05g	0.1g	0.15g	0.2g	0.3g	0.4g
A	二级	三级	四级	四级	更高,专门研究	—
B	二级	三级	三级	四级	四级	四级
C	一级	二级	二级	三级	三级	四级
D	一级	二级	二级	三级	三级	四级

注:g 为重力加速度。

桥梁抗震重要性系数 C_i　　　　　　　　　　　　　　　　表 2-2-3

桥梁抗震设防类别	E1 地震作用		E2 地震作用	
	C_i	重现期(年)	C_i	重现期(年)
A	1.0	475	1.7	2000
B	0.43(0.5)	75(100)	1.3(1.7)	1000(2000)
C	0.34	50	1.0	475
D	0.23	25	—	—

注：高速公路和一级公路上的 B 类大桥、特大桥，其抗震重要性系数取 B 类括号内的值。

依据《公路桥梁抗震设计规范》(JTG/T 2231-01—2020)，不同抗震设防类别桥梁的抗震设防目标应当符合表 2-2-4 的要求。D 类桥梁，因规模小、路线等级低，一般采用一级水准设防、一阶段设计。对于 A、B、C 类桥梁，采用两级水准设防、两阶段设计。基于场地基本地震动加速度，通过赋予不同的抗震重要性系数，规定了 E1、E2 两级设防地震，第一、第二阶段抗震设计均采用弹性抗震设计，但 E1 地震作用下的抗震计算采用全截面刚度，E2 地震作用下的抗震计算可采用开裂截面刚度。对其他 B 类、C 类桥梁，第一阶段的抗震设计，即对应 E1 地震作用的抗震设计，采用弹性抗震设计，保证桥梁结构在 E1 地震作用下处于弹性状态。第二阶段的抗震设计，即对应 E2 地震作用的抗震设计，采用延性抗震设计，并引入能力保护设计原则，确保 E2 地震作用下的结构具有足够的延性变形能力，即结构的延性变形能力大于延性变形需求，通过能力保护设计，确保塑性铰只在选定的位置出现，并且不出现剪切破坏。

桥梁抗震设防目标　　　　　　　　　　　　　　　　　　　表 2-2-4

抗震设防类别	抗震设防目标			
	E1 地震作用		E2 地震作用	
	震后使用要求	损伤状态	震后使用要求	损伤状态
A	可正常使用	结构总体反应在弹性范围内，基本无损伤	无须进行修复或经简单修复即可正常使用	可发生局部轻微损伤
B	可正常使用	结构总体反应在弹性范围内，基本无损伤	经临时加固后可供维持应急交通使用	不致倒塌或产生严重结构损伤
C	可正常使用	结构总体反应在弹性范围内，基本无损伤	经临时加固后可供维持应急交通使用	不致倒塌或产生严重结构损伤
D	可正常使用	结构总体反应在弹性范围内，基本无损伤	—	—

注：B 类、C 类中的斜拉桥和悬索桥以及采用减隔震设计的桥梁，其抗震设防目标应按 A 类桥梁要求执行。

2.2.3 重大桥梁的抗震设防标准

对于重大桥梁工程，其抗震设防标准可由业主根据工程重要性、自身经济能力和所能承受的风险水平进行选择报批，应不低于规范的抗震设防标准。但应强调的是，抗震设防标准应同时明确每一设防水准对应的结构性能要求以及验算指标。

重大桥梁工程包括主桥和引桥,其中主桥为大跨度桥梁,而引桥往往为梁式桥。在考虑桥梁工程的抗震设防标准,确定 E1、E2 两级地震概率水平及对应的性能要求时,主桥和引桥既要通盘考虑,又应当有所区别。整个桥梁工程的最大设防地震是由 E2 地震决定的,在确定 E2 地震的概率水平时应当考虑到对于整个交通网来说,主桥和引桥是同等重要的。因为引桥对于主桥具有不可替代性,所以主桥和引桥应采用统一的概率水平。另一方面,应考虑到桥梁各部分结构的震后抢修和加固的难易程度有所不同,如引桥相对主桥而言,其震后抢修和加固比较容易,而在主桥中,辅助墩和过渡墩又比主塔易于抢修和加固,对于比较容易抢修和加固的结构,可以采用较低的结构性能水平。

苏通长江大桥是一个特大型的桥梁工程,桥梁长约 8000m,包括主航道桥、港区专用航道桥和引桥三部分。其中,主航道桥为主跨 1088m 的双塔斜拉桥,港区专用航道桥为主跨 268m 的预应力混凝土连续刚构,引桥为多联跨度分别为 30m、50m 和 75m 的多跨连续梁。该桥抗震设计采用了较高的设防标准,根据各部分桥梁的重要性以及地震破坏后桥梁结构修复(抢修)的难易程度,对主航道桥、港区专用航道桥和引桥分别采用两种不同的设防标准,见表 2-2-5。桥梁抗震设防标准必须通过有效的校核手段得以实现,表 2-2-6 为苏通长江大桥各结构构件的目标性能校核。

苏通长江大桥的抗震设防标准　　　　　　表 2-2-5

桥梁	抗震设防目标	结构性能目标
主航道桥	P1:重现期 1000 年	结构处于弹性工作状态,震后不需修理即可正常通车
主航道桥	P2:重现期 2500 年	主塔允许出现不需修复的微小裂缝,边墩允许损坏,支座等连接构件正常工作,其他构件无损坏
引桥、港区专用航道桥	P1:重现期 500 年	桥墩出现不需修复的轻微损坏,其他受力构件完好,震后可正常通车
引桥、港区专用航道桥	P2:重现期 2500 年	桥墩有限损坏,经抢修后可恢复使用,永久性加固后可恢复正常运营,主梁、支座、基础正常工作

苏通长江大桥各结构构件的目标性能校核　　　　　　表 2-2-6

结构构件		抗震设防标准	
		P1	P2
主航道桥	主塔	校核应力	校核承载力
主航道桥	斜拉索	—	校核应力
主航道桥	钢主梁	—	校核应力
主航道桥	支座	—	固定支座校核剪力、滑动支座校核位移
主航道桥	边墩	校核应力	考虑延性折减后校核承载能力
主航道桥	承台	校核应力	校核承载力
主航道桥	桩基础	校核应力	校核承载力
主航道桥	梁端	—	校核位移

续上表

结构构件		抗震设防标准	
		P1	P2
引桥	主梁	—	校核应力
	支座	—	固定支座校核剪力、滑动支座校核位移
	桥墩	校核承载力	考虑延性折减后校核承载能力
	基础	校核应力	校核承载力
	梁端	—	校核位移

2.3 抗震设计方法及流程

2.3.1 抗震设计方法

根据桥梁抗震设防类别及抗震设防烈度,桥梁抗震设计方法可分为下列三类:

1 类:进行 E1 和 E2 地震作用下的抗震分析和抗震验算,并且满足相关构造和抗震措施的要求。

2 类:进行 E1 地震作用下的抗震分析和抗震验算,并且满足相关构造和抗震措施的要求。

3 类:满足相关构造和抗震措施的要求,可不进行抗震分析和抗震验算。

依据《公路桥梁抗震设计规范》(JTG/T 2231-01—2020),桥梁抗震设计方法应按表 2-2-7 选用。

桥梁抗震设计方法选用　　　　表 2-2-7

桥梁抗震设防类别	抗震设防烈度					
	Ⅵ	Ⅶ		Ⅷ		Ⅸ
	0.05g	0.1g	0.15g	0.2g	0.3g	0.4g
A	1 类	1 类	1 类	1 类	1 类	1 类
B	3 类	1 类	1 类	1 类	1 类	1 类
C	3 类	1 类	1 类	1 类	1 类	1 类
D	3 类	2 类	2 类	2 类	2 类	2 类

注:圬工拱桥、重力式桥墩和桥台的抗震设计方法可选 2 类。

参照现行国内外相关桥梁抗震设计规范,对Ⅵ度区的 B 类、C 类、D 类桥梁,只需满足相关构造和抗震措施要求,无须进行抗震分析;对Ⅶ度、Ⅷ度和Ⅸ度区的 D 类桥梁,只进行 E1 地震作用下的抗震计算和验算,并满足相关构造和抗震措施要求。圬工拱桥、重力式桥墩和桥台一般为混凝土结构,结构尺寸大,基本无延性,不能考虑延性抗震设计,因此,规定只进行 E1 地震作用下的抗震设计。对于其他桥梁,则需要进行 E1 和 E2 地震作用下的抗震计算和验算,并满足相关构造和抗震措施要求。

2.3.2 抗震设计流程图

桥梁工程在服役期间要承受多种作用,包括永久作用、可变作用和偶然作用。地震是桥梁工程的一种偶然作用,在桥梁服役期间不一定出现,可一旦出现就会对结构产生巨大影响。桥梁工程必须首先确保运行功能,即满足永久作用和可变作用的要求,这是静力设计的目标。其次,保证桥梁工程在地震下的安全性也非常重要,因此要进行抗震设计。目前,桥梁工程的抗震设计一般配合静力设计进行,并贯穿桥梁结构设计的全过程。

如图 2-2-1 所示,桥梁工程的抗震设计流程包括七个步骤,大致为:抗震概念设计、确定设防标准、确定场地类别、选择桥梁抗震体系(延性设计或减隔震设计)、地震反应分析、抗震性能验算、抗震构造与措施选择。

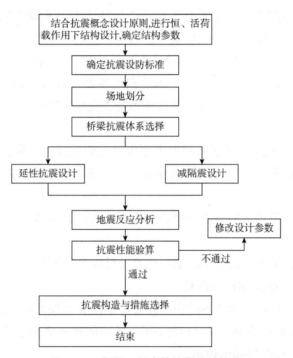

图 2-2-1 桥梁工程中的抗震设计流程

2.4 地震动的输入

地震动的输入是结构地震反应分析的前提和依据。结构的地震反应以及破坏与否,除了与结构的动力特性、弹塑性变形性能、变形能力有关外,还与地震动特性(如幅值、频谱特性、持续时间等)密切相关。

一般桥梁工程的地震动输入可以基于《中国地震动参数区划图》(GB 18306—2015),直接根据桥梁抗震设计规范确定。重大桥梁工程、位于地震动参数区划分界线附近以及复杂工程地质条件区域桥梁的地震动输入,应当做专门的场地地震安全性评价,然后根据地震安全性评价报告来确定。

2.4.1 中国地震动参数区划图

近几十年来的地震灾害表明,宏观的地震烈度含义已越来越不清晰,不能合理地描述不同地区可能遭受的地震作用。从 20 世纪 60 年代起,各国抗震设计规范开始从烈度区划向地震动参数区划过渡。

2015 年,国家质量监督检验检疫总局和国家标准化管理委员会批准发布了《中国地震动参数区划图》(GB 18306—2015),该标准于 2016 年 6 月 1 日开始实施。与旧版地震区划图相比,新版区划图基础资料更加扎实、技术依据更加充分,提出了地震动参数土层双调整原则及其参数调整表,明确了四级地震作用及相应的地震动参数。新版区划图给出了除港澳台地区以外的全国城镇Ⅱ类场地的基本地震动参数,其中地震动参数明确到乡镇。

《中国地震动参数区划图》(GB 18306—2015)作为有关地震安全的全文强制性国家标准,适用于一般建设工程的抗震设防,以及社会经济发展规划、国土利用规划、防灾减灾规划、环境保护规划等相关规划的编制。《中国地震动参数区划图》(GB 18306—2015)以峰值加速度和反应谱特征周期为技术指标并且按照可能遭受地震影响的危险程度对国土进行区域划分,包括:

①中国地震动峰值加速度区划图和中国地震动反应谱特征周期区划图,给出Ⅱ类场地条件下基本地震动(地震重现期 475 年)峰值加速度分区值和基本地震动加速度反应谱特征周期分区值。

②I_0、I_1、Ⅲ和Ⅳ类场地的地震动峰值加速度应根据Ⅱ类场地的地震动峰值加速度进行调整。

③I_0、I_1、Ⅲ和Ⅳ类场地的基本地震动加速度反应谱特征周期应根据Ⅱ类场地的基本地震动加速度反应谱特征周期进行调整。

I_0、I_1、Ⅲ和Ⅳ类场地的地震动峰值加速度可根据Ⅱ类场地的地震动峰值加速度乘以场地的地震动峰值加速度调整系数得到,其中,场地的地震动峰值加速度调整系数可按表 2-2-8 所给值通过分段线性插值确定。

场地地震动峰值加速度调整系数　　　　表 2-2-8

Ⅱ类场地地震动峰值加速度值	场地类别				
	I_0	I_1	Ⅱ	Ⅲ	Ⅳ
≤0.05g	0.72	0.80	1.00	1.30	1.25
0.10g	0.74	0.82	1.00	1.25	1.20
0.15g	0.75	0.83	1.00	1.15	1.10
0.20g	0.76	0.85	1.00	1.00	1.00
0.30g	0.85	0.95	1.00	1.00	0.95
≥0.40g	0.90	1.00	1.00	1.00	0.90

表 2-2-9 为四类场地的地震动反应谱特征周期调整表。需要说明的是,针对Ⅱ类场地,中国地震动反应谱特征周期区划图将特征周期分为 0.35s、0.40s、0.45s 三组。局部场地条件对反应谱特征周期的影响很大,区划图中的特征周期还需要根据桥址场地类型进一步按表 2-2-9 进行调整后才能用于桥梁的抗震设计。

中国地震动反应谱特征周期调整　　　　　　表 2-2-9

设计地震分组	场地类别				
	I_0	I_1	Ⅱ	Ⅲ	Ⅳ
第一组	0.20	0.25	0.35	0.45	0.65
第二组	0.25	0.30	0.40	0.55	0.75
第三组	0.30	0.35	0.45	0.65	0.90

2.4.2　桥梁场地地震安全性评价

地震安全性评价包括地震危险性分析、场地土层地震反应分析、场地的地震地质灾害评价三部分。

地震危险性是指某一场地(或某一地区、国家)在一定时期内可能遭受到的最大地震破坏影响,可以用地震烈度或地面运动参数来表示。目前,场地的地震危险性分析普遍采用概率方法,具体包括:查明工程场地周围地震环境和地震活动性,判定并划分出潜在地震的位置、规模和活动频率,给出可能的震源模式,确定各潜在震源的发震概率,最后根据震动衰减规律和地震危险性分析的概率模型,计算出场地不同地震动参数的概率曲线,给出不同概率水准下的地震动参数峰值,得到基岩的地震动反应谱和地震动持续时间。

将地震危险性分析得到的基岩地震动加速度反应谱进行标准化处理得到目标反应谱,进一步合成基岩加速度时程,作为场地地震反应分析的地震动输入。对于水平成层、横向不均匀性较小的场地,可采用一维剪切模型进行场地土层地震反应分析。对于存在局部地形等影响、横向不均匀性较大的场地,需要采用二维甚至三维模型进行场地土层地震反应分析。通过场地的地震反应分析,可以得到各土层的地震动加速度时程,进一步换算为地震动加速度反应谱,经标准化后得到设计加速度反应谱,供工程结构的抗震设计采用。另外,还要以设计加速度反应谱为目标,拟合出符合工程结构抗震设计要求的地震动加速度时程。

地震安全性评价工作的结果,经授权的评审机构审定通过后,按照分级负责的原则由相应的县级以上人民政府负责管理地震工作的部门或者机构根据审定的结果,综合工程的类别和重要程度,确定建设工程抗震设防要求,具有法定效力。

关于地震安全性评价的详细内容可参考《工程场地地震安全性评价》(GB 17741—2005)。

2.4.3　设计地震动参数选择

在确定性地震反应分析中,一般采用两种地震动输入:地震动加速度反应谱和地震动加速度时程。采用反应谱方法进行地震反应分析时,一般采用地震动加速度反应谱作为地震动输入。采用动态时程法进行地震反应分析时,一般采用地震动加速度时程作为地震动输入。

1)地震动加速度反应谱

做过地震安全性评价的桥梁场地,可以选取地震安全性评价报告提供的设计反应谱作为地震动输入。未做场地地震安全性评价的桥梁场地,一般选取现行桥梁抗震规范规定的反应谱作为地震动输入。

由于诸多随机因素的影响,使得由不同记录计算得到的反应谱具有很强的随机性。为此,各国规范的反应谱一般是对很多条地震动记录进行统计平均后,再进行一定的平滑处理后得到的。依据《公路桥梁抗震设计规范》(JTG/T 2231-01—2020),设计加速度反应谱(图 2-2-2)由式(2-2-1)确定:

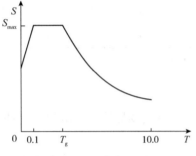

图 2-2-2 水平加速度反应谱

$$S = \begin{cases} S_{max}(6T+0.4) & T<0.1\text{s} \\ S_{max} & 0.1\text{s} \leq T < T_g \\ S_{max}(T_g/T) & T > T_g \end{cases} \quad (2\text{-}2\text{-}1)$$

$$S_{max} = 2.5 C_i C_s C_d A \quad (2\text{-}2\text{-}2)$$

式中,C_i 表示抗震重要系数,按表 2-2-3 取值;C_s 表示场地系数,水平和竖向分别按表 2-2-10、表 2-2-11 取值;C_d 表示阻尼调整系数,按式(2-2-3)确定;A 表示水平向基本地震动峰值加速度,按表 2-2-12 取值;T_g 表示反应谱特征周期,水平和竖向分别按表 2-2-13、表 2-2-14 取值;T 表示结构自振周期;S_{max} 表示水平设计加速度反应谱最大值。

场地系数 C_s(水平) 表 2-2-10

场地类别	抗震设防烈度					
	Ⅵ	Ⅶ		Ⅷ		Ⅸ
	0.05g	0.1g	0.15g	0.2g	0.3g	0.4g
I_0	0.72	0.74	0.75	0.76	0.85	0.9
I_1	0.80	0.82	0.83	0.85	0.95	1.00
Ⅱ	1.00	1.00	1.00	1.00	1.00	1.00
Ⅲ	1.30	1.25	1.15	1.00	1.00	1.00
Ⅳ	1.25	1.20	1.10	1.00	0.95	0.90

为便于使用,竖向设计反应谱采用与水平设计反应谱相同的图形、相同的公式,仅场地系数、特征周期采用不同的规定。

设计加速度反应谱的特征周期 T_g 按桥梁场地所在地区,在现行《中国地震动参数区划图》(GB 18306—2015)上查取后,应根据场地类别进行调整,水平、竖直分量的特征周期分别按表 2-2-13、表 2-2-14 取值。

场地系数 C_s（竖向）　　　　　表 2-2-11

场地类别	抗震设防烈度					
	Ⅵ	Ⅶ		Ⅷ		Ⅸ
	0.05g	0.1g	0.15g	0.2g	0.3g	0.4g
I_0	0.6	0.6	0.6	0.6	0.6	0.6
I_1	0.6	0.6	0.6	0.6	0.7	0.7
Ⅱ	0.6	0.6	0.6	0.6	0.7	0.8
Ⅲ	0.7	0.7	0.7	0.8	0.8	0.8
Ⅳ	0.8	0.8	0.8	0.9	0.9	0.8

抗震设防烈度和基本地震动峰值加速度 A 对照　　　　　表 2-2-12

抗震设防烈度	Ⅵ	Ⅶ	Ⅷ	Ⅸ
A	0.05g	0.10(0.15)g	0.20(0.30)g	0.40g

水平向设计加速度反应谱特征周期调整　　　　　表 2-2-13

区划图上的特征周期(s)	场地类别				
	I_0	I_1	Ⅱ	Ⅲ	Ⅳ
0.35	0.20	0.25	0.35	0.45	0.65
0.40	0.25	0.30	0.40	0.55	0.75
0.45	0.30	0.35	0.45	0.65	0.90

注：本表引自《中国地震动参数区划图》(GB 18306—2015)中的表1。

竖直向设计加速度反应谱特征周期调整　　　　　表 2-2-14

区划图上的特征周期(s)	场地类别				
	I_0	I_1	Ⅱ	Ⅲ	Ⅳ
0.35	0.15	0.20	0.25	0.30	0.55
0.40	0.20	0.25	0.30	0.35	0.60
0.45	0.25	0.30	0.40	0.50	0.75

除有专门规定外，结构的阻尼比 ξ 应取 0.05。式（2-2-2）中的阻尼调整系数 C_d 应按式（2-2-3）取值。

$$C_d = 1 + \frac{0.05 - \xi}{0.08 + 1.6\xi} \geqslant 0.55 \tag{2-2-3}$$

2）地震动加速度时程

目前，在桥梁抗震设计中，地震动加速度时程的选择主要有三种方法：直接利用强震记录、采用人工地震动加速度时程、规范标准化地震动加速度时程。选择加速度时程时，必须把握住三个特征:加速度峰值的大小、波形和强震持续时间。

在选择强震记录时,除了最大峰值加速度应符合桥梁所在地区的设防要求外,场地条件也应尽量接近,也就是该地震波的主要周期应尽量接近于桥址场地的卓越周期。对于强震持续时间,原则上应采用持续时间较长的地震动记录。如果能获得桥址场地附近同类地质条件下的强震记录,则是最佳选择,应优先采用。

人工地震动加速度时程是根据随机振动理论产生的符合所需统计特征(如加速度峰值、频谱特性、持续时间等)的地震动加速度时程。生成人工地震动加速度时程的途径有两个:一是以规范设计反应谱为目标拟合而成,并确保两者的一致性;二是对桥址场地进行地震安全性评价以提供场地的人工地震动加速度时程。

采用地震动加速度时程进行地震反应分析时,一般要选取多组地震动加速度进行分析比较。规范标准化地震动加速度时程由相关的规范提供,如日本桥梁抗震规范提供了18组地震加速度时程供选用。

3) 以设计反应谱为目标的地震动加速度时程拟合

《公路桥梁抗震设计细则》(JTG/T 2231-01—2020)规定:"未进行地震安全性评价的桥址,可以以规范设计加速度反应谱为目标拟合设计加速度时程,也可选用与设定地震震级、距离、场地特性大体相近的实际地震动加速度记录,通过时域方法调整,使其加速度反应谱与本规范设计加速度反应谱匹配"。因此,对未进行地震安全性评价的桥址上的桥梁进行地震反应分析时,需要解决地震动加速度时程的拟合或调整问题,目标都是与设计反应谱相匹配。在工程场地的地震安全性评价报告中,也需要以设计反应谱为目标拟合出符合抗震设计要求的地震动加速度时程。

人工拟合地震动加速度时程的方法主要有三种,即三角级数法、随机脉冲法和自回归法。在工程实际中,应用最为广泛的是 Scalan 和 Sachs 在 1974 年提出的用三角级数叠加的方法,即三角级数法。三角级数法的基本思想是用一组三角级数之和构造一个近似的平稳高斯过程,然后乘以强度包线,得到非平稳的地面运动加速度时程。

2.4.4 地震动的输入模式

地震具有很强的随机性。地震发生时,不仅其大小是随机的,其方向也是随机的。在地震反应分析时,需要选择最不利的方向进行地震动输入,包括水平向和竖向。

一般桥梁的地震反应分析只考虑水平向地震作用,而且直线桥梁可分别考虑顺桥向和横桥向的地震作用,并分别进行验算,不考虑正交地震力的组合。对于曲线桥梁,则需要寻找最不利输入方向下的地震反应。一般的方法是,分别沿相邻两桥墩连线方向和垂直于该连线的水平方向进行多方向地震动输入,比较地震反应的结果,以确定最不利地震动水平输入方向,再进行地震反应分析。

关于竖向地震动输入,《公路桥梁抗震设计细则》(JTG/T 2231-01—2020)规定,抗震设防烈度为Ⅷ度和Ⅸ度时的拱式结构、长悬臂桥梁结构和大跨度结构,以及竖向作用引起的地震效应很重要时,应考虑竖向地震作用。拱桥对于竖向地震作用非常敏感,一般应考虑两种方式,如纵桥向+竖向、横桥向+竖向。

另外,地震动具有空间变化特性。地震时,桥梁各支承点处的实际地震动是不一致的。在实际工程的地震反应分析中,根据对地震动空间变化特性的考虑与否,可将地震动的输入分为同步、不同步多点输入。对于中、小桥梁,可假设所有支承点上的水平地面运动都是相同的,进行同步输入。对于桥梁长度(或单跨跨度)很大的桥梁,各支承点可能位于显著不同的场地土上,由此各支承处地震动输入是不同步的。在地震反应分析中就要考虑多支承不同激励,简称多点激振。即使场地土情况变化不大,也可能由于地震动沿桥纵轴向先后到达的时间差,引起各支承处输入地震动时程的相位差 Δt,简称行波效应,如图 2-2-3 所示。欧洲有关规范指出,当存在地质不连续或明显的不同地貌特征,或桥长大于 600m 时,要考虑地震动的空间变化性。又如,当桥梁墩台具有深基础(如桩基),有时需要考虑多点不同步输入的问题,如图 2-2-4 所示。

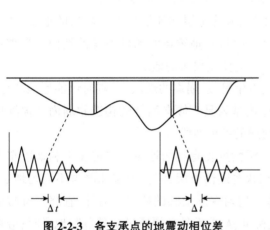

图 2-2-3 各支承点的地震动相位差

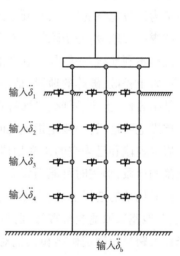

图 2-2-4 桩基础的多点不同步激振

2.5 场地与地基

场地土是指场地下的岩石和土。不同场地上构筑物的震害差异很明显。通过对大量构筑物震害现象的总结发现,软弱地基上的柔性结构最容易遭到破坏而刚性结构表现较好,坚硬地基上的柔性结构表现较好而刚性结构表现不一。在坚硬地基上,构筑物的破坏通常是因结构破坏所产生的;在软弱地基上,有时是由于结构破坏,有时是由于地基破坏所致。总体来说,软弱地基上构筑物的破坏比坚硬地基上的破坏要严重。

场地运动对桥梁结构的影响有两种形式,一种是通过场地运动将地震能量传递给结构物,引起结构物振动,另一种是场地相对位移对结构施加强制变形。当地震动的卓越周期与场地土的固有周期一致时,就会产生共振现象,使得地表的振幅大大增加。如果桥梁结构的固有周期与地震动的卓越周期相近,结构的振动会增大,震害也会加剧。因此,结构受到的地震影响与场地的土层结构和土的动力学性质有很大关系。对于建在场地上的桥梁结构，场地运动除了向结构输入地震能量外，还会对结构施加强制变形，这种相对位移包括平动位移和转动位移。对于刚度比较大的结构，基础的转动变形在整个结构变形中所占比例很大，影响结构内力分布，也是发生落梁破坏的重要原因。

2.5.1 场地选择与划分

1) 桥位场地

桥位场地选择应在工程地质勘察、专项工程地质调查和水文地质调查的基础上，按地质构造的活动性、边坡稳定性和场地的地质条件等进行综合评价，可将场地分为抗震有利地段、抗震一般地段、抗震不利地段和抗震危险地段。

①抗震有利地段：一般是指建设场地及其邻近无近期活动性断裂，地质构造相对稳定，同时地基为比较完整的岩体、坚硬土或开阔平坦密实的中硬土等的地段。

②抗震一般地段：是指除抗震有利、不利和危险地段以外的其他地段。

③抗震不利地段：一般是指软弱黏性土层、液化土层和地层严重不均匀的地段；地形陡峭、孤突、岩土松散、破碎的地段；地下水位埋藏较浅、地表排水条件不良的地段。严重不均匀地层是指岩性、土质、层厚、界面等在水平方向变化很大的地层。

④抗震危险地段：一般是指地震时可能发生滑坡、崩塌的地段，地震时可能塌陷的地段，溶洞等岩溶地段和已采空的矿穴地段，河床内基岩具有倾向河槽的构造软弱面和被深切河槽所切割的地段，地震时可能坍塌而中断交通的各种地段。

在桥梁场地的选择上，应当充分利用对桥梁抗震有利的地段。在抗震不利地段布设桥位时，宜对地基采取适当抗震加固措施。在软弱黏性土层、液化土层和严重不均匀地层上，不宜修建大跨径超静定桥梁和其他对地基不均匀变形敏感的桥梁。另外，宜绕开抗震危险地段，当C类桥梁中的大桥和特大桥、B类桥梁、A类桥梁必须通过抗震危险地段时，应在工程场地地震安全性评价的基础上研究、制定相应的对策。对地震时可能因发生滑坡、崩塌而造成堰塞湖的地段，应估计其淹没和溃决的影响范围，合理确定路线的高程，再选定桥位。当可能因发生滑坡、崩塌而改变河流流向、影响岸坡和桥梁墩台以及路基的安全时，应采取应对措施。

2) 场地划分

(1) 土层平均剪切波速

根据土层平均剪切波速 v_s 将场地土的类型划分为四种：坚硬土（或岩石）、中硬土、中软土和软弱土。依据《公路桥梁抗震设计规范》(JTG/T 2231-01—2020)，桥梁场地土层剪切波速按下列要求确定：

①A类和B类桥梁，可通过现场实测确定。现场实测时的钻孔数量应满足下列要求：中桥不少于1个，大桥不少于2个，特大桥宜适当增加。

②C类和D类桥梁，当无实测剪切波速时，可根据岩土名称和性状按表2-2-15划分土的

类型,并结合当地经验,在表 2-2-15 的范围内估计各土层的剪切波速。

土的类型划分和土层平均剪切波速范围　　　　表 2-2-15

土的类型	岩土名称和性状	土层平均剪切波速 v_s 范围(m/s)
岩石	坚硬、较硬且完整的岩石	$v_s > 800$
坚硬土或软质岩石	破碎和较破碎的或软和较软的岩石,密实的碎石土	$800 \geqslant v_s > 500$
中硬土	中密、稍密的碎石土,密实、中密的砾、粗(中)砂,$f_{a0} > 150$kPa 的黏性土和粉土,坚硬黄土	$500 \geqslant v_s > 250$
中软土	稍密的砾、粗(中)砂,除松散砂外的细、粉砂,$f_{a0} \leqslant 150$kPa 的黏性土和粉土,$f_{a0} > 130$kPa 的填土,可塑黄土	$250 \geqslant v_s > 150$
软弱土	淤泥和淤泥质土,松散的砂,新近沉积的黏性土和粉土,$f_{a0} \leqslant 130$kPa 的填土,流塑黄土	$v_s \leqslant 150$

注:f_{a0} 为由荷载试验等方法得到的地基承载力基本容许值(kPa)。

一般情况下,A 类桥梁场地土层剪切波速的现场实测属于工程场地地震安全性评价的工作内容之一。土层平均剪切波速应按式(2-2-4)、式(2-2-5)计算:

$$v_{se} = d_0/t \tag{2-2-4}$$

$$t = \sum_{i=1}^{n} (d_i/v_{si}) \tag{2-2-5}$$

式中,v_{se} 表示土层平均剪切波速(m/s);d_0 表示计算深度(m),取覆盖层厚度和 20m 二者的最小值;t 表示剪切波在地面至计算深度之间的传播时间(s);d_i 表示计算深度范围内第 i 土层厚度(m);v_{si} 表示计算深度范围内第 i 土层的剪切波速(m/s);n 表示计算深度范围内土层的分层数。

(2)场地覆盖土层厚度

依据《公路桥梁抗震设计规范》(JTG/T 2231-01—2020),桥梁场地土层覆盖厚度按下列要求确定:

①一般情况下,应按地面至剪切波速大于 500m/s 且其下卧各层岩土剪切波速均不小于 500m/s 的土层顶面的距离确定。

②地面 5m 以下存在剪切波速大于相邻上层土剪切波速 25 倍的土层,且其下卧各层岩土剪切波速均不小于 400m/s 时,可按地面至该土层顶面的距离确定。

③剪切波速大于 500m/s 的孤石、透镜体,应视同周围土层。

④土层中的火山岩硬夹层应视为刚体,其厚度应从覆盖土层中扣除。

(3)场地类别划分

依据《公路桥梁抗震设计规范》(JTG/T 2231-01—2020),桥梁场地类别应该根据土层平均剪切波速和场地覆盖土层厚度(d)按表 2-2-16 的规定分为四类,其中 Ⅰ 类分为 I_0、I_1 两个亚类。

桥梁工程场地类别划分 表 2-2-16

岩石的剪切波速或土层平均剪切波速 v_s(m/s)	场地类别				
	I_0	I_1	II	III	IV
$v_s>800$	$d=0$	—	—	—	—
$800 \geqslant v_s>500$	—	$d=0$	—	—	—
$500 \geqslant v_s>250$	—	$d<5$	$d \geqslant 5$	—	—
$250 \geqslant v_s>150$	—	$d<3$	$3 \leqslant d \leqslant 50$	$d>50$	—
$v_s \leqslant 150$	—	$d<3$	$3 \leqslant d \leqslant 15$	$15<d \leqslant 80$	$d>80$

注：表中数据为场地覆盖层厚度(m)。

2.5.2 地基承载力

地基是指基础下面受力层范围内的土层。地基基础地震破坏的实例比较少，尽管由于地基原因造成的震害仅占结构破坏总数的少部分，但是由于地基的原因给上部结构带来的破坏是不能忽视的。高压缩性饱和软黏土和承载力较低的淤泥质土在地震时会产生不同程度的震陷，造成上部结构的倾斜或破坏。杂填土、回填土和冲填土等松软填土地基，土质松软且承载力较低，容易产生沉陷，使结构开裂。沟、坑、古河道、坡地半挖半填等非均质地基在地震中的不均匀沉降或地裂缝会引起上部结构破坏。

地震作用是附加于原有静荷载上的一种动力作用。地震作用下土的动强度，一般是在一定静应力的基础上，再加上 30 次左右的循环动荷载，使土样达到静载的极限应变值时的总作用应力。国内外研究资料表明，除十分软弱的土之外，地震作用下一般土的动强度皆比静强度高。但是，基于地震作用的偶然性和短暂性以及工程经济性考虑，地基在地震作用下的可靠度应该比静力荷载下有所降低。《公路桥梁抗震设计规范》(JTG/T 2231-01—2020)采用拟静力法进行地基和基础的抗震验算，即假定地震作用如同静力，采用地震作用效应与永久作用效应组合。地基抗震承载力设计值采用地基静力承载力设计值乘以调整系数 K 来计算（式 2-2-6）。调整系数 K 是综合考虑了土在动荷载下强度的提高和可靠度指标的降低两个因素而确定的。

$$[f_{ae}] = K[f_a] \tag{2-2-6}$$

式中，$[f_{ae}]$ 表示调整后的地基抗震承载力容许值(kPa)；K 为地基抗震容许承载力调整系数，按表 2-2-17 取值；$[f_a]$ 表示深、宽修正后的地基承载力容许值(kPa)，应按《公路桥涵地基与基础设计规范》(JTG 3363—2019)的规定采用。

在验算地基抗震承载力时，基础底面平均压应力和边缘最大压应力应满足式(2-2-7)、式(2-2-8)的要求：

$$p \leqslant [f_{ae}] \tag{2-2-7}$$

$$p_{max} \leqslant 1.2[f_{ae}] \tag{2-2-8}$$

式中，p 为基础底面平均压应力(kPa)；p_{max} 为基础底面边缘的最大压应力(kPa)。

地基抗震容许承载力调整系数　　　　　　表 2-2-17

岩土名称和性状	K
岩石,密实的碎石土,密实的砾,粗(中)砂,$f_{a0} \geq 300\text{kPa}$ 的黏性土和粉土	1.5
中密、稍密的碎石土,密实、中密的砾、粗(中)砂,密实和中密的细、粉砂,$300\text{kPa} > f_{a0} \geq 150\text{kPa}$ 的黏性土和粉土,坚硬黄土	1.3
稍密的砾、粗(中)砂,$100\text{kPa} \leq f_{a0} < 150\text{kPa}$ 的黏性土和粉土,可塑黄土	1.1
淤泥和淤泥质土,松散的砂,新近沉积的黄土,流塑黄土	1.0

注：f_{a0} 是由荷载试验等方法得到的地基承载力基本容许值(kPa)。

2.5.3　地基土液化

1) 地基土液化的原理、现象与影响因素

处于地下水位以下的饱和砂土和粉土在地震时容易发生液化现象。地震引起的强烈地面运动使得饱和砂土或粉土颗粒间发生相对位移,土颗粒结构趋于密实。如果土体本身渗透系数较小,当土颗粒结构压密时,短时间内孔隙水排泄不出而受到挤压,孔隙水压力将急剧增大。在地震作用的短暂时间内,这种急剧上升的孔隙水压力来不及消散,使原先由土颗粒通过其接触点传递的有效压力减小,当有效压力完全消失时,土颗粒局部或全部处于悬浮状态。此时,土体抗剪强度等于零,形成犹如"液体"的现象,称为地基土液化。

地基土液化时,因下部土层的水头压力比上部土层高,所以水向上涌,把土颗粒带到地面上来,产生冒水喷砂现象。随着水和土颗粒不断涌出,孔隙水压力降低至一定程度时,只冒水而不喷土颗粒。当孔隙水压力进一步消散,冒水终将停止,土的液化过程结束。砂土和粉土液化时,其强度将完全丧失,从而导致地基失效。土层的液化会引起喷水冒砂,从而淹没农田、淤塞渠道、掏空路基,有的地段产生很多陷坑,河堤产生裂缝和滑移,桥梁被破坏等。

地基土的液化受多种因素的影响,主要因素如下：

① 土层的地质年代：地质年代古老的饱和砂土比地质年代较新的饱和砂土不容易液化。

② 土的组成和密实程度：一般来说,颗粒均匀单一的土比颗粒级配良好的土容易液化；松砂比密砂容易液化；细砂比粗砂容易液化。另外,粉土中黏性颗粒多的要比黏性颗粒少的不容易液化,这是因为随着土的黏聚力增大,土颗粒越不容易流失。

③ 液化砂土层的埋深：液化砂土层埋深越大,砂土层上的有效覆盖应力越大,就越不容易液化。

④ 地下水位深度：地下水位浅时比地下水位深时容易液化。

⑤ 地震烈度和持续时间：地震烈度越高,越容易发生液化；地震动持续时间越长,越容易发生液化,所以,同等烈度情况下的远震与近震相比较,远震比近震更容易造成液化。

2) 液化的判别

(1) 二阶段液化判别方法

《公路桥梁抗震设计规范》(JTG/T 2231-01—2020)采用初步判别和标准贯入试验的二

阶段判别方法来判别土层液化。根据近年来对多地地震液化现场资料的研究发现,液化与土层的地质年代、地貌单元、黏粒含量、地下水位深度、上覆非液化土层厚度等有密切关系。利用这些关系可对土层液化进行判别,这属于初步判别。初步判别的作用是排除一大批不会液化的工程,可以少做标准贯入试验,达到省时、省钱的目的。经过初步判别还不能排除地基土液化的可能性时,就要采用标准贯入试验作为第二步判别的方法。第二步的作用是判别液化程度和液化后果,为选择工程处理方法提供依据。

(2)初步判别

由于Ⅵ度地区的场地液化对公路桥梁造成的震害比较轻,因此,《公路桥梁抗震设计规范》(JTG/T 2231-01—2020)规定:Ⅵ度及Ⅵ度以下地区的公路桥梁可以不考虑液化的影响。

地质年代的新老,意味着土层沉积时间的长短。较老的沉积土层经过长期的固结作用、历次地震作用以及水化学作用,除了土层密度增大之外,还形成一定的胶结紧密结构。因此,土层地质年代愈老,土的固结程度、密实程度和结构性也愈好,抗液化性能则愈强。相反,年代愈新,土层抗液化性能愈差。

粉土是黏性土与砂性类土之间的过渡性土,黏性颗粒的含量多少决定这类土的性质。粉土的黏粒含量超过一定限值时,土的黏聚力加大,其性质接近黏性土,抗液化性能将大大增强。因此,可根据粉土的黏粒含量大致判别地基土液化的可能性。

《公路桥梁抗震设计规范》(JTG/T 2231-01—2020)规定,当地面以下20m范围内有饱和的砂土或粉土符合下列条件之一时,可初步判别为地基土不液化或可不考虑液化影响。

①地质年代为第四纪晚更新世及其以前时,烈度为Ⅶ度和Ⅷ度时可判定为不液化。

②粉土的黏粒含量(粒径小于0.005mm颗粒)的百分率,Ⅶ度、Ⅷ度和Ⅸ度分别不小于10、13和16时,可判为不液化。采用六偏磷酸钠作分散剂测定黏粒含量,采用其他方法时应当按有关规定换算。

③采用天然地基的桥梁,当上覆非液化土层厚度和地下水位深度符合下列条件之一时,可不考虑液化影响:

$$d_u > d_0 + d_b - 2 \tag{2-2-9}$$

$$d_w > d_0 + d_b - 3 \tag{2-2-10}$$

$$d_u + d_w > 1.5d_0 + 2d_b - 4.5 \tag{2-2-11}$$

式中,d_u表示上覆非液化土层厚度(m),计算时宜将淤泥和淤泥质土层扣除;d_w表示地下水位深度(m),宜按照设计基准期内年平均最高水位采用,也可按近期年最高水位采用;d_b表示基础埋深(m),不超过2m时应取2m;d_0表示液化土特征深度(m),可按表2-2-18采用。

液化土特征深度(单位:m)　　　　表2-2-18

饱和土类别	烈度		
	Ⅶ度	Ⅷ度	Ⅸ度
粉土	6	7	8
砂土	7	8	9

(3) 标准贯入试验判别

当初步判别认为地基土需进一步进行液化判别时,应采用标准贯入试验判别地面下15m 深度范围内土的液化。当采用桩基或埋深大于 5m 的基础时,应当判别 15~20m 范围内土的液化。当饱和土标准贯入锤击数(未经杆长修正)小于液化判别标准贯入锤击数临界值时,应当判为液化土。当有成熟经验时,也可采用其他判别方法。

(4) 液化评价

对存在液化土层的地基,应探明各液化土层的深度和厚度,得出每个钻孔的液化指数 I_{IE},并按表 2-2-19 综合划分地基的液化等级。

地基的液化等级　　　　　　　　　　　表 2-2-19

液化等级	轻微	中等	严重
判别深度为 15m 的液化指数	$0<I_{IE}\leq 5$	$5<I_{IE}\leq 15$	$I_{IE}>15$
判别深度为 20m 的液化指数	$0<I_{IE}\leq 6$	$6<I_{IE}\leq 18$	$I_{IE}>18$

不同液化等级对结构物的危害程度表现为:

①轻微液化:地面无喷水冒砂,或仅在洼地河边有零星的喷水冒砂点,危害性小,一般不引起明显的震害。

②中等液化:喷水冒砂可能性大。从轻微到严重都有,多属中级,危害性较大,可造成不均匀沉陷和开裂,有时不均匀沉陷可能达到 200mm。

③严重液化:一般喷水冒砂严重,或仅在洼地,地面变形很明显,危害性大,不均匀沉陷可能大于 200mm,高重心结构物可能产生不容许的倾斜。

3) 抗液化措施

根据桥梁的分类等级以及地基液化等级,针对不同情况采取不同的措施,详见表 2-2-20。

抗液化措施　　　　　　　　　　　表 2-2-20

桥梁抗震设防类别	地基的液化等级		
	轻微	中等	严重
B 类	部分消除液化沉陷,或对基础和上部结构进行处理	全部消除液化沉陷,或部分消除液化沉陷且对基础和上部结构进行处理	全部消除液化沉陷
C 类	对基础和上部结构进行处理,也可不采取措施	对基础和上部结构进行处理,或采取更高要求的措施	全部消除液化沉陷,或部分清除液化沉陷且对基础和上部结构进行处理
D 类	可不采取措施	可不采取措施	对基础和上部结构进行处理或采取其他经济的措施

注:A 类桥梁的地基抗液化措施应进行专门研究,但不应低于 B 类桥梁的相应要求。

2.6 桥梁抗震概念设计

近几十年以来,人们在总结地震灾害经验中提出了"概念设计",指根据地震灾害和工程经验等获得的基本设计原则和设计思想,正确地解决结构总体方案、材料使用和细部构造,以达到合理抗震设计的目的。合理的抗震设计,要求设计出来的结构在强度、刚度和延性等指标上有最佳的组合,使结构能够经济地实现抗震设防的目标。

桥梁抗震概念设计阶段的任务是针对拟建桥梁进行合理的抗震选型,然后在此基础上选择良好的抗震结构体系,以减轻地震作用和提高结构抗震性能。

2.6.1 场地选择

除了根据地震危险性分析尽量选择比较安全的桥址之外,还要考虑一个地区内的场地选择。选择的原则是:避免地震时可能发生地基失效的松软场地,选择坚硬场地;基岩、坚实的碎石类地基、硬黏土地基是理想的桥址场地;饱和松散粉细砂、人工填土和极软的黏土地基、不稳定的坡地及其影响范围内的场地都是危险地区。在地基稳定的条件下,还可以考虑结构与地基的振动特性,力求避免共振影响;在软弱地基上设计时,要注意基础的整体性,以防止地震引起的动态和永久的不均匀变形。在平面或立面上,桥梁结构几何尺寸、质量和刚度均匀、对称、规整,避免突然变化。

①从几何线形方面来说,最好是直线桥,且各墩高度相差不大,斜桥的斜交程度和曲线桥的曲线程度也尽量减小。因为弯桥或斜桥会使地震反应复杂化,并且墩高度不等会导致桥墩刚度不等,造成地震作用分配不均匀,对整体结构的抗震不利。《城市桥梁抗震设计规范》(CJJ 166—2011)中对于梁式桥做出规定:一联内任意两桥墩刚度之比不宜超过50%,相邻桥墩刚度之比不宜超过25%,多联桥相邻联的周期之比不宜超过30%。

②在结构布局方面,要求上部结构最好是连续且小跨径的,并且在多个桥墩上布置弹性支座,各桥墩的强度和刚度在各个方向分布越均匀,抗震性能越好。

③结构体系应完整,有明确、可靠的传力路径。强烈地震时,地震作用通过桥梁各个组成部分之间的相互连接来传递,并依靠各个组成部分本身的强度和刚度以及它们之间的连接部件来承担。若连接部位发生破坏,会引起传力路径改变,导致桥梁结构的整体性遭到破坏,结构的计算简图也不再明确。震害调查表明,桥梁上、下部构造之间的连接部位,墩台与承台、基桩与承台、墩柱与盖梁之间的连接部位,八字翼墙与桥台台身之间的连接部位等,都是震害大量发生的部位。这些部位都应加强抗震设计。

④各部分构件的强度应根据其重要性和修复(抢修)或更换的难易程度,采用明确的等级设置。采用这种强度等级设置,既可以避免关键构件发生破坏,影响结构的安全性,也便于控制强震下结构损伤的发生部位,使之便于检查和修复。例如,桥梁墩柱发生的地震损伤一般便于检查和修复,而基础的损伤则难以检查和修复。因此,设计中应有意识地提高基础的设计强度,形成强度等级差异,确保损伤发生在墩柱上,这就是基础的能力保护思路。

2.6.2 抗震体系选择

合理的抗震结构体系有两个基本特征，一是传力路径不间断，二是桥梁保持整体性。因此，既要选择合理有效的抗震单元(如墩柱塑性铰、减隔震装置等)，又要采取有效的连接措施(如足够的支承宽度、纵向限位器、横向挡块等)。桥梁的合理抗震体系一般有两种，一种是延性抗震体系，另一种是减隔震体系，如图2-2-5所示。

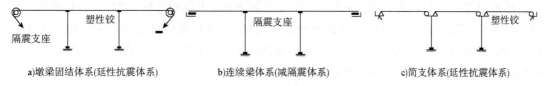

图 2-2-5 桥梁合理抗震结构体系

对于延性抗震体系，主要通过选定合适的弹塑性变形、耗能部位，延长结构自振周期、耗散地震能量，进而减小结构地震反应。弹塑性耗能部位一般位于桥墩上，能方便地形成减震耗能机制，最大程度地减小地震作用，同时有利于对损伤部位进行检查和修复，如图2-2-5和图2-2-6所示。其余部分，包括上部结构、上、下部结构连接构件(支座)以及桥梁基础等，则要求不受损伤，保持在弹性范围内。

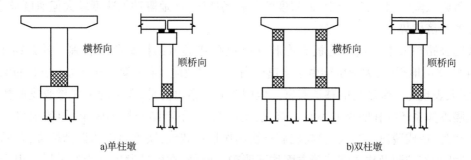

图 2-2-6 墩柱塑性铰区域

减隔震体系是通过在桥梁上、下部连接部位设置支座、耗能装置，控制结构的变形和耗能，使得上部结构、桥墩和基础处于弹性范围内或免受损伤。这种体系的突出优点是可以避免延性抗震体系中桥墩结构在进入塑性变形后遭受不可避免的结构损伤，通过适当的参数选择与设计确保减隔震装置的变形性能，既能确保连接部位的可靠传力与支承作用，也可避免结构主体发生严重损伤。

延性抗震体系与减隔震体系都是通过延长结构自振周期以及提供附加阻尼耗能机制来实现减震，但具体减震机制是不同的。延性抗震体系依靠墩柱上形成的塑性铰耗能，支座连接装置需保持弹性。减隔震体系依靠上、下部连接处的减隔震装置耗能，墩身需保持弹性。因此，两者适用范围不同。一般情况下，对于墩高较大、墩柱长细比较大的桥梁，墩身截面地震反应一般比支座连接处更为不利，并且墩柱更易形成塑性铰，宜采用延性抗震体系。对于墩高较矮、墩柱长细比较小的桥梁，支座连接处的地震反应一般比墩身更为不利，并且墩柱较难以形成塑性铰,一般宜采用减隔震体系。

当桥墩为实体墩或者刚性墩且墩高相差较大,而桥址区的预期地面运动主要能量集中在高频段时,优先考虑减隔震体系。相反地,当地基土层不稳定,或原有结构的固有周期比较长,或结构位于软弱场地、延长结构周期可能引起共振,或支座中出现负反力时,则不宜采用减隔震体系。

尽管两种体系的减震机制存在差异,但对于一个确定的结构而言,并不意味着只能选择一种或者只存在一种减震机制,两种体系在一定条件下是可以相互转化的。例如,减隔震体系的桥梁在减隔震指标超出设计值并形成限位机制后,将依赖墩柱塑性铰进行进一步的抗震,此时,减隔震机制转化为延性抗震机制。此外,在一些地震危险性相对较小的地区,为了控制结构的建造成本,出现了拟减隔震体系。

图 2-2-7 为美国伊利诺伊州一种较为常见的支座连接构造,采用仅有上支座钢板的板式橡胶支座直接放置在下部结构的混凝土墩柱上,同时在支座两侧设置牺牲型限位挡块,称为拟减隔震体系。当发生较大概率的小震作用,限位挡块不破坏,结构基本保持弹性。当发生较小概率的大震作用,限位挡块剪断,同时容许橡胶支座与混凝土界面发生滑动摩擦,起到类似减隔震机制的作用。这种体系的突出特点是通过简单的连接构造,形成摩擦减震机制,避免下部结构出现较大损伤,以便于震后恢复,同时,最大限度地控制上、下部结构相对位移以减小落梁风险。因此,对于中、低烈度的坚硬场地区域(地震动加速度较大但速度较小)具有明显的经济优势。

我国公路桥梁中大量用的板式橡胶支座也存在类似的拟减隔震机制(图 2-2-8)。在 2008 年的汶川地震中,大量桥梁由于支座的滑动摩擦效应,对下部结构起到了很好的保护作用,大多数表现为上部结构的移位震害。但同时需要指出的是,我国的板式橡胶支座桥梁用作拟减隔震体系还存在明显的不足。首先,支座与上、下部结构均不固定,导致很多支座在地震中滑落,造成脱座。其次,横向抗震挡块用作牺牲装置,缺乏明确的设计标准,在承载力确定、破坏状态控制及构造细节等方面均不明确。此外,在极易发生落梁的纵桥向很少设置挡块。

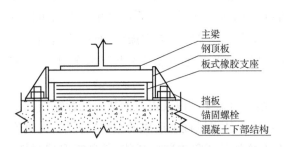

图 2-2-7 美国伊利诺伊州的拟减隔震体系连接

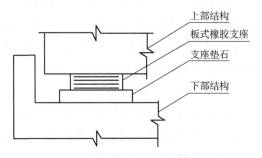

图 2-2-8 我国公路桥梁板式橡胶支座连接

在抗震设计中,对于同一结构还可以在不同的地震作用方向下采用不同的抗震结构体系。例如,在我国的一些大跨度桥梁中,纵桥向采用带黏滞阻尼器的减震体系,横桥向采用固定约束的延性抗震体系。

2.7 桥梁延性抗震设计

震害调查显示,在强烈的地震动作用下,按规范进行抗震设计的结构在很多情况下并不具备抵抗强震的足够强度,但有些结构却没有倒塌,甚至没有发生严重破坏。这些结构能够在地震中幸存,是因为结构的初始强度能够基本维持,没有因非弹性变形的加剧而过度下降,即具有较好的延性。20 世纪 70 年代初,以 R. Park 和 T. Paulay 为首的新西兰学者在总结震害教训和试验研究成果的基础上,提出了延性抗震设计理论以及能力设计方法。

目前,大多数多地震国家的桥梁抗震设计规范采用了延性抗震设计理论。延性抗震设计理论不同于强度理论,它是通过结构选定部位的塑性变形(形成塑性铰)来抵抗地震作用。利用选定部位的塑性变形,不仅能消耗地震能量,还能延长结构周期,从而减小地震反应。

2.7.1 延性基本概念

材料、构件或结构的延性,通常定义为在初始强度没有明显退化情况下的非弹性变形能力。它包括两方面的能力:一是承受较大的非弹性变形且强度没有明显下降的能力;二是利用滞回特性吸收能量的能力。

从延性的本质看,它反映了一种非弹性变形的能力,即结构从屈服到破坏的后期变形能力,这种能力可以保证强度不会因为发生非弹性变形而急剧下降。对材料而言,延性材料是指在发生较大的非弹性变形时强度没有明显下降的材料;与之相对的脆性材料,是一旦出现非弹性变形或在非弹性变形极小的情况下即破坏的材料。不同材料的延性是不同的,低碳钢的延性较好,素混凝土的延性较差,而混凝土配有适当箍筋时延性就会有显著提高。

对结构和构件而言,如果结构或构件在发生较大的非弹性变形时,抗力仍没有明显的下降,则这类结构或构件称为延性结构或延性构件。结构的延性称为整体延性,构件的延性称为局部延性。结构的整体延性与局部延性密切相关,而局部延性又和材料延性密切相关。

在地震动这种随机反复荷载作用下,结构和构件的延性会有所降低。在延性抗震设计中,延性系数应具有一定的安全度。因此,必须确定度量延性的量化指标,最常用的是曲率延性系数和位移延性系数。

1) 曲率延性系数

曲率延性系数用于反映延性构件临界截面的相对延性。钢筋混凝土延性构件的非弹性变形能力来自塑性铰区截面的塑性转动能力,因此,可以采用截面的曲率延性系数来反映。曲率延性系数定义为截面的极限曲率与屈服曲率之比,即:

$$\mu_\phi = \phi_u / \phi_y \quad (2\text{-}2\text{-}12)$$

式中,ϕ_u、ϕ_y 分别表示塑性铰区截面的极限曲率与屈服曲率,如图 2-2-9 所示。

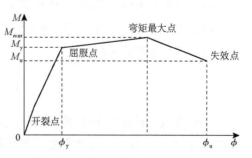

图 2-2-9 截面弯矩-曲率示意图

(1) 塑性铰区截面的屈服曲率

对钢筋混凝土构件塑性铰区截面的屈服曲率,目前主要有以下几种不同的定义方式:

①截面最外层受拉钢筋初始屈服时的曲率。此定义适用于能形成"受拉铰"(弯曲塑性铰)的适筋构件,一般在计算钢筋混凝土延性桥墩的屈服曲率时采用。

②截面混凝土受压区最外层纤维初次达到峰值应变值时的曲率。此定义适用于会出现"受压铰"的超筋构件或高轴压比构件,如建筑结构中的框架柱。

③几何作图法,一般应用于塑性铰区截面的弯矩-曲率骨架曲线已经确定,而且没有明显屈服点的情况。

(2) 塑性铰区截面的极限曲率

钢筋混凝土构件塑性铰区截面的极限曲率,是指一旦满足以下四个条件中的任意一个,即达到极限曲率状态:

①核心混凝土达到极限压应变值。

②临界截面的抗弯能力下降到最大弯矩值的85%。

③受拉的纵向钢筋应变达到极限拉应变值。

④受拉的纵向钢筋应变达到屈曲压应变值。

第三个条件一般不会满足,除非是少筋构件。第四个条件在横向约束箍筋间距较小时,不起控制作用。因此,临界截面的极限曲率一般由前两个条件控制。

2) 位移延性系数

位移延性系数反映延性构件局部和延性结构整体的相对延性,是构件的极限位移与屈服位移之比,即:

$$\mu_\Delta = \Delta_u / \Delta_y \tag{2-2-13}$$

式中,μ_Δ 表示位移延性系数;Δ_u 表示延性构件的极限位移;Δ_y 表示延性构件的屈服位移。

钢筋混凝土延性结构的位移延性系数定义与结构体系的布置有关,因此,不存在统一的表达式。

曲率延性系数与位移延性系数的关系如下:

(1) 单柱式桥墩

对于简单的结构构件,可以通过曲率与位移的对应关系推得曲率延性系数 μ_ϕ 与位移延性系数 μ_Δ 之间的对应关系。图 2-2-9 是单柱式悬臂桥墩,图 2-2-10 是其弯矩图,其墩顶位移与桥墩的曲率分布的关系如下:

$$\Delta = \iint \phi(x) \mathrm{d}x \mathrm{d}x \tag{2-2-14}$$

变形未达到屈服位移时,曲率沿柱高呈线性变化。变形超过屈服位移以后,墩柱上形成塑性铰,依靠塑性铰的转动使得变形继续发展。此时的曲率主要集中在塑性铰区域,塑性铰以外基本不发生变化。在墩底截面达到极限状态时,为了便于计算,引入"等效塑性铰长度"

的概念,即假设在墩底附近存在一个长度为 L_p 的等塑性曲率段,在该段长度内,截面的塑性曲率等于墩底截面的最大塑性曲率,如图 2-2-10 所示。

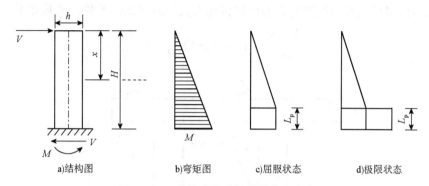

图 2-2-10 单柱式悬臂桥墩的曲率分布

在墩底截面刚刚屈服时,可以认为曲率沿墩高呈线性分布:

$$\phi(x) = \frac{x}{H}\phi_y \tag{2-2-15}$$

则墩顶的屈服位移为:

$$\Delta_y = \frac{1}{3}\phi_y H^2 \tag{2-2-16}$$

按照等效塑性铰长度的概念,在墩底截面达到极限状态时,桥墩的塑性转角 θ_p 可表示为:

$$\theta_p = L_p(\phi_u - \phi_y) \tag{2-2-17}$$

式中,L_p 为等效塑性铰长度。

假定在到达极限状态时,桥墩绕等效塑性铰区的中心点转动,则墩顶的塑性位移 Δ_p 为:

$$\Delta_p = \theta_p(H - 0.5L_p) = (\phi_u - \phi_y)L_p(H - 0.5L_p) \tag{2-2-18}$$

则

$$\mu_\Delta = \frac{\Delta_p + \Delta_y}{\Delta_y} = 1 + 3(\mu_\theta - 1)\frac{L_p}{H}\left(1 - 0.5\frac{L_p}{H}\right) \tag{2-2-19}$$

等效塑性铰的长度 L_p 跟塑性变形的发展和极限压应变有关,一般采用经验公式计算。欧洲规范和美国加利福尼亚州抗震设计规范规定取以下两式计算的较小值:

$$L_p = 0.08H + 0.022d_s f_y \geq 0.044d_s f_y \tag{2-2-20}$$

$$L_p = \frac{2b}{3} \tag{2-2-21}$$

式中,H 表示桥墩高度;d_s 表示纵筋直径;f_y 表示钢筋屈服强度;b 表示矩形截面短边尺寸或圆形截面直径。

(2)多柱式桥墩

对多柱式桥墩,由于顺桥向和横桥向的塑性变形机制不同,必须分开考虑。多柱式桥墩在顺桥向的水平地震作用下,通常只在墩底截面出现弯曲塑性铰。因此,在顺桥向,其墩顶位移延性系数与临界截面的曲率延性系数之间的关系与单柱式悬臂桥墩完全相同。

图 2-2-11 为双柱式桥墩的变形。如果盖梁的刚度足够大,多柱式桥墩在横桥向的水平地震作用下,墩顶和墩底都可能出现弯曲塑性铰。假定反弯点位于柱中间,仿照单柱式悬臂墩的推导过程,得到多柱式桥墩在横桥向的位移延性系数与曲率延性系数的关系如下:

$$\mu_\Delta = \frac{\Delta_p + \Delta_y}{\Delta_y} = 1 + 6(\mu_\phi - 1)\frac{L_p}{H}\left(1 - \frac{L_p}{H}\right) \tag{2-2-22}$$

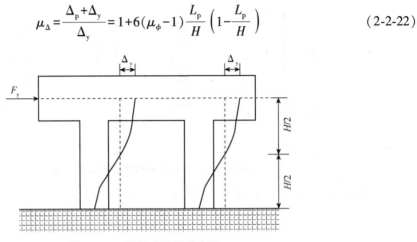

图 2-2-11 双柱式桥墩的变形

2.7.2 延性抗震设计理论

采用延性概念来设计抗震结构,必须在概率意义上保证结构具有的延性超过预期地震动所能激起的最大非弹性变形(延性需求)。因此,在设计延性抗震结构时,必须进行延性需求与延性能力的分析比较。延性概念涉及结构的非弹性变形问题,延性需求可以通过弹塑性动力时程分析来获得,但这种方法计算工作量大,计算分析过程比较复杂,不利于在工程设计中推广应用。

目前,对于量多面广的规则桥梁(可以近似简化为单自由度体系进行地震反应分析的桥梁),一般采用简化的延性抗震设计理论,以简化抗震设计计算。但是,对于复杂桥梁,只能进行结构弹塑性动力时程分析以获得结构的延性需求。实际上,由于无法可靠地预测未来发生的地震地面运动,在分析中刻意追求精确意义不大,还不如简化计算过程,把注意力集中在选择合理的抗震结构体系和细部构造设计上面。

另一方面,要保证延性结构在大震下以延性的形式反应,能够充分发挥延性构件的延性能力,就必须确保不发生脆性破坏模式(如剪切破坏)。防止脆性构件和不希望发生非弹性变形的构件发生破坏,这就要采用能力设计方法进行延性抗震设计。

1) 能力设计方法的基本原理

能力设计方法的基本原理为:在结构体系中的延性构件和能力保护构件(即脆性构件以及不希望发生非弹性变形的构件)之间建立强度安全等级差异,以确保结构不发生脆性破坏。

对于桥梁结构,地震作用下希望在桥墩中产生的塑性铰利用其滞回变形来耗散地震能量。为了充分发挥桥墩的延性性能,必须确保不发生脆性破坏。按照能力设计方法,要求桥梁结构的脆性破坏强度比延性破坏强度高一个等级,比如,要求墩柱的抗剪强度比抗弯强度高一个等级。

2) 能力设计方法的运用

采用能力设计方法进行延性抗震设计,分为以下四步进行:

①根据桥梁结构体系的受力特点以及结构的预期性能要求,选择合适的延性构件。

②选定延性构件中的潜在塑性铰区域的位置。把塑性铰区域截面的抗弯强度尽可能设计得与需求的强度接近。然后对塑性铰区域进行仔细的构造设计,确保塑性铰区域截面提供设计预期的塑性转动能力。这主要依靠塑性铰区域约束箍筋的合理布置来实现。

③在含有塑性铰的构件中,对于诸如剪切破坏、锚固失效、失稳等脆性破坏模式,依靠提供足够的强度安全系数加以避免。

④对于脆性构件或不希望出现塑性变形的构件,确保其强度安全等级高于包含塑性铰的构件。这样,不论可能出现的地震动强度有多大,这些构件都因其"能力"高于包含塑性铰的构件而始终处于弹性状态。

与常规的静力强度设计方法相比,采用能力设计方法设计的抗震结构具有以下明显的优势:

①塑性铰只出现在预定的结构部位。

②可以选择合适的耗能机制。

③预期出现塑性铰的各个构件均可独立进行专门设计。

④确保结构具有预知的延性性能,使结构具有最大的防止倒塌能力。

⑤非弹性变形局限在预期出现弯曲塑性铰的构件上,大部分构件因受到能力保护,其反应被限制在弹性范围内,可简化设计和施工过程,并降低总体造价。

在很多情况下,按照能力设计方法设计的结构可以选择合理的塑性铰构件,并且结合相应的延性构造措施使结构达到优化的能量耗散。这样设计的结构特别能适应未来大地震可能激起的延性需求。

3) 延性构件的选择

延性抗震设计的第一步是选择合适的延性构件,要求既能够使结构在强震下通过整体延性来减轻地震损害、避免倒塌,又能使桥梁的功能要求以及结构的自身安全得到最大保障。因此,选择延性构件时,应综合考虑结构的预期性能以及结构体系的受力特点,分析各个构件的重要性、发生损伤后检查和修复的难易程度、是否可进行更换、损伤的过程是否为延性可控以及是否会引发结构连锁倒塌等诸多因素。

一座常规的梁桥通常由主梁、支承连接构件(支座)、盖(帽)梁、桥墩、基础等几部分组成。在地震作用下,主梁产生水平惯性力,并通过支承连接构件传递给盖梁以及桥墩,进一步传递给基础,最终传递给地基。在抗震设计时,必须保证这条传力路径不中断,而且保证震后桥梁的行车功能。震害调查表明,上部结构很少因直接的地震动作用而破坏,下部结构则常常因遭受巨大的水平地震惯性力作用而破坏。主梁作为支承车辆通行的主要构件,若发生损伤,难免会影响桥梁的通行性,不适宜选择为延性构件。延性抗震体系中的支座一般表现为脆性破坏,破坏后会造成原有的传力路径丧失,导致梁体位移过大甚至发生落梁震害,应按能力保护构件设计。盖(帽)梁是支承主梁的关键构件,若其发生损伤,势必也会影响桥梁的通行性,甚至造成落梁震害,也应按能力保护构件设计。

桥墩在地震作用下主要负责将上部结构传递过来的惯性力向基础传递,进入延性后会形成结构整体的延性机制,而且发生损伤后易于检查和修复,当发生的损伤较大且场地条件允许的情况下还可以进行置换。一般情况下,长宽比大于 2.5 的悬臂墩以及长宽比大于 5 的双柱墩,在水平力作用下较容易形成塑性铰,因此,适宜作为延性构件进行设计。但是,对于长宽比较小的墩柱,则容易发生脆性的剪切破坏,墩柱难以形成整体延性机制,不宜作为延性构件进行设计,应进行强度设计。钢筋混凝土构件的剪切破坏属于脆性破坏,会大大降低结构的延性能力,应采用能力保护设计方法进行延性墩柱的抗剪设计。桥梁基础属于隐蔽工程,发生损伤后难以检查和修复,所以通常作为能力保护构件进行设计。

4) 潜在塑性铰位置的选择

延性构件主要通过在特定位置形成塑性铰来提供延性。选择和设计结构中预期出现的塑性铰位置,除了应当使结构获得最优的耗能和尽可能使预期的塑性铰出现在易于发现和易于修复的结构部位外,还应当尽可能减小由于塑性损伤而对结构造成的不利影响。

如图 2-2-12 所示,独柱墩的潜在塑性铰区一般选择在墩底,双柱墩在纵桥向的潜在塑性铰区也在墩底,双柱墩在横桥向以及刚构桥在纵向上的潜在塑性铰区一般选择在墩顶和墩底部位。对于系梁式双柱墩,由于系梁本身并不是能力保护构件,其发生损伤后对结构整体的影响也较小,因此,在条件许可的情况下应尽量使墩上部的塑性铰发生在系梁上。

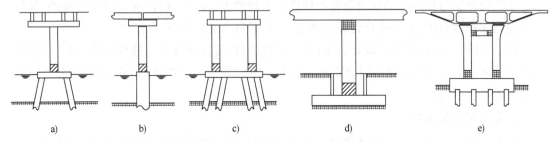

图 2-2-12　潜在塑性铰位置的选择

2.7.3　延性构件的二次设计

在抗震概念设计之后,是结构在地震作用下的结构初步设计。根据桥梁抗震设防目标的要求,结构在 E1 地震作用下应处于弹性反应范围。因此,这一阶段的设计任务主要是结构的抗震强度验算。由于结构反应处于弹性范围,规则桥梁的结构地震反应分析可采用单振型反应谱法,不规则桥梁的结构地震反应分析可采用多振型反应谱法。在计算出结构的最大设计地震作用之后,将地震作用效应和其他荷载效应进行组合。对构件截面进行抗震承载力验算,保证必要的强度可靠性要求。

在结构初步设计阶段之后,是延性构件的二次设计阶段,即延性构件在 E2 地震作用下的再设计过程。这个过程包括延性构件在 E2 地震作用下的抗弯强度验算和抗剪强度验算，用以保证延性构件在 E2 地震作用下以延性的形式反应，并且具有设计预期的位移延性水平。

1) E2 地震作用下的抗弯强度验算

在 E2 地震作用下，桥梁结构经历弹塑性变形循环。对于规则桥梁，可以采用简化的延性抗震设计理论，简化结构地震反应分析过程。对于不规则桥梁，一般通过结构非线性动力时程分析程序，计算结构在地震作用下的弹塑性地震反应。

对于规则桥梁，一般选择结构预期的塑性铰位置仅在钢筋混凝土桥墩中出现，这样桥墩就成为延性桥梁结构中的延性构件。

E2 地震作用下延性桥墩抗弯强度验算的步骤如下：

(1) 延性桥墩的设计水平地震作用

对于规则桥梁，E2 地震作用下延性桥墩的设计水平地震作用可以通过结构质量中心处的设计水平地震作用计算得到。计算水平地震作用之后，按每个桥墩的抗推刚度把水平地震作用分配到各桥墩上，由此得到各桥墩的设计水平地震作用。

(2) 延性桥墩临界截面的设计弯矩

得到各个桥墩的设计水平地震作用之后，将地震作用效应和其他荷载效应进行组合，并计算组合荷载下延性桥墩临界截面的设计弯矩。

(3) 延性桥墩临界截面抗弯强度验算

根据计算的设计弯矩，按承载能力极限状态法，进行临界截面的抗弯强度验算。如果桥墩临界截面的抗弯强度验算满足要求，这一步骤就算完成。反之，按上述设计弯矩对延性桥墩截面重新进行抗弯设计。

2) E2 地震作用下的抗剪强度验算

在延性桥墩截面通过抗弯强度验算后，塑性铰区截面的纵向钢筋就已经确定下来。延性桥墩截面抗剪强度验算的目的是保证桥墩在 E2 地震作用下不发生脆性的剪切破坏，确保桥墩能按弯曲延性形式反应。根据能力设计原理，在延性构件的非延性行为(剪切变形)和延性行为(弯曲变形)之间，也应当确立强度安全等级差异。具体来说，就是对延性构件的抗剪强度和抗弯强度应用不同的强度安全系数。

延性桥墩在 E2 地震作用下的抗剪强度验算过程如下：

(1) 计算塑性铰区截面的实际弯矩 M_c

根据桥墩塑性铰区截面的实配钢筋，采用材料强度标准值和最不利轴力，按照混凝土大偏心受压构件的正截面承载力计算公式计算实际弯矩 M_c。需要注意的是，在计算塑性铰区截面的实际弯矩时，应当采用约束混凝土的应力-应变关系。

(2) 计算桥墩塑性铰区截面的超强弯矩 M_0

墩柱的实际抗弯承载能力大于其设计承载能力，这种现象称为墩柱抗弯超强现象。引起墩柱抗弯超强的主要原因是材料实际强度与设计强度之间的差异，例如混凝土强度取值保守,钢筋材料在屈服后的强化应力可能超过屈服强度。如果墩柱塑性铰的抗弯承载能力出现太大的超强现象,墩柱的抗剪强度或能力保护构件强度的超强又不足以达到能力保护的程度,那么按能力设计方法进行抗震设计的有效性将大大降低。

为了确保预期出现弯曲塑性铰的构件不发生脆性破坏(如剪切破坏、黏结破坏等),并确保脆性构件和能力保护构件处于弹性反应范围,在确定它们的弯矩、剪力设计值时,采用墩柱抗弯超强系数 ϕ^0 来考虑超强现象。桥墩塑性铰区截面的超强弯矩 M_0 可按下式计算:

$$M_0 = \phi^0 M_c \tag{2-2-23}$$

式中,ϕ^0 为墩柱抗弯超强系数。

相关研究表明:当桥墩所承受的轴压比大于 0.2 时,超强系数 ϕ^0 随轴压比的增大而增大;当轴压比小于 0.2 时,超强系数取 1.2。

(3)由塑性铰区截面的超强弯矩 M_0,确定桥墩的设计剪力 V_{c0}。

①延性墩柱沿顺桥向剪力设计值。

墩柱的底部区域为潜在塑性铰区域:

$$V_{c0} = \phi^0 \frac{M_{ZC}^X}{H_n} \tag{2-2-24}$$

墩柱的顶、底部区域均为潜在塑性铰区域:

$$V_{c0} = \phi^0 \frac{M_{ZC}^X + M_{ZC}^S}{H_n} \tag{2-2-25}$$

②延性墩柱沿横桥向剪力设计值。

墩柱的底部区域为潜在塑性铰区域:

$$V_{c0} = \phi^0 \frac{M_{hC}^X}{H_n} \tag{2-2-26}$$

墩柱的顶、底部区域均为潜在塑性铰区域:

$$V_{c0} = \phi^0 \frac{M_{hC}^X + M_{hC}^S}{H_n} \tag{2-2-27}$$

式中,H_n 一般取墩柱的净长度,但是在单柱墩横桥向计算时应取梁体截面形心到墩柱底截面的垂直距离(m);M_{ZC}^S、M_{ZC}^X 分别表示墩柱上、下端截面按实配钢筋以及采用材料强度标准值和最不利轴力计算的沿顺桥向正截面抗弯承载力所对应的弯矩值(kN·m);M_{hC}^S、M_{hC}^X 分别表示墩柱上、下端截面按实配钢筋以及采用材料强度标准值和最不利轴力计算的沿横桥向正截面抗弯承载力所对应的弯矩值(kN·m);ϕ^0 表示桥墩正截面抗弯承载能力超强系数,取 1.2。

(4)墩柱抗剪承载力验算

地震中的大量钢筋混凝土墩柱的剪切破坏表明,在墩柱的塑性铰区域,由于弯曲延性的增加会使混凝土提供的抗剪强度降低。目前,应用比较多的是美国加利福尼亚州公路交通局(Caltrans)2000 年版设计准则推荐的抗剪计算公式。

①墩柱名义抗剪能力。

可以认为墩柱的名义抗剪能力 V_n 由混凝土提供的抗剪能力 V_c 和横向钢筋提供的抗剪能力 V_s 组成，即：

$$V_n = V_c + V_s \tag{2-2-28}$$

②混凝土承担的剪力。

在计算墩柱抗剪能力时，应考虑到弯曲和轴向荷载的影响，可按下式计算：

$$V_c = v_c A_e \tag{2-2-29}$$

式中，A_e 表示有效剪切面积；v_c 表示名义剪切力。

塑性铰区域以内：

$$v_c = 2c_1 c_2 \sqrt{f'_c} \leqslant 0.33 \sqrt{f'_c} \tag{2-2-30}$$

塑性铰区域以外：

$$v_c = 0.5 c_2 \sqrt{f'_c} \leqslant 0.33 \sqrt{f'_c} \tag{2-2-31}$$

式中，f'_c 表示混凝土圆柱体抗压强度；c_1、c_2 表示系数。

$$0.025 \leqslant c_1 = \frac{\rho_s f_{yv}}{12.5} + 0.305 - 0.083 \mu_d \leqslant 0.25 \tag{2-2-32}$$

$$c_2 = 1 + \frac{P_c}{13.8 A_g} \leqslant 1.5 \tag{2-2-33}$$

式中，ρ_s 表示箍筋或螺旋钢筋的配筋率；f_{yv} 表示箍筋的屈服应力；μ_d 表示墩柱的位移延性，取顺桥向和横桥向位移延性的较大值；P_c 表示墩柱受到的轴压力；A_g 表示主柱横截面的毛面积。

③箍筋的抗剪承载力。

墩柱采用螺旋箍筋时所提供抗剪承载力为：

$$V_s = \pi/2 \times A_v f_{yv} d/s \tag{2-2-34}$$

墩柱采用矩形箍筋时所提供抗剪承载力为：

$$V_s = A_v f_{yv} D/s \tag{2-2-35}$$

式中，A_v 表示同一截面上箍筋的总面积（cm^2）；f_{yv} 表示箍筋的抗拉强度设计值（MPa）；s 表示箍筋的间距（cm）；d 表示螺旋钢筋或圆形箍筋的直径（cm）；D 表示沿计算方向墩柱的宽度（cm）。

④墩柱抗剪承载力验算。

根据能力设计方法，要避免发生剪切破坏，应验算墩柱的斜截面抗剪承载能力：

$$V_{c0} \leqslant \varphi V_n \tag{2-2-36}$$

式中，V_{c0} 表示按式（2-2-24）～式（2-2-27）计算得到的墩柱剪力设计值；φ 表示抗剪承载力折减系数，一般取 0.85。

在进行抗剪分析时，箍筋提供的抗剪承载力还应满足：

$$v_s \leqslant 0.67 \sqrt{f'_c} A_c \tag{2-2-37}$$

2.7.4 能力保护构件设计

根据能力设计原理,只要在能力保护构件和延性构件之间确立适当的强度安全等级差异,就可以确保延性桥梁在地震作用下发生的非弹性变形被严格限制在延性构件的塑性铰区范围内,能力保护构件受到延性构件的保护,始终不出现非弹性变形。因此,能力保护构件的设计过程实际上是一个常规的强度设计过程。对采用抗侧力桥墩作为主要延性构件的混凝土桥梁,能力保护构件通常包括上部结构的盖梁以及支座和下部结构的基础。

1) 盖梁设计

(1) 盖梁弯矩设计值

根据能力保护设计原则,盖梁的抗弯承载力应当大于盖梁在地震中可能承受的最大、最小弯矩,首先应当根据图 2-2-13 计算出盖梁可能承受的最大、最小弯矩作为设计弯矩 M_{p0}。

$$M_{p0} = \phi^0 M_{hc}^S + M_G \tag{2-2-38}$$

式中,M_{hc}^S 表示墩柱顶截面按实配钢筋以及采用材料强度标准值和轴压力计算出的正截面抗弯承载力所对应的弯矩值;M_G 表示结构自重产生的弯矩。

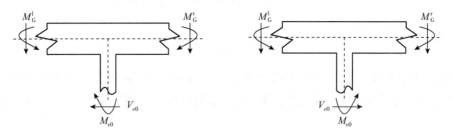

图 2-2-13 盖梁设计弯矩计算示意

注:M_{c0} 代表墩柱顶部弯矩设计值。上角标 l、r 分别代表左、右。

(2) 盖梁剪力设计值

延性桥墩盖梁的剪力设计值 V_{c0} 可按下式计算:

$$V_{c0} = \phi^0 \frac{M_{pc}^r + M_{pc}^l}{L_0} \tag{2-2-39}$$

式中,M_{pc}^l、M_{pc}^r 分别表示盖梁左、右端截面不考虑抗弯超强因素,按实配钢筋以及采用材料强度标准值计算得到的正截面抗弯承载力所对应的弯矩值;L_0 表示盖梁的净跨度(m)。

(3) 盖梁验算

根据盖梁的弯矩设计值和剪力设计值,按《公路钢筋混凝土及预应力混凝土桥涵设计规范》(JTG 3362—2018) 验算盖梁的正截面抗弯强度和斜截面抗剪强度。

2) 基础设计

地震时基础发生的损伤难以被发现并且维修困难。因此,要求采用能力保护设计原则进行基础计算和设计,保证基础在达到预期强度之前,墩柱已超过其弹性反应范围。梁桥基础沿横桥向、顺桥向的弯矩、剪力和轴力设计值应当分别根据墩柱底部可能出现塑性铰处的弯矩承载能力、剪力设计值和相应的墩柱最不利轴力进行计算，如图 2-2-14 所示，在计算这些设计值时应当与自重产生的内力进行组合。

$$M_{c0} = \phi^0 M_{HC}^X \quad (2\text{-}2\text{-}40)$$

$$M_{c0}^l = \phi^0 M_{ZC}^X \quad (2\text{-}2\text{-}41)$$

式中，M_{c0} 表示横桥向墩柱底部弯矩设计值；M_{c0}^l 表示顺桥向墩柱底部弯矩设计值；M_{HC}^X、M_{ZC}^X 分别表示横桥向、顺桥向墩柱底截面按实配钢筋并且采用材料强度标准值和轴压力计算出的正截面抗弯承载力所对应的弯矩值。

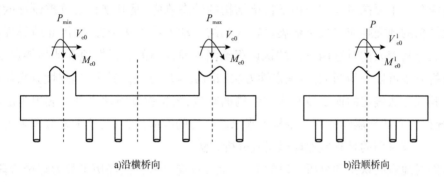

图 2-2-14　基础设计内力计算示意

V_{c0}、V_{c0}^l-分别表示横桥向和顺桥向墩柱底部剪力设计值；$P_{\max}$、$P_{\min}$-分别表示沿横桥向相应墩柱下端截面出现塑性铰时墩柱的最大和最小轴力

思考题与习题

① 桥梁抗震设防标准的依据是什么？抗震设防的基本原则是什么？

② 什么是 E1 地震、E2 地震？

③ 简述抗震多级设防的基本内容。在工程中是如何体现的？

④ 根据桥梁抗震设防类别及抗震设防烈度，桥梁抗震设计方法可分为哪几类？

⑤ 桥梁抗震设计一般有哪些流程？

⑥ 特征周期是什么？它受哪些因素影响？

⑦ 在确定性地震反应分析中，如何选择设计地震动参数？

⑧ 地震动的输入模式有哪几种？

⑨ 我国《公路桥梁抗震设计规范》(JTG/T 2231-01—2020) 对场地的选择做了哪些规定？

⑩ 桥梁结构布置的原则有哪些？

⑪ 反映土层液化危害轻重的物理量是什么？

⑫ 结构的延性是什么？有哪些延性指标？这些延性指标之间有什么关系？

⑬ 简述如何选择延性构件和潜在塑性铰位置。

第 3 章
桥梁抗震分析

桥梁抗震分析主要探讨地震作用下桥梁结构的动态响应,是开展桥梁抗震设计的重要基础。桥梁结构的地震响应取决于地震动输入和结构动力特性两个方面,因此地震反应分析方法的发展是随着人们对这两方面的认识逐渐深入而提高的。根据地震动的特点,结构地震反应分析方法可以分为两大类:确定性方法和随机振动方法。其中,确定性方法使用地震记录或由其他方法确定的地震波来求解结构的响应;随机振动方法则把地震视为随机过程,把具有统计性质的地震动作用在结构上来求解结构的响应。目前,绝大多数国家现行的桥梁抗震设计规范采用的是确定性地震反应分析方法。

根据人们对地震的认识和分析手段的更新,地震反应分析方法经历了静力理论阶段、反应谱理论阶段、动力理论阶段以及现阶段基于结构性能的抗震设计理论阶段。

3.1 抗震理论演变

3.1.1 静力理论阶段

1) 弹性静力法

静力理论最初由日本学者大房森吉在 1899 年提出。他认为地震对工程设施的破坏是由地震产生的水平力作用在建筑物上的结果,假定结构是刚性的,结构各个部分与地震动产生相同的振动,地震力等于地面运动加速度与结构总质量的乘积,再把地震视为静力作用在结构上,进行结构线弹性静力分析计算。按静力法计算的地震作用力 F 为:

$$F = \delta_g M = \delta_g \frac{W}{g} = KW \tag{2-3-1}$$

式中,δ_g 表示地面运动加速度峰值;M 表示结构总质量;W 表示结构总重量;K 表示地面运动加速度峰值与重力加速度的比值。

静力法将地震动加速度作为结构地震破坏的唯一因素。从动力学角度看,这种方法忽略了结构的动力反应特性,在理论上存在极大局限性。只有当结构物的基本固有周期比地面运动卓越周期小很多时,结构物在地震时才可能几乎不产生变形,可以近似为刚体,弹性静力法才能成立。不过,弹性静力法概念简单,对于整体刚度较大的结构或构件是适用的,至今在桥台和挡土结构的抗震设计中仍采用静力法。

2）非线性静力 Pushover 分析

20 世纪 60 年代末，国外学者提出了静力弹塑性（Pushover）分析方法，这种方法得到很大发展和广泛应用。严格来讲，静力弹塑性分析方法不能算作一种结构地震反应的分析方法，但它提供了一种评估结构地震反应尤其是非线性地震反应的简单有效方法，能够追踪结构从屈服直到极限状态的整个非弹性变形过程。实际进行的静力弹塑性分析过程是一种纯粹的非线性静力分析过程，与一般的非线性静力分析在计算方法上没有太大不同，主要差别如下：

①静力弹塑性分析需要预先假定荷载分布模式，而一般的非线性静力分析的外加荷载是确定的。

②静力弹塑性分析需要预先确定与结构性能目标相对应的位移限值，如屈服位移、倒塌破坏极限位移等，而一般的非线性静力分析无此要求。

③静力弹塑性分析最终得到一条静力弹塑性曲线，该曲线表示特征荷载与特征位移之间相互关系（对于桥梁结构分析，通常为墩底剪力与上部结构质量中心处的位移之间的关系曲线），也称能力曲线。分析过程通常还计算总的结构能量耗散及等效弹性刚度，并利用单振型反应谱法计算力效应和位移效应，即所谓的需求分析，而一般的非线性静力分析无此过程。

④静力弹塑性分析进行需求/能力比计算，评估结构抗震性能，而一般的非线性静力分析无此过程。

非线性静力弹塑性分析方法被认为是一种简单有效的抗震性能评估方法。目前，这种方法在桥梁抗震性能评估方面已有不少应用实例，但还没有被应用于设计分析。至于这种方法如何应用于桥梁抗震设计分析，还需要更多的实践经验。

3.1.2 反应谱理论阶段

20 世纪 20 年代，日本学者曾研究过结构物在简谐振动下的地震反应，由于对地震动缺乏了解，没能摆脱静力理论的束缚。从 1931 年起，美国开始逐步进行强震观测台网的布置，积极开展强震观测工作，并在 1933 年 Long Beach 地震中，得到了第一批强震记录。随后，在 1940 年 5 月 18 日 Imperial Valley 地震中，又成功地收集了包括著名的 El Centro 地震在内的大量地震动加速度记录资料。这些强震记录为抗震动力学方法的发展提供了宝贵材料。

M.A. Biot 于 1943 年提出了反应谱的概念，并给出世界上第一条弹性反应谱曲线，即单自由度弹性振子对应某一个强震记录的周期与绝对加速度的关系曲线、相对速度和相对位移的最大反应量之间的关系曲线。1948 年，G.W. Hausner 提出基于加速度反应谱曲线的弹性反应谱法。1952 年，加利福尼亚州把反应谱理论引入该年发布的《地震力与风侧力规范》；但是，为了适应传统经验和应力设计中的安全系数，降低了反应谱值。1956 年，N. M. Newmark 率先把该弹性反应谱法应用于墨西哥城拉丁美洲大厦的抗震设计，这座大厦经历了随后发生的墨西哥大地震（里氏 8 级）的考验，使弹性反应谱法得到了验证。自 1958 年第一届世界地震工程会议之后，这一方法被许多国家所接受，并逐渐被应用到结构抗震设计规范中。

动力反应谱法采用"地震荷载"的概念，从地震动出发求解结构的最大地震反应，同时考虑了地面运动特性和结构的动力特性（自振周期、振型和阻尼）之间的关系，比静力法有很大的进步。但是，在设计中仍然把地震惯性力视为静力，以弹性分析为主。

反应谱方法也存在一些缺陷，例如：反应谱是弹性范围内的概念，当结构在强烈地震下进入塑性工作阶段时不能直接应用；地震作用是一个时间过程，而反应谱方法只能得到最大反应，不能反映结构在地震动过程中的时间经历和地震动持时效应；对多振型反应谱法，由于反应谱仅能给出结构各振型反应的最大值，不能反映最大值的正负和时间，给振型组合造成混乱。

反应谱方法通过反应谱概念巧妙地将动力问题静力化，概念简单、计算方便，可以用较少的计算量获得结构的最大反应值。因此，世界各国规范都把它作为一种基本的分析手段。但对于复杂、大跨度桥梁的地震反应，反应谱方法不能很好地考虑各种复杂的影响因素。当应用反应谱方法对复杂、大跨桥梁进行地震反应分析时，有时会由于计算的频率阶数不够多而得不到正确的结果，或判断不出结构真正的薄弱部位。因此，反应谱方法只能作为一种估算方法，或一种校核手段。

3.1.3 动力理论阶段

20世纪60年代后，随着计算机的普及和动力试验技术的发展，人们对结构物在地震作用下反应的全过程有了更全面的了解。人们逐渐意识到，反应谱法并不能保证核电站、近海平台、油管等特殊工程结构的安全，加之地震动记录数据和结构震害资料的不断丰富，抗震研究开始向真正的动力理论阶段过渡。

在国外，动态时程分析法在20世纪60—70年代得到迅速发展。Hausner在20世纪50年代末将地震记录输入结构，计算结构的地震反应，这种方法即为最初的动态时程分析方法。日本于20世纪60年代初开始进行相关研究，从地震动的振幅、频谱和持时三要素来看，抗震设计的静力理论只考虑了高频振动振幅的最大值，反应谱理论虽考虑了振幅和频谱，但持时始终未得到明确的反映。1971年美国San Fernando地震一周年的学术研讨会上，多数人认为反应谱理论只说出了问题的一半，对重大工程结构应当采用动态时程分析方法做详尽的地震响应分析。我国于20世纪70年代末和80年代初期大量开展这方面的研究工作。

动态时程分析法以输入适合的地震动为出发点，考虑结构、土和深基础相互作用、地震波相位差、不同地震波多分量多点输入等因素，采用多节点多自由度的结构有限元动力计算模型建立地震振动方程，然后采用逐步积分法对方程进行求解，计算地震过程中每一瞬时的结构位移、速度和加速度反应，从而分析结构在地震作用下弹性和非弹性阶段的内力变化以及构件逐步开裂、损坏直至倒塌的全过程。此方法是对运动方程直接求解，又称为直接动力分析法，包括确定性动力分析与非确定性动力分析。

动态时程分析法是随着强震记录的丰富和计算机技术的广泛应用而发展起来的。动力理论考虑了反应谱不能概括的其他特性,对于复杂的结构体系,振型密集将产生耦联以及结构发生强烈非线性反应的情况下,一般采用动力理论进行地震反应分析和抗震设计。但是,动态时程分析法计算量大、耗时多,并且需要对结果进行统计分析,因此,大多数国家的抗震设计规范对中小跨度桥梁仍采用反应谱方法计算,对重要、复杂、大跨度桥梁的抗震计算建议采用动态时程分析法。

迄今为止,结构非线性动力时程分析法仍在不断发展中,虽然计算方法已经相当成熟,但依然存在一些难于解决的问题。例如,输入地震动问题,结构-基础-土相互作用问题,结构构件的非线性动力特性和屈服后的行为。这些问题在很大程度上影响了非线性动力时程分析的结果。因此,一般要求在线性范围内能够对分析结果进行解释,并与反应谱分析结果进行相互比较和校核。然而,随着计算手段的不断进步和对结构地震反应认识的不断深入,动态时程分析法已越来越受到重视,对体系复杂的桥梁非线性地震反应,动态时程分析法是理论上唯一可行的分析方法。

3.1.4 基于结构性能的抗震设计理论阶段

当前各国采用的"小震不坏,中震可修,大震不倒"的抗震设防水准,是以保证生命安全为单一设防目标。尽管能做到大震时主体结构不倒塌以最大程度保证生命安全,但仍可能导致中小地震作用下结构丧失正常使用功能而造成巨大的财产损失。近些年,在人口集中的大城市发生了多起破坏性的地震,由于这类地区集中了大量的社会财富,地震所造成的经济损失和人员伤亡非常巨大。在此背景下,人们重新审视了现有的抗震设计思想,于是20世纪90年代提出了基于结构性能的抗震设计(Performance-Based Seismic Design,PBSD)理论,被认为是未来抗震设计的主要发展方向。

1)PBSD理论的提出

20世纪90年代初,美国加州大学伯克利分校的Mohele提出了基于位移的抗震设计(Displacement-Based Seismic Design)思想,建议改进基于承载力的设计方法,这一全新理念最早应用于桥梁抗震设计中。基于位移的抗震设计需要结构的塑性变形能力满足预定的地震作用下的变形,即控制结构在大震下的层间位移角发展。该方法的核心思想是从总体上控制结构的层间位移角水准。这一设计思想影响了美国、日本和欧洲土木工程界,美国、日本和欧洲于是提出了PBSD全新理念并展开了广泛的研究工作。

美国加利福尼亚州结构工程师协会(Structural Engineers Association of California,SEAOC)对PBSD的定义是:基于结构性能的抗震设计应该选择一定的设计准则、恰当的结构形式、合理的规划和结构比例,保证建筑物的结构与非结构构件的细部构造设计,控制建造质量和长期维护水平,使得建筑物在遭受一定水准地震作用下,结构的损伤或破坏不超过某一特定的极限状态。SEAOC阐述了结构和非结构构件的性能水准,而且基于位移建议了五级性能水准,建议用性能设计原理分析弹塑性结构的地震反应。基于性能的设计是从结构抗震性能的预先估计出发,人为地形成合理的抗震体系,实现结构的多层次抗震设防。

美国应用技术委员会(Applied Technology Council,ATC)对PBSD的定义是:基于结构性能的抗震设计是指结构的设计准则由一系列可以实现的结构性能目标来表示。主要针对钢筋混凝土结构,并且建议采用基于能力谱的设计原理。

美国联邦紧急事务管理局(Federal Emergency Management Agency, FEMA)对 PBSD 的定义是:基于不同设防水准地震作用,达到不同的性能目标,在分析和设计中采用弹性拟静力分析和弹塑性时程分析来实现一系列的性能水准,并且建议采用建筑物顶点位移来定义结构和非结构构件的性能水准,不同的结构形式采用不同的性能水准。

中国一些学者对 PBSD 的定义是:基于结构性能的抗震设计是指根据建筑物的重要性和用途确定其性能目标,再根据不同的性能目标提出不同的抗震设防标准,使设计的建筑在未来地震中具备预期的功能。

综上所述,不同的研究机构或个人对 PBSD 的定义不完全相同,但都有一个共同的理念:在设计使用期内,建筑物遭受不同水准地震作用时应该达到相应的性能水准。

2) PBSD 主要研究内容

基于结构性能的抗震设计理论,主要内容包括确定地震设防水准、确定结构抗震性能目标、研究结构抗震分析和设计方法等。

(1) 确定地震设防水准

基于结构性能的抗震设计要能预先控制结构在未来可能发生的地震作用下的抗震性能,而地震设防水准直接关系到结构的抗震性能。地震设防水准是指在工程设计中如何根据客观的设防环境和已定的设防目标,考虑具体的社会经济条件来确定采用多大的设防参数,或者说应选择烈度多大的地震作为防御的对象。换言之,地震设防水准是指未来可能作用于场地的地震作用的大小。根据不同重现期确定所有可能发生的对应于不同水准或等级的地震动参数,包括加速度(速度和位移)时程曲线、加速度反应谱、峰值加速度。这些具体的地震动参数称为地震设防水准。

基于全国基本烈度区划图和概率方法,我国现行抗震规范将地震分为小震、中震、大震 3 个设防水准。小震为 50 年使用期内烈度超过概率为 63.2% 的地震(第一水准地震),重现期为 50 年;中震为 50 年使用期内烈度超过概率为 10% 的地震(第二水准地震),重现期为 475 年;而大震为 50 年使用期内烈度超过概率为 2%~3% 的地震(第三水准地震),重现期为 1642~2475 年。

合理的设防水准,应该考虑一个地区的设防总投入、未来设计基准期内期望的总损失和由社会经济条件决定的设防目标来优化确定,即需要由地震工程专家和决策者综合考虑各种专业因素、社会因素后才能确定。

(2) 确定结构抗震性能目标

结构抗震性能目标是对某一级地震设防水准期望达到的性能水准或等级(Performance Level),它反映了建筑物在某一特定地震设防水准下预期破坏的最大程度,结构和非结构构件破坏引起的后果都被认为是结构性能水准问题。性能目标的建立需要综合考虑建筑场地特征、结构功能与重要性、投资与效益、震后损失与恢复重建、潜在的历史或文化价值、社会效益及业主的承受能力等众多因素。

SEAOC 建议将结构性能目标划分为三种等级,即基本目标、重要目标和最高目标。基本目标是一般建筑的最低期望性能水准。重要目标是医院、公安消防、学校、通信等重要建筑的最低期望性能水准。最高目标是含核材料等特别危险物资的特别重要建筑的最低期望性能水准。规范给出的性能目标是最低标准,结构性能目标可以根据业主的要求采用比规范目标更高的水准。

(3)抗震分析与设计方法

基于性能的抗震分析方法主要包括反应谱法、动态时程分析法和功率谱法等。基于性能的抗震设计方法主要包括基于位移的抗震设计方法、综合设计法、能力设计法以及基于性能的可靠度设计法等。

3.1.5 抗震分析理论总结

弹性静力理论输入的地震动是由历史震害估计的地震动最大加速度,忽略了地震动特性和结构的动力特性,只对可视为刚体的结构有效,如桥台等。复杂桥梁可以采用非线性静力分析方法对结构的抗震性能进行评估,计算其非线性反应的需求和能力。

反应谱理论输入的反应谱是规定的或按场地条件规定的平均反应谱值,只规定地震动的最大加速度,只能反映地震动的频谱特性,无法反映持时的影响。对于规则桥梁,采用等效线性化方法可估计非线性系统的最大反应,但仍需更多的实践检验。

动力理论输入的地震动要求给出符合场地情况的、具有概率含义的加速度时间函数,能够反映地震动振幅、持时和频谱特性。地震反应分析方法考虑了结构反应的全过程,并且能够考虑非一致激励和结构的非线性,理论上动力理论可以得到更可靠的分析和设计。

能力设计法是目前正被世界各国规范逐渐接受的抗震设计方法,是一种介于传统设计法和基于位移的设计法之间的抗震设计方法,其基本思想是在结构体系中的延性构件和能力保护构件之间建立强度安全等级差异,以确保结构不会发生脆性的破坏模式。

3.2 反应谱法

地震动反应谱建立了地震动特性与结构动力反应之间的关系。在本质上,地震动反应谱反映了地震动频谱特性,同时,它又描述了一般结构地震反应的基本特征。

3.2.1 单自由度体系的弹性地震反应分析

1)计算简图

单自由度振动体系是结构动力学的基础,也是简单结构地震响应分析的一个常用模型。对于如图 2-3-1 所示桥墩来说,如果墩身质量远小于其所承受的上部结构的质量,可以近似把上、下部结构的质量集中在一个质点 M 上,忽略桥墩的质量分布,按单自由度模型分析它的动力特性和地震响应。用一根无质量且具有一定刚度 k 的杆单元模拟质点的侧移刚度。

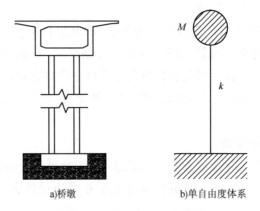

图 2-3-1 单自由度振动体系

2) 运动方程及其解

图 2-3-2 是单自由度体系在地面运动作用下的计算模型。任意时刻 t，在地面运动 x_g 作用下，结构发生振动，产生相对地面的位移 x、速度 $\dot{x}$、加速度 $\ddot{x}$。取质点 M 为隔离体，则该质点上作用有三种力，即惯性力 I、阻尼力 D 和弹性恢复力 S。惯性力是质点 M 的质量 m 与绝对加速度 $\ddot{x}_g+\ddot{x}$ 的乘积，方向与质点运动加速度方向相反，即：

$$I(t) = -[m\ddot{x}(t)+m\ddot{x}_g(t)] \tag{2-3-2}$$

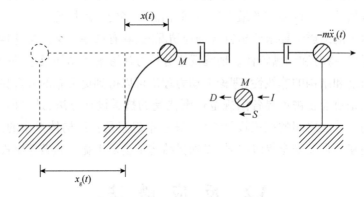

图 2-3-2 单自由度体系在地面运动作用下的计算模型

阻尼力是由结构内摩擦及结构周围介质(如空气、水等)对结构运动的阻碍造成的。阻尼力的大小与结构运动速度有关。按照黏滞阻力理论，阻尼力与质点运动速度成正比，但方向与质点运动速度相反，即：

$$D(t) = -c\dot{x}(t) \tag{2-3-3}$$

式中，c 表示阻尼系数。

弹性恢复力是使质点从振动位置恢复到平衡位置的力，由结构弹性变形产生。根据胡克定理，该力的大小与质点偏离平衡位置的位移成正比，但方向相反，即：

$$S(t) = -kx(t) \tag{2-3-4}$$

式中，k 表示体系刚度，即使质点产生单位位移，需在质点上施加的力。

根据达朗贝尔原理,质点在上述三种力作用下处于平衡,即:
$$I+D+S=0 \tag{2-3-5}$$
将式(2-3-2)~式(2-3-4)代入式(2-3-5),得:
$$m\ddot{x}(t)+c\dot{x}(t)+kx(t)=-m\ddot{x}_g(t) \tag{2-3-6}$$

上式即为单自由度体系的运动方程,是常系数二阶非齐次线性微分方程。为便于方程的求解,将上式两边除以 m,并且令 $\omega=\sqrt{k/m}$、$\zeta=c/2\omega m$,则运动方程为:
$$\ddot{x}+2\zeta\omega\dot{x}+\omega^2 x=-\ddot{x}_g \tag{2-3-7}$$

式中,ω 表示无阻尼自振圆频率,简称自振频率;ζ 表示阻尼比。

根据线性常微分方程理论,常系数二阶非齐次线性微分方程的解由两部分组成,即:

方程的通解=齐次解+特解

对于受地震作用的单自由度运动体系,上式的意义在于:

体系地震反应=自由振动+强迫振动

在没有外界激励的情况下,结构体系自由振动的位移时程为:
$$x(t)=e^{-\zeta\omega t}\left[x(0)\cos\omega' t+\frac{\dot{x}(0)+\zeta\omega x(0)}{\omega'}\sin\omega' t\right] \tag{2-3-8}$$

式中,$\omega'=\omega\sqrt{1-\zeta^2}$。

地震时,地面运动一般为不规则的往复运动,结构体系在地面运动作用下的强迫振动位移时程为:
$$x(t)=-\frac{1}{\omega'}\int_0^t \ddot{x}_g(\tau)e^{-\xi\omega(t-\tau)}\sin\omega'(t-\tau)d\tau \tag{2-3-9}$$

上式称为 Duhamel 积分,是单自由度体系运动方程的特解。

体系的自由振动由体系初位移和初速度引起,体系的强迫振动由地面运动引起。若体系无初位移和初速度,则体系地震反应中的自由振动项为零。即使体系有初位移或初速度,由于体系有阻尼,体系的自由振动项也会很快衰减,一般可不考虑。因此,可仅取体系强迫振动项,即由 Duhamel 积分计算单自由度体系的地震位移反应。有关单自由度体系的运动方程及求解,详见第一篇。

3) 单自由度体系的弹性地震反应分析

对 Duhamel 积分求导,可以得到质点相对于地面的速度:
$$\dot{x}(t)=\frac{dx}{dt}=-\int_0^t \ddot{x}_g(\tau)e^{-\xi\omega(t-\tau)}\cos\omega'(t-\tau)d\tau+\frac{\xi\omega}{\omega'}\int_0^t \ddot{x}_g(\tau)e^{-\xi\omega(t-\tau)}\sin\omega'(t-\tau)d\tau$$
$$\tag{2-3-10}$$

质点的绝对加速度 $(\ddot{x}_g+\ddot{x})$ 从式(2-3-7)的质点运动方程求出:
$$(\ddot{x}_g+\ddot{x})=-2\zeta\omega\dot{x}-\omega^2 x \tag{2-3-11}$$

对式(2-3-9)~式(2-3-11)稍做整理,质点的地震响应还可以写成:

$$x(t) = -\frac{1}{\omega'} \int_0^t \ddot{x}_g(\tau) e^{-\xi\omega(t-\tau)} \sin\omega'(t-\tau) d\tau \tag{2-3-12}$$

$$\dot{x}(t) = -\int_0^t \ddot{x}_g(\tau) e^{-\xi\omega(t-\tau)} \left[\cos\omega'(t-\tau) - \frac{\zeta}{\sqrt{1-\zeta^2}}\sin\omega'(t-\tau)\right] d\tau \tag{2-3-13}$$

$$\ddot{x}_g(t) + \ddot{x}(t) = \omega' \int_0^t \ddot{x}_g(\tau) e^{-\xi\omega(t-\tau)} \left[\left(1 - \frac{\zeta^2}{1-\zeta^2}\right)\sin\omega'(t-\tau) + \frac{2\zeta}{\sqrt{1-\zeta^2}}\cos\omega'(t-\tau)\right] d\tau \tag{2-3-14}$$

上述各式表示的是单自由度体系的弹性地震响应。

3.2.2 地震动反应谱

1) 定义与计算

结构抗震设计结果由地震响应的最大值控制。因此,对于设计而言,确定结构的最大相对位移 S_d、最大相对速度 S_v、最大绝对加速度 S_a 十分重要。根据式(2-3-12)~式(2-3-14)可以得到这几个量的计算式:

$$S_d = \frac{1}{\omega'} \left| \int_0^t \ddot{x}_g(\tau) e^{-\xi\omega(t-\tau)} \sin\omega'(t-\tau) d\tau \right|_{\max} \tag{2-3-15}$$

$$S_v = \left| \int_0^t \ddot{x}_g(\tau) e^{-\xi\omega(t-\tau)} \left[\cos\omega'(t-\tau) - \frac{\zeta}{\sqrt{1-\zeta^2}}\sin\omega'(t-\tau)\right] d\tau \right|_{\max} \tag{2-3-16}$$

$$S_a = \omega' \left| \int_0^t \ddot{x}_g(\tau) e^{-\xi\omega(t-\tau)} \left[\left(1 - \frac{\zeta^2}{1-\zeta^2}\right)\sin\omega'(t-\tau) + \frac{2\zeta}{\sqrt{1-\zeta^2}}\cos\omega'(t-\tau)\right] d\tau \right|_{\max} \tag{2-3-17}$$

对于特定的 $\ddot{x}_g(t)$,上述三式各量是阻尼比 ζ 和结构周期 T 的函数,改变 ζ 和 T 可以得到一系列 S_d、S_v 和 S_a 曲线,分别称为相对位移反应谱、相对速度反应谱、绝对加速度反应谱,或分别简称位移反应谱、速度反应谱、加速度反应谱。比较位移反应谱、速度反应谱和加速度反应谱计算式,不难得到它们之间的近似关系。当阻尼比很小时,忽略阻尼比变化对结构地震响应的影响,上述三式可近似地按下式计算:

$$S_d = \frac{1}{\omega} \left| \int_0^t \ddot{x}_g(\tau) e^{-\xi\omega(t-\tau)} \sin\omega'(t-\tau) d\tau \right|_{\max} \tag{2-3-18}$$

$$S_v = \left| \int_0^t \ddot{x}_g(\tau) e^{-\xi\omega(t-\tau)} \cos\omega(t-\tau) d\tau \right|_{\max} \tag{2-3-19}$$

$$S_a = \omega \left| \int_0^t \ddot{x}_g(\tau) e^{-\xi\omega(t-\tau)} \sin\omega(t-\tau) d\tau \right|_{\max} \tag{2-3-20}$$

由于反应谱只取最大值,上式中的正弦和余弦没有区别,因此可以得到如下的近似关系:

$$S_d \approx \frac{1}{\omega} S_v = \frac{T}{2\pi} S_v \tag{2-3-21}$$

$$S_a \approx \omega S_v = \frac{2\pi}{T} S_v \tag{2-3-22}$$

2) $S_a(T)$ 的意义与影响因素

反应谱反映了周期不同的结构在地震荷载作用下的最大响应,在桥梁结构抗震设计中十分有用,它描述了地震运动对结构响应大小的影响,特别是单自由度线性结构受到的最大地震作用可以从加速度反应谱曲线直接计算得到,即:

$$F_{max} = m \left| \ddot{x} + \ddot{x}_g \right|_{max} = \frac{S_a}{g} W \tag{2-3-23}$$

式中,g 表示重力加速度;W 表示物体的自重。

(1) 体系阻尼比

一般,体系阻尼比越小,结构体系地震动加速度反应越大,地震动加速度反应谱值越大,如图 2-3-3 所示。

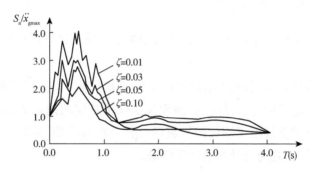

图 2-3-3　阻尼比对地震动加速度反应谱的影响

(2) 地震动

地震动记录不同,地震动反应谱也不同,即不同的地震动有不同的地震反应谱,或者说地震反应谱总是与一定的地震动相对应。因此,影响地震动的各种因素也将影响地震动反应谱。地震动特性有三个表征要素,即振幅、频谱和持时。

① 振幅。

由于单自由度体系振动系统为线性系统,地震动振幅对地震反应谱的影响将是线性的。地震动振幅越大,地震动反应谱值也越大,且它们之间呈线性比例关系。因此,地震动振幅仅对地震反应谱值大小有影响。

② 频谱。

地震动频谱反映了地震动不同频率简谐运动的构成。由共振原理知,地震动反应谱的峰将分布在地震动的主要频率成分段上。因此,地震动的频谱不同,地震动反应谱的峰的位置也将不同。图 2-3-4 和图 2-3-5 分别是不同场地、不同震中距条件下的地震动反应谱,反映了场地越软和震中距越大,地震动主要频率成分越小(或主要周期成分越长),地震动反应谱的峰对应的周期也越长。可见,地震动频谱对地震动反应谱的形状有影响。因此,影响地震动频谱的各种因素,如场地条件、震中距等,均对地震动反应谱有影响。

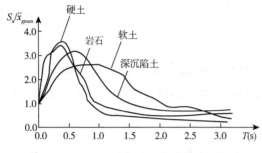

图 2-3-4 不同场地条件下的地震动反应谱

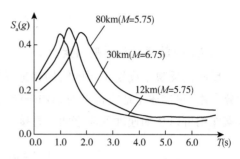

图 2-3-5 不同震中距条件下的地震动反应谱

③持时。

持时即地震动持续时间,会影响单自由度体系地震反应的循环往复次数,一般对单自由度体系最大反应或地震动反应谱影响不大。

3.2.3 设计加速度反应谱

单自由度体系水平地震作用 F 可以由地震动加速度反应谱直接计算:

$$F = mS_a(T) \tag{2-3-24}$$

但是对于不同的地震动记录,地震动加速度反应谱不同。当进行结构抗震设计时,由于无法确定今后发生的地震的地震动时程,因而无法确定相应的地震动加速度反应谱。可见将地震动加速度反应谱直接用于结构的抗震设计有一定的困难,需要专门研究可供结构抗震设计使用的反应谱,称之为设计加速度反应谱。

将式(2-3-24)改写为:

$$F = mg \frac{|\ddot{x}_g|_{max}}{g} \cdot \frac{S_a(\zeta,T)}{|\ddot{x}_g|_{max}} = \frac{G}{g}k\beta(\zeta,T) \tag{2-3-25}$$

式中,G 表示体系的重量;k 表示地震系数;$\beta(\zeta,T)$ 表示动力系数。

1)地震系数

地震系数定义为:

$$k = \frac{|\ddot{x}_g|_{max}}{g} \tag{2-3-26}$$

通过地震系数可将地震动振幅对地震动反应谱的影响分离出来。一般,地面运动加速度峰值越大,地震烈度越大,即地震系数与地震烈度之间有一定的对应关系。根据统计分析,烈度每增加一度,地震系数大致增加 1 倍。地震系数与基本烈度的对应关系见表 2-3-1。

地震系数 k 与基本烈度的对应关系 表 2-3-1

基本烈度	Ⅵ	Ⅶ	Ⅷ	Ⅸ
地震系数 k	0.05	0.10(0.15)	0.20(0.30)	0.40

注:括号内、外的数值分别适用于设计基本地震动加速度为 $0.15g$ 和 $0.30g$ 的地区。

2)动力系数

动力系数的定义为:

$$\beta(\zeta,T) = \frac{S_a(\zeta,T)}{|\ddot{x}_g|_{max}} \quad (2\text{-}3\text{-}27)$$

即体系最大加速度反应与地面最大加速度之比,意义为体系加速度放大系数。$\beta(\zeta,T)$ 实质为规则化的地震反应谱。地震动记录 $|\ddot{x}_g|_{max}$ 不同时,$S_a(\zeta,T)$ 不具有可比性,但 $\beta(\zeta,T)$ 却具有可比性。

为了让动力系数能用于结构抗震设计,采取以下措施:
①取确定的阻尼比 $\zeta = 0.05$。
②根据场地、震中距将地震动记录分类。
③计算每一类地震动记录动力系数的平均值,即:

$$\bar{\beta}(T) = \frac{\sum_{i=1}^{n}\beta_i(T)\big|_{\zeta=0.05}}{n} \quad (2\text{-}3\text{-}28)$$

上述措施同时考虑了阻尼比对地震反应谱的影响、地震动频率的主要影响因素以及地震类别相同的不同地震动记录的地震反应谱的差异性,由此得到的 $\bar{\beta}(T)$ 经过平滑后如图 2-3-6 所示。图中的 T_g 为特征周期,与场地条件与地震动强度分组有关,按照表 2-2-13 确定,T 为结构自振周期。

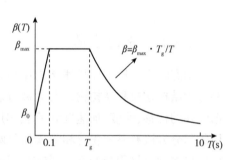

图 2-3-6 动力系数谱曲线

3)水平设计加速度反应谱

根据《公路桥梁抗震设计规范》(JTG/T 2231-01—2020),水平设计加速度与动力系数的关系如下:

$$S(T) = gk\bar{\beta}(T) = A\bar{\beta}(T) \quad (2\text{-}3\text{-}29)$$

式中,A 为水平向基本地震动峰值加速度。

$S(T)$ 称为水平设计加速度反应谱。由于 $S(T)$ 与 $\bar{\beta}(T)$ 仅相差一个系数,因此 $S(T)$ 的形状与 $\bar{\beta}(T)$ 相同,如图 2-2-2 所示。

阻尼比 $\zeta = 0.05$ 的水平设计加速度反应谱 S 由下式确定:

$$S = \begin{cases} S_{max}(5.5T+0.45) & T<0.1\text{s} \\ S_{max} & 0.1\text{s} \leq T<T_g \\ S_{max}(T_g/T) & T \geq T_g \end{cases} \quad (2\text{-}3\text{-}30)$$

式中,S_{max} 表示水平加速度反应谱最大值,由式(2-2-2)确定。

4)竖向设计加速度反应谱

《公路桥梁抗震设计规范》(JTG/T 2231-01—2020)按照两种场地条件(即基岩与土层场

地)规定了竖向和水平反应谱比函数。基岩场地对应于Ⅰ类场地,土层场地包括Ⅱ、Ⅲ、Ⅳ类场地。谱比曲线用三段表示,短周期段取一直线,长周期段也取一直线,二者之间用斜线相连,即竖向设计加速度反应谱由水平设计加速度反应谱乘以式(2-3-31)和式(2-3-32)给出的竖向和水平反应谱比函数 R 得到。

对于基岩场地:
$$R = 0.65 \tag{2-3-31}$$

对于土层场地:
$$R = \begin{cases} 1.0 & T < 0.1\text{s} \\ 1.0 - 2.5(T - 0.1) & 0.1\text{s} \leq T < 0.3\text{s} \\ 0.5 & T \geq 0.3\text{s} \end{cases} \tag{2-3-32}$$

3.3 动态时程分析法

3.3.1 分析步骤

动态时程分析可以描述结构在动力荷载作用下的结构反应情况,对大跨度桥梁来说主要分为结构建模和结构输入两大部分。动态时程分析法常采用直接积分法进行求解,即根据已知的位移、速度、加速度和荷载作用,从前一个时刻计算下一时刻的地震响应。目前常用的积分方法有显式积分和隐式积分两种。由于位移、速度和加速度之间不同的假定关系,衍生出多种直接积分的方法,如中心差分法、Wilson θ 法和 Newmark-β 法等,其中 Wilson θ 法和 Newmark-β 法应用最广。

动态时程分析法的优点是概念明确,既可以做线性分析,又可以做弹塑性动态分析,缺点是计算结果过度依赖加速度时程曲线,离散性很大,为了得到可靠的计算结果,通常需要计算许多时程样本并加以统计平均,需要进行大量的计算。另外,动态时程分析法考虑的地面运动非一致性也非常有限,除了能考虑行波效应,并不能很好地考虑其他的空间变化特性。因此,大多数国家的抗震设计规范仅要求对重要、复杂以及大跨度桥梁结构抗震设计采用时程分析法,对中小跨度桥梁仍采用反应谱法进行分析。

动态时程分析法的分析步骤分为以下几步:
①选定合适的地震动加速度时程。
②利用多节点多自由度的有限元动力计算模型建立地震振动方程。
③采用逐步积分法对振动方程进行求解。
④计算地震过程中任一时刻结构的位移、速度和加速度反应。

利用上述几步,可将地震作用下结构的线性和非线性阶段的内力变化、结构开裂直至破坏的全过程分析出来。

3.3.2 地震动加速度时程的选取

加速度峰值大小、波形和强震持续时间是选择加速度时程的三个重要考虑因素。当前,规范标准化地震动加速度时程、人工地震动加速度时程和直接利用强震记录是地震动加速度时程选择的三种主要方法。

规范标准化地震动加速度时程由相关规范提供,例如日本桥梁抗震规范提供了18组可选用的人工地震动加速度时程记录。

人工地震动加速度时程主要以规范设计反应谱为目标拟合而成或者对桥梁所在场地进行地震安全性评价这两种方法生成,其原理是根据随机振动理论产生符合所需统计特征(峰值、波形和持续时间)的地震动加速度时程。

利用天然强震记录时需注意以下几点:第一,天然强震记录加速度峰值需符合桥址场地的设防要求,当选择的强震地震波的加速度峰值与抗震设防对应的加速度峰值不同时,需调整强震记录直到与加速度峰值相当。第二,地震波的主要周期应当接近桥梁所在区域场地的卓越周期,地震波的卓越周期是指反应谱峰值区段所对应的周期,卓越周期可以通过拉伸或压缩地震记录时间轴的方法来进行调整,以接近桥梁所在场地的卓越周期。第三,优先考虑持续时间较长的地震记录,地震动的持续时间在很大程度上反映地震释放能量的大小,确定地震动的持续时间时,应当使地震记录最强烈的部分包含在所选择的持续时间内。直接利用天然强震记录的最佳选择当属获得桥梁所在区域场地附近同类地质条件下的强震记录。

3.3.3 动态时程分析常用积分方法简介

动态时程分析法是将地震记录作用在结构上,直接对结构运动方程积分,由此获得结构在任意时刻的地震反应。动态时程分析法分为线性和非线性动态时程分析。一致地震动输入下,多质点体系的振动方程为:

$$M\ddot{\delta}+C\dot{\delta}+K\delta=-MI\ddot{\delta}_g(t) \quad (2\text{-}3\text{-}33)$$

式中,M 表示质量矩阵;C 表示阻尼矩阵;K 表示刚度矩阵;δ 表示位移列向量;$\dot{\delta}$ 表示速度列向量;$\ddot{\delta}$ 表示加速度列向量;$\ddot{\delta}_g(t)$ 表示地震动加速度时程列向量;I 为惯性力影响矩阵。

当考虑结构的非线性特性时,上式应写成增量形式:

$$M\Delta\ddot{\delta}+C\Delta\dot{\delta}+K\Delta\delta=-MI\Delta\ddot{\delta}_g(t) \quad (2\text{-}3\text{-}34)$$

式中,$\Delta\delta$ 表示时间 t 的函数,指在每一微小的时间步长内,质点对地面的相对位移增量矢量。

上述直接积分方法由于没有应用叠加原理,适合线性及非线性地震反应分析。此外,还可以通过振型分解法对多自由度体系进行线性地震分析。振型分解法将线性多自由度质点体系的复杂振动分解为各个振型的独立振动,可得振型 i 对应的振动方程:

$$\ddot{Y}_i(t)+2\xi_i\omega_i\dot{Y}_i(t)+\omega_i^2Y_i(t)=-\gamma_i\ddot{\delta}_g(t) \quad (2\text{-}3\text{-}35)$$

式中,$Y_i(t)$ 为与时间相关的振型坐标,是一种广义坐标;γ_i 为振型参与系数。

采用前述各种积分方法对这一振动方程进行求解,得出各个振型的广义函数 $Y_i(t)$,代入下式即可得到结构的时程反应 $\delta_g(t)$:

$$\delta_g(t) = \sum_{i=1}^{n} \phi_i Y_i(t) \tag{2-3-36}$$

这种时程反应分析方法跟反应谱法一样,都需要选择计算的振型阶数,不同之处在于时程分析法针对每一时刻的各振型、各方向的反应进行叠加,消除了反应谱方向组合和振型组合带来的误差。对于一般的桥梁工程,利用振型分解法可以计算少量振型的反应得到结构的反应时程,且不用建立阻尼矩阵、采用各阶振型等阻尼比假定,避免了建立瑞利阻尼矩阵时两阶控制振型的选择。此外,该计算方法只适合采用比例阻尼矩阵的结构线弹性时程分析。

3.4 功率谱法

3.4.1 简介

我国桥梁结构抗震体系主要有延性抗震体系和减隔震体系。地震作用下,桥梁的耗能部位位于桥墩上的属于延性抗震体系,主要通过桥墩的弹塑性变形来耗散地震能量。桥梁的耗能部位位于桥梁上、下部连接构件的属于减隔震体系,包括采用减隔震支座的桥梁和在上、下部结构之间提供耗能装置来将上部结构地震惯性力传递到下部结构的桥梁。减隔震体系桥梁的抗震设防目标要求桥梁墩柱保持弹性,墩梁连接处的减隔震支座进入塑性阶段并耗散地震能量,是一个局部非线性问题,其抗震分析可以采用非线性时程法,在满足一定条件时也可采用等效线性化方法。等效线性化方法使用弹性反应谱,计算方便,应用较为普遍,研究重点和难点是等效刚度、等效阻尼比这些等效参数的确定,以及多个振型组合阻尼比对反应谱的修正,国内外学者对其开展了大量研究。美国的隔震桥梁抗震设计规范 *Guide Specifications for Seismic Isolation Design* (2010)对反应谱法的等效线性化计算方法给出了详细的规定。

非线性时程法计算得到的是特定地震动输入下的结构响应,即使在具有相同反应谱的地震波(地震波反应谱同目标谱误差在 5% 以内)作用下,其非线性时程反应计算结果离散性也可能较大。结构位移反应与瞬时输入能量关系密切,结构阻尼形式的选取对计算结果影响很大,而且需进行多组地震波计算分析才能得到较为可靠的结果,计算量大、耗时多。

3.4.2 分析步骤

1) 计算与设计加速度反应谱相匹配的设计加速度功率谱

《公路桥梁抗震设计规范》(JTG/T 2231-01—2020)规定由设计加速度反应谱计算与之相匹配的设计加速度功率谱,公式如下:

$$S_a(\omega) = \frac{T\xi}{\pi^2} \frac{S^2}{\ln\left[\left(-\frac{T}{2T_d}\ln p\right)^{-1}\right]} \tag{2-3-37}$$

式中,S_a 表示设计加速度单边功率谱;S 表示设计加速度反应谱值;p 表示不超越概率,指工程场地可能遭遇小于给定的地震烈度值或地震动参数值的概率,取 0.5;T_d 表示地震动持续时间;ξ 表示阻尼比;T 表示周期;ω 表示圆频率。

2) 计算隔震桥梁等效刚度和等效阻尼比

以隔震桥梁常用的铅芯橡胶支座为例,其等效刚度 K_{eff} 和等效阻尼比 ξ_{eff} 分别为:

$$K_{eff} = \frac{F_d}{D_d} = \frac{Q_d}{D_d} + K_d \quad (2-3-38)$$

$$\xi_{eff} = \frac{2Q_d(D_d - \Delta_y)}{\pi D_d^2 K_{eff}} \quad (2-3-39)$$

式中,F_d 表示支座剪力;D_d 表示水平变形;Δ_y 表示屈服位移;Q_d 表示特征强度;K_d 表示屈服后刚度。

支座恢复力模型见图 2-3-7,图中 F_y 表示支座屈服力。

隔震桥梁全桥等效阻尼比为:

$$\xi_{eq} = \frac{2\sum[Q_{d,i}(d_i - \Delta_{y,i})]}{\pi \sum[K_{eq,i}(d_i + d_{p,i})^2]} \quad (2-3-40)$$

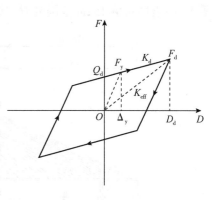

图 2-3-7 铅芯橡胶支座的恢复力模型

式中,ξ_{eq} 表示全桥等效阻尼比;$K_{eq,i}$ 表示第 i 个桥墩、桥台与隔震支座等效弹簧串联后的组合刚度值;$d_{p,i}$ 表示第 i 个桥墩、桥台的顶部水平位移;d_i 表示第 i 个桥墩、桥台上的隔震支座的水平位移;$\Delta_{y,i}$ 表示第 i 个桥墩、桥台上的隔震支座的屈服位移;$Q_{d,i}$ 表示第 i 个桥墩、桥台上的隔震支座的特征强度。

3) 功率谱法地震响应分析的迭代计算

考虑到减隔震装置进入屈服阶段后的非线性特性,采用功率谱法进行抗震分析实际上是一种等效线性化计算方法,应当采用等效刚度、等效阻尼比和经全桥等效阻尼比修正后的设计加速度功率谱进行计算。由于等效刚度和等效阻尼比与支座水平位移相关,而支座水平位移在分析前是未知的,因此,必须进行迭代计算,具体过程如下:

①建立结构有限元计算模型。开始迭代时,各支座刚度可取屈服前初始刚度 $K_{1,i}$,全桥等效阻尼比 ξ 取 5%,设计加速度功率谱按式(2-3-37)计算。

②按功率谱法进行抗震计算,得到各支座位移 d_i 和墩顶位移 $d_{p,i}$ 等,按式(2-3-38)和式(2-3-39)分别计算各支座等效刚度 $K_{eff,i}$ 和等效阻尼比,按式(2-3-40)计算全桥等效阻尼比 ξ_{eq}。

③根据全桥等效阻尼比 ξ_{eq},修正设计加速度功率谱。1.25 倍一阶模态频率及以下的功率谱值使用全桥等效阻尼比修正,得到相应于全桥等效阻尼比的设计加速度功率谱,重新进行抗震计算。比较计算得到的各支座位移 d_i、墩顶位移 $d_{p,i}$ 跟上一次计算结果的差异,如两者相差大于 3%,则返回第②步,用新的支座位移 d_i、墩顶位移 $d_{p,i}$ 替代上一次的值,重新计算各支座等效刚度、等效阻尼比和全桥等效阻尼比,并进行迭代计算,直至计算出的位移结果和上一次的计算值之间的误差在 3% 以内时,迭代计算结束。

3.5 抗震分析示例

3.5.1 基本资料

本示例参考主跨 1088m 的苏通长江公路大桥,其总体布置如图 2-3-8 所示。主梁采用受力性能好、造型美观的扁平闭口钢箱梁。为了提高主梁的抗屈曲能力,在钢箱梁顶板、底板和腹板均设置加劲肋,其中顶板和底板为 U 形加劲肋,腹板为平板加劲肋。钢箱梁内设置了横隔板,其标准间距为 400cm,板厚 10mm,在拉索锚固区板厚为 16mm。考虑结构受力的需要,在索塔每侧 152m 范围内对主梁进行截面加强,主梁截面如图 2-3-9 所示。

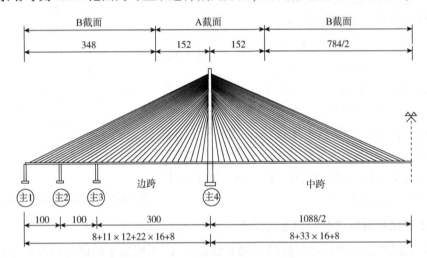

图 2-3-8 斜拉桥总体布置图(尺寸单位:m)

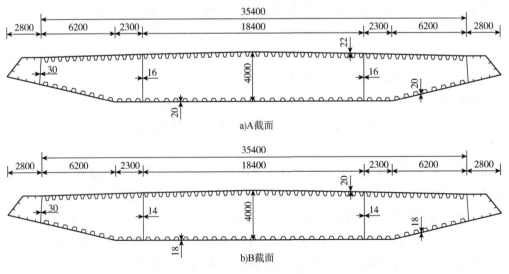

图 2-3-9 钢主梁截面图(尺寸单位:mm)

主塔纵向采用独柱型,横向为倒 Y 形,塔高 300.4m。塔柱为箱形截面,上塔柱为对称单箱单室,外形尺寸由 900cm×800cm 变化到 1080cm×1740cm,截面厚度在斜拉索锚固面由 100cm 增加到 120cm,非锚固面由 120cm 增加到 180cm。中、下塔柱为单箱单室截面,外形尺寸由 1080cm×650cm 变化到 1500cm×800cm,壁厚锚固面由 120cm 增加到 150cm、非锚固面由 120cm 增加到 150cm。主塔及其截面如图 2-3-10 所示。

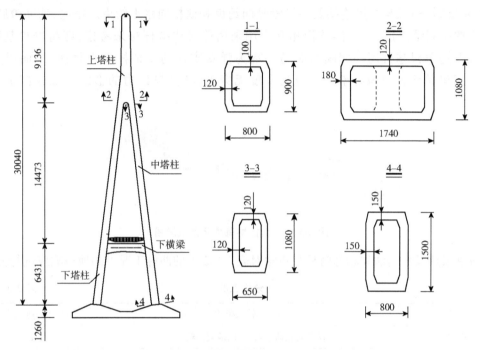

图 2-3-10　主塔及截面(尺寸单位:cm)

斜拉索采用 1770MPa 平行钢丝,最大规格为 PES7-313,中跨和边跨钢箱梁顺桥向的标准梁段索距为 16m,边跨尾索区的标准索距取 12m,拉索平面内按扇形布置,立面采用空间双索面,每个索面由 34 对拉索组成,全桥共 4×68 根斜拉索,拉索的截面面积如图 2-3-11 所示。

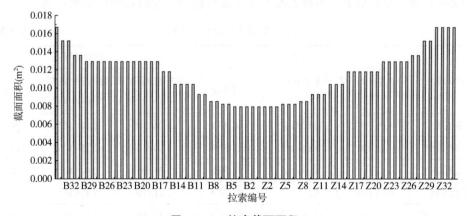

图 2-3-11　拉索截面面积

注:B 为边跨、Z 为主跨。

3.5.2 有限元模型

斜拉桥有限元模型如图 2-3-12 所示。模型中,主塔、墩和主梁均采用梁单元,主梁采用鱼刺梁模型,拉索采用桁架单元,索的垂度效应通过 Ernst 修正的等效弹性模量来考虑,拉索与主梁之间通过刚性连接相连。主塔与主梁之间仅设置横桥向水平约束(全飘浮体系)。辅助墩、边墩与主梁连接处均设置竖向约束和横桥向水平约束。塔底、辅助墩底、过渡墩底按照固结模拟。桩-土-结构相互作用采用等代比拟杆法来考虑,即将群桩基础中地面以下的单根基桩用一端固结而另一端为弹簧支撑的比拟杆件来替换,地面以上的基桩采用梁单元来模拟。承台假设为刚度无穷大,其重量以力的形式施加在群桩基础顶端。

图 2-3-12 斜拉桥有限元模型简图

分别采用反应谱法和动态时程分析法对表 2-3-2 中的两种工况下的地震响应进行分析。

分析工况　　　　　　　　　　　　　　　　　表 2-3-2

工况号	地震动输入模式	100 年超越概率
工况 1	纵向地震动输入+竖向地震动输入	10%
工况 2	横向地震动输入+竖向地震动输入	10%

3.5.3 分析结果对比

表 2-3-3~表 2-3-6 给出了两种工况下反应谱分析结果与时程分析结果对比。

内力计算结果对比(工况 1)　　　　　　　　　　表 2-3-3

截面位置	轴力			顺桥向弯矩		
	反应谱分析结果 (kN)	时程分析结果 (kN)	百分比	反应谱分析结果 (kN·m)	时程分析结果 (kN·m)	百分比
主塔柱底	8.08×10⁴	6.66×10⁴	82.43%	3.04×10⁶	2.88×10⁶	94.74%
主梁主跨跨中	3.27×10³	3.64×10³	111.31%	1.80×10⁴	2.15×10⁴	119.44%
主梁边跨跨中	1.04×10⁴	9.73×10³	93.56%	2.64×10⁴	2.01×10⁴	76.14%
主塔处主梁	9.67×10³	9.28×10³	95.97%	1.41×10⁴	8.47×10³	60.07%
主 2 号墩顶主梁	3.80×10³	2.70×10³	71.05%	5.40×10⁴	3.15×10⁴	58.33%
主 3 号墩顶主梁	7.89×10³	7.19×10³	91.13%	8.54×10⁴	7.43×10⁴	87.00%

内力计算结果对比（工况2）　　表2-3-4

截面位置	轴力			横桥向弯矩		
	反应谱分析结果（kN）	时程分析结果（kN）	百分比	反应谱分析结果（kN·m）	时程分析结果（kN·m）	百分比
主塔柱底	3.06×10^5	2.68×10^5	87.58%	1.44×10^6	1.27×10^6	88.19%
主梁主跨跨中	3.21×10^3	2.63×10^3	81.93%	5.99×10^5	6.54×10^5	109.18%
主梁边跨跨中	3.86×10^3	3.41×10^3	88.34%	4.59×10^5	4.01×10^5	87.36%
主塔处主梁	4.28×10^3	3.78×10^3	88.32%	6.39×10^5	5.76×10^5	90.14%
主2号墩顶主梁	1.58×10^3	1.41×10^3	89.24%	2.12×10^5	1.42×10^5	66.98%
主3号墩顶主梁	2.94×10^3	2.98×10^3	101.36%	2.34×10^5	2.31×10^5	98.72%

位移计算结果对比（工况1）　　表2-3-5

截面位置	竖向位移			顺桥向位移		
	反应谱分析结果（m）	时程分析结果（m）	百分比	反应谱分析结果（m）	时程分析结果（m）	百分比
主塔柱顶	0.0060	0.0050	83.50%	1.2190	1.1200	91.88%
主梁主跨跨中	0.2520	0.3150	125.00%	1.1080	1.0600	95.67%
主梁边跨跨中	0.3760	0.3469	92.26%	1.1160	1.0686	95.75%
主梁梁端	0.0010	0.0008	79.20%	1.1120	1.0605	95.37%

位移计算结果对比（工况2）　　表2-3-6

截面位置	竖向位移			横桥向位移		
	反应谱分析结果（m）	时程分析结果（m）	百分比	反应谱分析结果（m）	时程分析结果（m）	百分比
主塔柱顶	0.0050	0.0042	84.20%	0.1260	0.1090	86.51%
主梁主跨跨中	0.2520	0.3150	125.00%	1.0800	1.1600	107.41%
主梁边跨跨中	0.0820	0.1002	122.24%	0.1720	0.1983	115.28%

从表中可以看出：

①两种工况下，主塔控制截面的动态时程分析结果均大于反应谱分析结果的80%。主梁控制截面除少数位置的动态时程分析结果小于反应谱分析结果的80%，其余多数位置的动态时程分析结果均大于反应谱分析结果的80%。因此，可以认为动态时程分析结果满足规范规定的不小于反应谱分析结果的80%的要求。

②两种工况下，反应谱法和动态时程分析法计算结果存在一定的差异，但相差不大，其中，反应谱法计算结果在多数位置大于对应的时程分析法计算结果。因此，反应谱法分析结果偏于保守。

思考题与习题

①结构的地震响应与哪些因素有关？
②迄今可用的抗震设计理论有哪几类？它们各自有什么优缺点？
③什么是基于结构性能的抗震设计理论阶段？
④基于结构性能的抗震设计理论的主要内容有哪些？
⑤什么是地震动反应谱？什么是设计反应谱？它们之间有何关系？
⑥影响地震动反应谱的因素有哪些？
⑦地震动有哪些特性？
⑧多自由度体系的弹性地震反应分析与单自由度体系有什么不同？
⑨如何得到多自由度体系的设计加速度反应谱？
⑩为什么要考虑竖向地震作用？
⑪什么是动态时程分析法？说明动态时程分析法的步骤。
⑫动态时程分析中如何选用地震动加速度时程？

第4章
桥梁减隔震设计

在地震作用下，传统的结构设计方法是抗震，即主要考虑如何为结构提供可以抵抗地震作用的能力。一般来说，正确的抗震设计可以保证结构安全、防止结构倒塌，而结构构件的损伤是不可避免的。但是，在有些情况下，靠结构自身抵抗地震作用是非常困难的，并且要付出很大代价。因此，必须寻求有效的抗震手段，如结构控制技术。

结构控制技术是工程抗震研究的热点之一。这种技术在工程结构的特定部位装设某种装置（如耗能支座等）或某种子结构（如调频质量阻尼器等）或施加外力（外部能量输入），以改变或调整结构的动力特性或动力作用，确保结构本身及其各种附属结构物的安全。结构控制技术的应用，不仅可以提高结构的抗震性能，还可以节省造价，在有些情况下，还是解决实际结构抗震问题的有效途径。结构控制技术可以分为被动控制、主动控制及混合控制。目前，发展相对成熟、实际应用较为广泛的减隔震技术从性质上来说是被动控制技术的一种。

减隔震技术是一种简便、经济、先进的工程抗震手段。减震是利用特制减震构件或装置使其在强震时率先进入塑性状态，产生大阻尼，大量消耗进入结构体系的能量。隔震是利用隔震体系，设法阻止地震能量进入主体结构。在实践中，常常把这两种技术体系合二为一，通过选择适当的减隔震装置并设置合理的安装位置，可以达到控制结构内力分布与大小的目的。

4.1 减隔震技术的原理

4.1.1 减隔震技术的工作机理

结构对地震的反应有两个基本规律：

①地震动的频率成分非常复杂，但地震能量一般集中在一个频率范围内。当结构的自振周期和地震的卓越周期接近时，共振现象会使结构的地震反应放大，从而引起结构比较严重的破坏。但也有一些结构，虽然结构周期与地震的卓越周期接近，微震后却能幸存。其原因在于，结构发生塑性变形后，周期延长，从而避开了地震能量集中的频率范围，使得地震反应大大减小。

②结构的阻尼越大，结构的地震反应越小，因为阻尼使振动系统能量耗散。

减隔震技术正是利用了结构地震反应的这两个基本规律。一方面，引入柔性装置来延长结构的基本周期，以避开地震能量集中的周期范围，从而降低结构的地震力，见图2-4-1。

现行桥梁抗震设计规范根据不同的地震分区(组)以及场地类别,给出了不同的设计反应谱特征周期T_g,其取值范围为$0.25 \sim 0.90s$。从$0.1s$至特征周期T_g,反应谱放大系数逐渐取得最大值,之后就慢慢衰减。但是,通过延长结构周期来减小地震力,必然伴随着结构位移的增大(图2-4-2),可能造成结构设计上的困难。为了控制过大变形,可以在结构中引入阻尼装置,增大结构的阻尼,耗散输入的地震能量,从而减小结构的位移,还可以减小结构的动力加速度,图2-4-1和图2-4-2直观地显示了这一点。此外,由于结构较柔,在正常使用荷载(如风荷载、车辆制动力等)作用下结构可能会发生过大变形,因此,必须保证正常使用荷载下结构所需要的刚度。

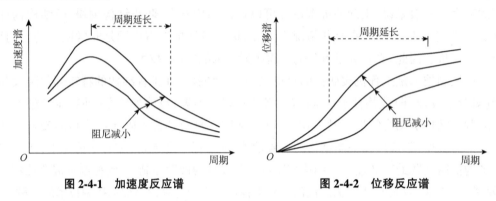

图 2-4-1　加速度反应谱　　　　　图 2-4-2　位移反应谱

4.1.2　功能要求

桥梁的减隔震系统应满足以下四个基本功能:

①柔性支承。柔性支承应当具有一定的柔度,用来延长结构体系的自振周期,把地面振动隔离开来,有效地减小结构的加速度反应。

②阻尼、耗能装置。阻尼、耗能装置应当具有一定的耗能能力,减小支承面处的相对变形,以便将位移控制在设计允许的范围内。

③一定的刚度、屈服力。在正常使用荷载(如风荷载、制动力等)或者微地震作用下,体系有足够的弹性刚度,结构不发生屈服和有害振动,以满足正常使用要求。

④迅速复位能力。使减隔震结构体系在地震中具有瞬时自动复位功能,地震后上部结构回至初始状态,满足正常使用要求。

4.1.3　减隔震技术与延性抗震设计的比较

从抗震原理上看,减隔震技术与延性抗震设计是类似的。两者都是通过延长结构自振周期,以避开地震能量集中的周期范围,并且增大阻尼以耗散能量,达到减小地震反应的目的。但在具体实施的方法上,减隔震技术与延性抗震设计却有很大的不同,主要表现在以下两个方面:

①延性抗震设计允许很大的地震能量从地面传递到结构的重要构件上,延性抗震设计考虑的是如何为结构提供抵抗地震的能力。减隔震技术的基本目的是要大大减小传递到结

构重要构件上的地震能量,而将这一地震能量转移到减隔震装置上。

②延性抗震设计要求选定的结构构件特定部位(如梁桥桥墩墩底)先屈服,并且形成塑性铰以降低刚度、延长结构自振周期,同时利用塑性铰的滞回特性提供耗能能力(相当于增大阻尼)。因此,结构构件的损伤是不可避免的,震后的修复工作比较麻烦。减隔震技术通过设置减隔震装置来延长结构自振周期,并增大阻尼以耗散能量。因此,减隔震技术可以避免结构构件的损伤,减隔震装置发生损伤后,减隔震装置的替换比较简单。

表 2-4-1 对延性抗震设计、减隔震技术以及其他结构控制技术进行了简单的比较,从中可以看出其主要差别。

不同抗震技术的比较 表 2-4-1

基本原理	延性抗震设计	减隔震技术	其他结构控制技术
延长周期	塑性铰	柔性支承	可控制的刚度
增加阻尼	塑性铰的滞回变形	阻尼装置	可控制的阻尼

此外,在桥梁结构中使用减隔震装置的其他好处如下:

①通过合理的减隔震设计,可以改善地震力在下部结构各支座之间的分布,以保护基础、墩台等,必要时还可以保护上部结构。当减隔震装置采用的是铅芯橡胶支座或高阻尼橡胶支座等弹性约束装置时,可以给设计人员提供一种比较自由的方式来确定分配到下部结构各构件中的水平力,从而改善整个桥梁下部结构的受力。

②在正常使用条件下,有些减隔震支座由温度、收缩、徐变等变形引起的抗力很小,被城市高架桥梁中的超多跨连续梁桥采用,为减少伸缩缝的设置提供了可能,可以使连续梁桥一联的长度增加,大大改善行车条件并降低维护费用。

4.2 减隔震装置与系统

在满足结构正常使用功能的前提下,减隔震技术利用减隔震装置延长结构自振周期,消耗大量地震能量,减小结构的地震反应。因此,桥梁的减隔震设计最重要的就是要设计合理、可靠的减隔震装置,并使其在结构抗震中充分发挥作用。

4.2.1 减隔震系统的组成

由减隔震技术的原理可知,一个完善的桥梁减隔震系统包含柔性支承、阻尼装置和构造措施三部分。这三部分可以分开设置,也可以结合为一体。

1) 柔性支承

常见的柔性支承为橡胶支座。橡胶良好的弹塑性变形能力使其在地震作用下具有较好的耗能特征,因此橡胶支座是世界上应用最广、实用性最好的一种柔性支承。此外,还有其他柔性装置,如滚轴、滑板、缆索悬吊、柔性套管桩、基础提离、摆动等。

2) 阻尼装置

滞回阻尼是最有效的耗能方式,即利用材料的塑性变形来耗能。例如,由低碳钢制成的扭梁、悬臂弯曲梁等耗能装置,由铅制成的铅挤压和铅纯剪切变形装置。摩擦耗能是另一种方式,其缺点是没有自复位能力,摩擦系数不易控制,震后易存在较大的残余变形。另外,还有黏滞阻尼、液压摩擦阻尼等。各种耗能装置的滞回曲线如图 2-4-3 所示。

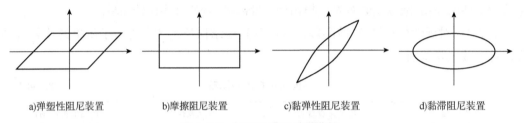

a)弹塑性阻尼装置　　b)摩擦阻尼装置　　c)黏弹性阻尼装置　　d)黏滞阻尼装置

图 2-4-3　耗能装置的滞回曲线

3) 构造措施

减隔震装置必须具有足够的柔性以延长结构自振周期,减小结构地震反应,但在运营荷载作用下,又要保证结构不发生大变形和有害振动。如果使用特殊材料的弹性支承,充分利用其剪切模量以及其他与剪切应变大小有关的性质,即在低应变时剪切模量大、在高应变时剪切模量小的特点来满足上述要求。此外,还可采用其他可破坏的约束装置,如挡块等,使它在一定水平力作用下发生破坏,以满足设计要求。

减隔震装置要发挥作用,支承以上的结构必须要有较大的自由活动空间,如果温度伸缩变形不能满足这一要求,就需要采取特殊的构造措施,如图 2-4-4 所示的"碰即脱"桥台顶块。其中,桥台顶块不与桥台主体结构相连,地震时很容易被顶开,即所谓"碰即脱",让出活动空间,桥面板向前挑出。同时,"碰即脱"桥台顶块之间设置温度伸缩缝。

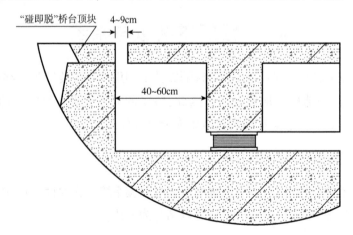

图 2-4-4　"碰即脱"桥台顶块

另一方面,采用减隔震技术的结构在地震作用下往往会产生较大的位移。由于地震动的复杂性和不确定性,这一位移很难准确估计。因此,为了防止地震时发生落梁和碰撞震害,需要设置专门的防落梁措施。

4.2.2 常用减隔震装置简介

国内外技术人员研发了许多类型的减隔震装置,有些已经被广泛应用于实际工程结构。下面简单介绍目前国内外常用的几种减隔震装置。

1) 分层橡胶支座(Laminated-Rubber Bearings)

分层橡胶支座的基本构造如图 2-4-5 所示,由薄橡胶片与薄钢板相互交替结合而成,上下有翼缘,支座平面形状多为圆形或矩形。国内常称为板式橡胶支座。大量试验表明,分层橡胶支座的滞回曲线呈狭长形,可以近似做线性处理。在抗震设计中,最关心的是橡胶支座的水平(剪切)刚度,即上、下板面产生单位位移时所需施加的水平剪力。

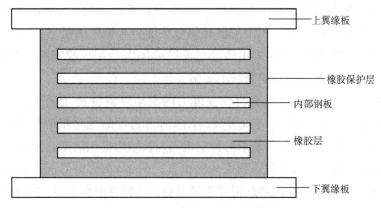

图 2-4-5 分层橡胶支座的基本构造

橡胶支座在变形过程中消耗能量,即提供阻尼。这种阻尼主要取决于橡胶层变形的速度。以天然橡胶为主要材料制作的支座,典型的阻尼比为 5%~10%。由于分层橡胶支座的阻尼小,所以,如果分层橡胶支座与阻尼器一起使用,减震效果更好。

2) 铅芯橡胶支座(Lead-Rubber Bearings)

铅芯橡胶支座是在分层橡胶支座中部插入铅芯面形成的隔震装置,如图 2-4-6 所示。铅芯具有良好的力学特性,具有较低的屈服应力(约 10MPa),具有足够高的初始剪切刚度(约为 130MPa),具有理想弹塑性性能且对塑性循环具有很好的耐疲劳性能。换句话说,铅芯能够提供地震下的耗能能力和静力荷载下所必需的剪切刚度。因此,由铅芯和分层橡胶支座结合的铅芯橡胶支座能够满足一个良好减隔震装置所应具备的要求,即:在较低水平力作用下,具有较高的初始刚度,变形很小;在地震作用下,铅芯屈服,刚度降低,延长了结构自振周期并消耗地震能量。

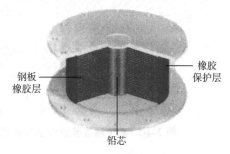

图 2-4-6 铅芯橡胶支座

铅芯橡胶支座还有一个特点:铅芯的存在使得支座的初始刚度很大,但由温度、徐变等蠕变变形引起的支座抗力仍比较低。这为铅芯橡胶支座在长跨连续梁桥中的应用提供了条件。

3) 滑动摩擦型减隔震支座(Sliding-Bearings)

滑动摩擦型减隔震支座是利用不锈钢与聚四氟乙烯材料之间滑动摩擦系数低的特点制成的,也称为聚四氟乙烯滑板支座。这种支座具有摩擦系数小、水平伸缩位移大的优点,作为桥梁活动支座十分适宜,可使桥梁上部结构变形不受限制。当温度、徐变等引起上部结构变形时,滑动摩擦型减隔震支座产生的抗力很小。聚四氟乙烯滑板与不锈钢板之间的摩擦系数通常低于0.08,涂有润滑剂时摩擦系数为0.01~0.03。

在地震作用下,滑动摩擦型减隔震支座允许上部结构在摩擦面上发生滑动,通过摩擦消耗大量的地震能量,但是,限制了上部结构传递到下部结构的地震力(最大为支座的最大摩擦力)。这类支座没有任何自复位能力,用作隔震支座时,支座响应的可预测性和可靠性都不尽如人意,因此,常与其他装置一起使用。例如:聚四氟乙烯滑板支座与钢阻尼器一起使用,所有竖向力由滑板支座承担,钢阻尼器提供复位能力和额外的阻尼;聚四氟乙烯滑板支座与分层橡胶支座联合使用,竖向力由两种支座共同承担,分层橡胶支座提供复位能力。这类装置的主要优点是对地震激励的频域不敏感。

目前,国内外已开发了六类具有自恢复能力的滑动隔震装置,应用较多的一类装置是Friction Pendulum Isolation(FPI)。FPI是将滑动支座和钟摆的概念相结合,构成的一种新型隔震装置。其滑动面是曲面,利用简单的钟摆机理延长结构自振周期,并利用结构自重提供所需的自复位能力,帮助上部结构回到原来的位置。图2-4-7给出了这种支座的构造简图,它包括一个具有球形曲面的滑块和球形铸钢滑动曲面。铸钢曲面与滑块曲面具有相同的曲率半径,可以很好地相切,因此,在竖向荷载作用下,曲面压应力均匀。支座可以在任何方向滑动,其尺寸主要由最大设计位移控制。1998年,美国加利福尼亚州的Benicia-Martinez桥(双层钢桁架桥)采用这种FPI装置进行抗震加固,其隔震结构的基本周期为5s,支座的尺寸为4.5m×4.5m,动摩擦系数为0.06,最大设计位移为1.2m,如图2-4-8所示。

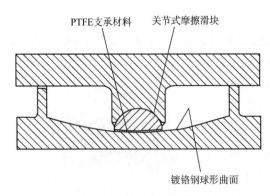

图 2-4-7 FPI 隔震装置构造示意图

图 2-4-8 FPI 支座

4) 高阻尼橡胶支座

高阻尼橡胶支座采用特殊配制的橡胶材料制作,其形状及构造与天然橡胶支座相同。但是,该橡胶材料黏性大,自身可以吸收能量,由于与耗能功能集成在一起,可以节省使用空间,施工也比较方便。需要注意的是,高阻尼橡胶支座的力学特性取决于橡胶材料的配方和制造工艺,而且对环境温度非常敏感。

5) 钢阻尼器

钢阻尼器作为结构被动控制耗能减震装置的一种,于20世纪70年代由新西兰的Kell等人首先提出。经过各国学者40多年不断的理论与试验研究,开发出各种构造形式的钢阻尼器,如图2-4-9所示。尽管钢阻尼器的几何形状多样,但耗能机理相近,按主要受力状态可分为扭转型、弯曲型、拉压型和剪切型四种类型。钢阻尼器的优点是不需要特殊的制造设备,经济合理,坚实耐用,又具有较大的耗能能力,在建筑结构中被广泛运用。

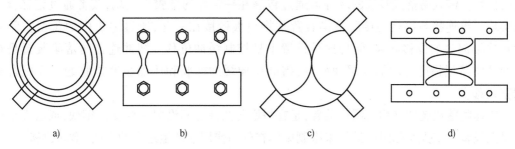

图 2-4-9 各种构造形式的金属阻尼器

但相对建筑工程而言,桥梁金属阻尼器的设置空间有限,对金属阻尼器的强度和位移能力要求较高。此外,房屋结构中使用的金属阻尼器可以采用简单的铰接模式,以满足其在一个方向发生滞回耗能作用,而在另一个正交方向起到固定约束作用。然而,桥梁横向金属阻尼器还需满足桥梁纵向的较大变形的要求,对约束方式和传力构造仍有待进一步研究。

6) 流体黏滞阻尼器

流体黏滞阻尼器基本构造如图2-4-10所示,由活塞、油缸及阻尼孔组成。这类装置利用活塞前后压力差使液体(目前大多用硅油)流过阻尼孔,产生阻尼力。图2-4-11是一个典型的油阻尼器。流体黏滞阻尼器产生的阻尼力还和温度有关,并具有方向性,而且黏滞阻尼器要求制作加工精密,对油压的调整、漏油、灰尘的侵入等问题需要采取相应的措施,体积较大时制作较为困难。

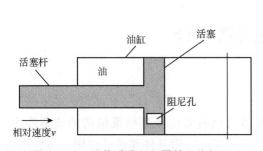

图 2-4-10 流体黏滞阻尼器的工作机理

图 2-4-11 典型的流体黏滞阻尼器

4.2.3 防落梁装置及分类

作为保护上部结构的重要构件,防落梁装置已经被广泛应用在桥梁上,特别是防落梁挡块,能够很好地限制强烈地震时上部结构的横向位移。根据工作原理,现有的防落梁装置分为连梁防落梁装置和支挡防落梁装置两大类。

在连梁防落梁装置中,根据连接方式的不同,又分为拉杆防落梁装置、链式防落梁装置、铰连接与垫板连接防落梁装置、缓冲连接防落梁装置。拉杆防落梁装置构造简单,通过活动的且有一定伸缩能力的拉杆将梁体之间、梁与桥墩或者桥台之间连接起来,防止梁体产生过大的位移。链式防落梁装置的缓冲区通过包裹在铁链外的橡胶来实现,或者通过记忆合金来实现。铰连接与垫板连接防落梁装置是将垫板铰接在一起,通过垫板中的预留空间来满足连接部分的位移需求,但是这种设置不易控制缓冲位移。缓冲连接防落梁装置是在普通的防落梁措施之间加入缓冲材料,借助拉伸缓冲橡胶和压缩缓冲橡胶的相互配合来调整位移。

支挡防落梁装置又称为限位装置,是在桥墩与梁体之间设置一些支挡钢块,或者在桥台盖梁上设置一定大小的限位挡块来限制梁体在外力作用下产生过大的纵向、横向位移。

在当前我国的桥梁建设中,比较常见的是在墩柱的盖梁两端设置防落梁横向挡块,其配筋形式主要有两种。第一种是箍筋没有完全封闭,相当于分布钢筋,这种形式的防落梁横向挡块横向抗剪能力较差,如图 2-4-12 中的 A 型挡块。第二种是较常见的箍筋构造形式,这种形式的防落梁横向挡块横向抗剪能力较好,如图 2-4-12 中的 B 型挡块。

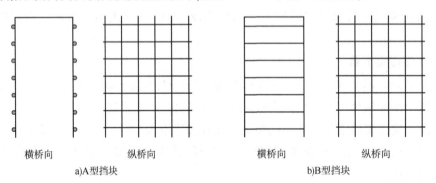

a)A型挡块 b)B型挡块

图 2-4-12 挡块箍筋常见构造形式示意图

4.3 桥梁减隔震设计

4.3.1 一般原则

科学研究和震害经验都表明,采用减隔震技术可以有效地提高桥梁结构的抗震能力。但是,减隔震技术不是在任何情况下都是有效的,有一定的适用条件和设计原则。适宜进行减隔震设计的情况有以下三种:

①桥梁上部结构为连续形式,下部结构刚度比较大,整个桥的基本周期比较短。

②桥梁下部结构的高度变化不规则、刚度不均匀,引入减隔震装置可调节各桥墩刚度,可以避免刚度较大桥墩承担很大惯性力的情况。

③场地条件较好,预期地面运动具有较高的卓越频率,长周期范围所含能量较少等。

对于以下四种状况,则不适宜采用减隔震设计:

①基础土层不稳定,易发生液化的场地。

②结构的固有周期比较长。

③位于软弱场地,延长结构自振周期可能引起共振。

④支座中出现负反力。

此外,在桥梁的减隔震设计中还应注意以下几点。在不同水准地震作用下,减隔震支座都应保持良好的竖向荷载支承能力。桥梁减隔震支座应具有足够的刚度和屈服强度,以避免在正常使用条件下出现因风荷载、制动力等引起的有害振动。相邻上部结构之间应设置足够的间隙,以适应梁体的位移。桥梁的其他抗震措施不得妨碍桥梁的正常使用以及减隔震装置作用的发挥。减隔震装置的构造应尽可能简单、性能可靠,且对环境温度变化不敏感,应将重点放在提高耗能能力和分散地震力上,不可过分追求加长周期。应考虑隔震装置的可替换性,并进行定期的维护和检查。

4.3.2 布置位置

桥梁减隔震装置的布置位置有以下两种情况。

1) 布置在桥墩顶部

减隔震装置布置在桥墩顶部,起到减小上部结构惯性力的作用。在地震作用下,桥梁结构的惯性力主要集中在上部结构,桥梁类似于一个倒摆结构。这时,通过在上、下部结构之间引入减隔震装置,可以有效地降低上部结构的惯性力,达到保护桥墩、基础等下部结构的目的。采用墩顶隔震并没有隔绝地面运动,这时的桥墩就像一个顶部受到某种附加约束的独立结构一样对地震产生响应。因此,计算桥墩地震力时,必须考虑桥墩的质量和它自身的振动模态。从目前已建成的减隔震桥梁来看,减隔震装置大多数设置在桥墩顶部,这是由于普通桥梁也要使用支座,采用桥墩顶部减隔震,只需用隔震支座代替普通支座即可,这样比较经济可行。

2) 布置在桥墩底部

减隔震装置布置在桥墩底部,这种布置类似于建筑结构基础隔震,可以较大幅度地减小整个结构的动力响应。对于桥墩较高且质量比较大、自身振动特性控制其设计的情况,当场地等条件允许时,可以考虑在桥墩底部引入减隔震装置。通常较少采用在墩底进行减隔震的方式,国外也只有几座桥采用了墩底减隔震技术。

综上所述,减隔震结构虽然在设计方法上与传统抗震结构相似,都是采用设定的地震动输入来计算结构地震反应,但在结构耗能原理和耗能构件方面有本质区别。图 2-4-13 给出了结构抗震、减隔震及控制技术体系。

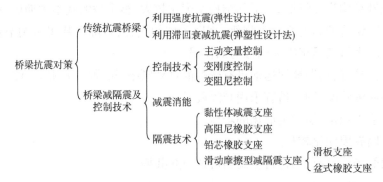

图 2-4-13　桥梁结构抗震、减隔震及控制技术体系

4.3.3　减隔震桥梁的地震反应分析

减隔震桥梁的地震反应分析可采用非线性动力时程分析方法,可以实现对减隔震桥梁较为准确的地震全过程结构抗震性能评估。主体结构的建模方法与一般桥梁建模方法一致,但减隔震支座的恢复力模型是这类结构抗震分析的关键所在,需要特别注意。此外,对于符合一定条件的减隔震桥梁,采用单自由度反应谱分析方法进行地震反应分析也能获得较好的结果。

1) 减隔震支座恢复力模型

弹塑性和摩擦类减隔震支座的恢复力模型常采用双线性模型。

铅芯橡胶支座的恢复力模型如图 2-4-14 所示,其等效刚度和等效阻尼比分别为:

$$K_{\text{eff}} = \frac{F_d}{D_d} = \frac{Q_d}{D_d} + K_d \tag{2-4-1}$$

$$\xi_{\text{eff}} = \frac{2Q_d(D_d - \Delta_y)}{\pi D_d^2 K_{\text{eff}}} \tag{2-4-2}$$

式中,K_{eff} 表示铅芯橡胶支座的等效刚度;ξ_{eff} 表示铅芯橡胶支座的等效阻尼比;F_d 表示铅芯橡胶支座的设计水平力;D_d 表示铅芯橡胶支座的设计位移,是设防地震下支座的最大地震位移;Δ_y 表示铅芯橡胶支座的屈服位移;Q_d 表示铅芯橡胶支座的特征强度;K_d 表示屈后刚度。

摩擦摆式支座的恢复力模型如图 2-4-15 所示。

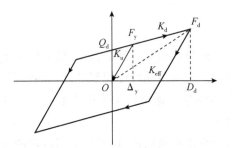

图 2-4-14　铅芯橡胶支座的恢复力模型
K_u-初始弹性刚度;F_y-铅芯橡胶支座屈服力

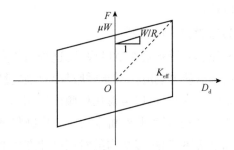

图 2-4-15　摩擦摆式支座的恢复力模型

屈后刚度：

$$K_{\mathrm{d}} = \frac{W}{R} \tag{2-4-3}$$

等效刚度（kN/m）为：

$$K_{\mathrm{eff}} = \frac{W}{R} + \mu \frac{W}{D_{\mathrm{d}}} \tag{2-4-4}$$

等效阻尼比为：

$$\xi_{\mathrm{eff}} = \frac{2}{\pi} \cdot \frac{\mu}{\frac{D_{\mathrm{d}}}{R} + \mu} \tag{2-4-5}$$

式中，W 表示恒载作用下支座反力；R 表示滑动曲面的曲率半径；μ 表示摩擦系数。

2) 单自由度反应谱分析方法

由于非线性动力时程分析过程较为复杂，对于符合一定条件的减隔震桥梁，采用单自由度反应谱分析方法进行地震反应分析也能获得较好的结果。具体条件为：

①桥梁几何形状满足对规则桥梁的要求。
②距离最近的活动断层大于 15km。
③场地类型为Ⅰ、Ⅱ、Ⅲ类，且场地条件稳定。
④减隔震装置等效阻尼比不超过 30%。
⑤隔震桥梁的基本周期 T_1（隔震周期）为未采用隔震桥梁基本周期 T_0 的 2.5 倍以上。

单自由度反应谱分析适用于在考虑减隔震装置的作用后地震反应受一阶振型主导的减隔震桥梁，是基于等效线性化的分析理论进行的。根据等效线性化的基本理论，单自由度结构的振型刚度可取最大变形处的割线刚度。振型阻尼可按滞回耗能等效的黏滞阻尼，也就是说振型刚度与振型阻尼实际上与最大变形是息息相关的。因此，采用该方法进行地震反应分析时，应首先确定合适的结构最大变形，由此确定结构的一阶振型刚度和振型阻尼，并计算一阶振型周期，然后按照一般单自由度结构的反应谱分析方法进行分析，最后还要验证结构最大变形反应是否与假定的最大变形相一致。整个计算流程如下：

①确定减隔震装置的位移。
②计算减隔震桥梁的等效线性化刚度。
③计算隔震桥梁的等效阻尼比。
④计算减隔震桥梁的等效周期。
⑤计算减隔震桥梁顺桥向/横桥向的水平地震力。
⑥比较梁体的位移反应与假设的位移，重复步骤①~步骤⑤，直至两者一致。

4.3.4 减隔震桥梁的抗震验算

对于桥梁减隔震设计，关键是确保减隔震装置的可靠性并使其在结构抗震中充分发挥作用，即桥梁结构的大部分耗能、塑性变形应集中在这些装置，允许这些装置在地震作用下发生塑性变形和残余位移,而结构其他构件,包括主梁、墩柱以及基础等,地震反应基本为弹性,以减小结构主体的地震损伤,避免结构倒塌或震后复杂、昂贵的修复工作。

《公路桥梁抗震设计规范》(JTG/T 2231-01—2020)要求对减隔震桥梁分别进行 E1 和 E2 地震作用下的分析与验算,要求橡胶型减隔震支座在 E1 地震作用下产生的剪切应变在 100%以下,在 E2 地震作用下产生的剪切应变在 250%以下,并校核其稳定性。对于非橡胶型减隔震装置,应根据具体的产品性能指标进行验算。对于桥梁墩台与基础的验算,要求按现行《公路钢筋混凝土及预应力混凝土桥涵设计规范》(JTG 3362)和《公路桥涵地基与基础设计规范》(JTG 3363)进行强度检算。

《城市桥梁抗震设计规范》(CJJ 166—2011)仅要求对减隔震桥梁进行 E2 地震作用下的分析与检算,要求橡胶型减隔震支座在 E2 地震作用下产生的剪切应变必须在 250%以下,并校核其稳定性。对于非橡胶型减隔震装置,应根据具体的产品性能指标进行验算。此外,对于桥梁墩台与基础的验算,要求将减隔震装置传递的水平地震力除以 1.5 的折减系数后,按现行《公路钢筋混凝土及预应力混凝土桥涵设计规范》(JTG 3362)和《公路桥涵地基与基础设计规范》(JTG 3363)进行,这主要是考虑到这些结构构件的实际强度存在一定的超强性。

4.3.5 其他构件和细部构造的设计

在减隔震设计中,要使减隔震装置充分发挥减震耗能的作用,必须使非弹性变形和耗能主要集中在减隔震装置。为了使大部分变形集中于减隔震装置,不仅要使减隔震装置的水平刚度远低于桥墩、桥台、基础的刚度,还要避免桥墩屈服先于减隔震装置屈服。一些减隔震设计规范强行规定减隔震结构的周期至少为非减隔震结构的 2 倍以上,就是为了确保减隔震装置的柔性。另外,通常选择将减隔震装置布置在刚度较大的桥墩、桥台处,而为了避免桥墩先于减隔震装置屈服,应将桥墩的强度设计得稍高于减隔震装置的设计变形所对应的抗力。此外,还应通过提供足够的强度,避免在桥台、基础以及其他连接装置中发生不希望的破坏。

另外,震害调查表明,构造措施对减隔震桥梁的动力特性和抗震性能有重要影响。因此,在减隔震设计中,应当充分注意构造细节的设计,并对施工质量给予明确规定。例如:应尽可能使上部结构具有较强的连续性。当上部结构不连续时,应限制各段之间的最大相对位移;要提供缓冲挡块和连接件等来限制上部结构与支座之间的最大相对位移;在伸缩缝施工时,应避免伸缩缝被阻塞。此外,在设计中还需要考虑定期维护、更换减隔震装置。

4.4 减隔震设计在桥梁中的应用

减隔震技术自诞生以来受到了广泛的重视,1973 年新西兰建成第一座减隔震桥梁之后,减隔震技术在桥梁抗震中得到了迅速的推广。至今,全世界已有数百座桥梁采用了减隔震技术,其中一些桥梁已经接受了地震的考验。

4.4.1 在国内的应用

在20世纪,减隔震技术在我国桥梁工程中的应用还很少,只有少数几座桥采用了减隔震支座,如汕头海湾二桥、南京跨线桥等。进入21世纪以后,随着我国大跨度桥梁的大规模建设,桥梁防震减灾技术的研究与应用得到了很大的发展,最具有代表性的是黏滞阻尼器的应用,主要用于大跨度桥梁的减震与位移控制,如重庆鹅公岩大桥、苏通长江大桥、西侯门大桥、卢浦大桥、泰州长江大桥等20余座大桥。表2-4-2为部分桥梁中所选用的黏滞阻尼器设计参数。

黏滞阻尼器工程应用   表2-4-2

项目	数量	最大阻尼力(kN)	最大冲程(mm)	阻尼系数 C	速度指数 ξ
重庆鹅公岩大桥	—	2000	±550	2000	0.21
上海长江大桥	8	2500		2500	0.20
东海大桥	8	2000		2500	0.30
卢浦大桥	4	2000		2200	0.21
南京长江三桥	54	1500		1000	0.30
吉林松花江桥	16	1800		—	—
苏通长江大桥	8	3025/6580	±850	3750	0.40
江阴长江公路大桥	4	1000	—	1522	0.30

同济大学与中国船舶重工集团有限公司联合开发的大吨位全钢双曲面球形减隔震支座也得到了广泛应用,表2-4-3列出了该支座的一些应用情况。同济大学新研发的桥梁横向钢阻尼器也得到了一些应用,如表2-4-4所示。

大吨位全钢双曲面球形减隔震支座工程应用   表2-4-3

工程名称	型号及数量
苏通长江大桥	KZQZ6000~20000DX/SX/GD,400套
佛山平胜大桥	KZQZ15000DX,4套
上海长江大桥	KZQZ10000、22500DX/GD,148套
玉蒙铁路	KZQZ3000DX、12500DX/GD,28套
福厦铁路乌龙江大桥	KZQZ10000ZX/DX、80000ZX/DX/HX/GD,12套
荆岳长江大桥	SMZ10000DX、55000DX/GD,12套
上海内环线改扩建	KZQZ6000ZX/DX~15000ZX/DX,30套
太原南中环	KZQZ60000、85000DX/SX/GD,10套
太原火炬桥	KZQZ8000DX~32000DX/SX/GD,7套
北京亦庄地铁	KQZQ2000~12500DX/ZX/HX/GD,213套
昆明轨道交通	KQZQ1000~14500DX/ZX/HX/GD,380套

桥梁横向钢阻尼器工程应用　　　　表 2-4-4

工程名称	桥　　型	型号及数量
宁波春晓大桥	中承式钢拱桥	10(55,60,3),12 套
长春物流通道工程	高架桥(小箱梁桥)	3(28,38,3),86 套
银川滨河黄河大桥	自锚式悬索桥	6(100,100,3),12 套
樟树赣江二桥	斜拉桥	6(30,50,3),4 套

随着我国桥梁抗震设计规范的完善，我国桥梁抗震已由单一设防水准转变为多级设防水准。减隔震技术在常规公路桥和城市桥梁中的应用也逐渐得到重视，越来越多的桥梁采用了减隔震设计技术。但总体看来，我国桥梁的减隔震应用还较少，有待于进一步地推广。

4.4.2　在国外的应用

新西兰是世界上最早进行全面减隔震技术研究并广泛用于实际工程的国家。经过 30 多年的努力，创造了大量的减隔震技术，并编制了专门的规范。第一座减隔震桥 Moto 桥建于 1973 年，上部结构采用滑动支座隔震，阻尼由 U 形钢弯曲梁提供。至今，新西兰已有数十座公路桥和少量铁路桥采用了减隔震技术，一些旧桥还采用减隔震技术进行抗震加固。在这些桥梁中，大部分采用了铅芯橡胶支座，也有一些应用了钢悬臂梁耗能器等其他减隔震装置。

意大利是较早在桥梁中应用减隔震技术的国家。从 1974 年以来，现代减隔震技术渗透到了意大利的桥梁建造中。至今，意大利已建成数百座减隔震桥梁。值得注意的是，尽管早期的设计没有现代减隔震规范和官方的指南可遵循，但意大利采用了多种形式的隔震系统，只是相对而言，铅芯橡胶支座的应用比其他国家要少一些。

美国第一次将减隔震技术用于桥梁是 1984 年对 Sierra Point 桥进行抗震加固。在 1990 年，美国新建了第一座采用减隔震技术的桥梁——Sexton 桥，主体结构为 3 跨连续组合钢板梁，跨度分别为 36.6m、47m 和 36.6m。该桥采用了铅芯橡胶支座减震方案，在桥台处布置 20 个铅芯橡胶支座，在桥墩上布置 20 个无铅芯的橡胶支座，目的是尽量减小作用在桥墩上的地震荷载和非地震荷载，以适应较差的地基条件。至今，美国已有一百多座桥梁采用了减隔震技术，其中包括对既有桥梁的加固。大部分减隔震装置为铅芯橡胶支座，也有一些采用摩擦滑动型隔震装置(FPI)、高阻尼橡胶支座等。

在日本，第一座建成的减隔震桥梁是静冈县横跨 Keta 河的宫川大桥，完成于 1990 年，是一座 3 跨连续钢桁架梁桥，采用铅芯橡胶支座。桥梁的主体结构在横向受到挡块的约束，顺桥向有±150mm 的间隙可供移动，超过这一范围桥台将限制移动。适当选择、布置铅芯橡胶支座后，每个桥墩承担 37.5%、每个桥台承担 12.5%的总惯性力。日本在阪神地震后，采用减隔震技术的桥梁日益增多，大部分桥梁采用铅芯橡胶支座、高阻尼橡胶支座，也有一些桥梁使用其他类型的减隔震装置。值得注意的是，在日本，减隔震技术很少用于简支梁桥，多用于连续梁桥。在对简支梁桥进行加固时，通常先将简支桥面板连续化，再引入减隔震支座。

为了减少伸缩缝的使用、改善运营状况、提高结构的抗震能力,还在许多超多跨连续梁桥使用了减隔震支座,最长一联的长度已达到910m。

希腊Rion-Antirion桥横跨科林斯湾,是连接摩里亚半岛与希腊大陆的重要通道,由于大桥所处场地的自然条件非常恶劣,地震、断层活动较为强烈,在设计中采用了一系列先进的减隔震设计理念和技术,是现代大跨度桥梁减隔震设计的典型代表。大桥桥位水深为50~65m,桥址河床上由沙砾与砾石组成的非黏质土层厚度达到4~7m,在Antirion海岸一侧,非黏质土层厚度达到25m,非黏质土以下为砂土、粉砂、粉质黏土,基岩位于水面以下800m。桥址场地设计地面加速度峰值达到0.48g,反应谱的最大加速度达到1.2g,特征周期达到1s。此外,海峡两岸正以8mm/年的速度发生着地壳的相对变化,因此,在设计中还应预判断层位移,并使大桥结构能适应这种变位的不利影响。综合考虑各种不利因素,大桥桥型最终确定为四塔五跨的连续斜拉桥结构,主桥跨径布置为286m+3×560m+286m,全飘浮体系,两端是简支,主梁为钢和混凝土面板的叠合梁,见图2-4-16。大桥结构的减隔震设计主要包括两个部分:一是主塔基础部分的减隔震设计;二是主梁部分的减隔震设计。

图2-4-16 希腊Rion-Antirion桥

主桥的四个主塔通过直径90m、高6.5m的大型混凝土结构基础安放在海床上。海床下部土层由不同种类的低持力层土组成,抗剪能力较差。海床上部土层采用150~200根、长25~30m、直径2m的钢管桩群进行加固,钢管上面铺垫3m厚的砾石垫层。基础安放在砾石垫层的上面,在有地震或位移时,可以产生滑动,起到了隔震的作用,见图2-4-17和图2-4-18。

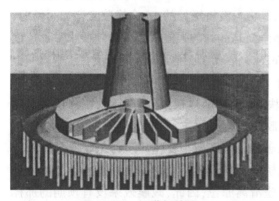

图2-4-17 桥塔与基础

图2-4-18 插入海床的钢管

斜拉桥主梁在纵向上为全漂浮体系,在正常工作条件下的容许位移为2.5m,在极端地震作用下的容许位移为5.0m。斜拉桥主梁在横向上采用由黏滞阻尼器和平行安装在阻尼器上面的保险限位器组成的减震保护装置。每个塔安装四个阻尼器(最大设计力为3500kN,最大设计变形为±1.75m)和一个保险限位装置,见图2-4-19。在过渡墩上安装两个阻尼器(最大设计力为 3500kN,最大设计变形为+2.6m)和一个保险限位装置,见图 2-4-20。在中等的地震作用与设计风荷载作用下,保险限位装置使结构不发生大的位移,在大地震到来时,保险限位器失效,黏滞阻尼器能够自由地耗散地震的能量。

图 2-4-19　主塔减隔震装置

图 2-4-20　过渡墩减隔震装置

从各国的桥梁减隔震技术应用情况来看,除意大利外,桥梁减隔震设计中最常采用的是铅芯橡胶支座、高阻尼橡胶支座,且通常安装在桥梁上部结构与桥墩或桥台之间。大部分建成的减隔震桥位于高烈度区,基础形式包括刚性扩大基础、桩基础等。

4.4.3　减隔震桥梁的震害表现

对于减隔震技术,人们最关心的是减隔震桥梁在强烈地震作用下的性能究竟如何。到目前为止,已有少量减隔震桥梁经受了地震的考验。

1987 年 3 月,新西兰 Rangtike 河上的 TeTeko 桥经历一次里氏 6.37 级、烈度为Ⅸ度的大地震,震中在大桥以北 9km 处。TeTeko 桥全长 105m、宽 11.4m,共 5 跨,全部上部结构支承在 20 个直径 508mm、高 179mm 的橡胶支座上,其中只有桥墩处的 16 个橡胶支座加了铅芯,每个支座承受的竖向荷载约为 1500kN。大桥南面 11km 处的强震仪测得的地面水平加速度峰值为 $0.33g$,竖向加速度为 $0.23g$。据推测,TeTeko 桥场地地震动加速度峰值在水平方向上有可能超过 $0.4g$。由于该桥采用了减隔震技术,大大减小了上部结构产生的惯性力,从而减轻了震害。地震中,桥台的挡块("碰即脱"挡块)像预期那样被推开,两岸第一跨桥墩墩脚处出现局部混凝土破坏,左岸桥台上的一个橡胶支座滑离原位,累计位移超过 600mm,另一个橡胶支座也紧贴外限位圈,有局部轻微挤压破坏。地震后主要修复工作是将滑移的橡胶支座归位,以及修复桥台挡块处路面。这座大桥是现代隔震技术产生良好抗震性能的一个例证,但是由于该桥左岸桥台处的一个橡胶支座滑离原位,因此,减震效果没有预期的那样理想。

在 1992 年 4 月美国的加利福尼亚地震中,于 1987 年采用减隔震技术加固的 Eel River 桥(简支钢桁架桥)表现很好,震后完全复位。震后调查表明,主跨发生的最大纵向移动为约 200mm,横向移动为约 100mm。在它附近的 Painter Street Over Cross,记录到的地震动加速度纵向峰值为 $0.55g$,横向为 $0.39g$。

TeTeko 桥及 Eel River 桥在地震中的良好表现,使人们对桥梁结构减隔震更有信心,同时获得有益的教训和经验。TeTeko 桥的震害表明,为了使减隔震技术有效,必须重视做好包括桥梁设计(特别要重视构造设计)、制造和维护在内的各个环节,以保证减隔震装置正常工作。

思考题与习题

① 什么是结构控制技术?
② 请简单概括减隔震技术的机理和减隔震系统的组成。
③ 桥梁减隔震系统应该满足哪些功能?
④ 为什么桥梁要专门设置防落梁装置?
⑤ 常用的减震、隔震装置有哪些?
⑥ 防落梁装置如何分类?
⑦ 常见的防落梁横向挡块的配筋形式有哪几种?
⑧ 减隔震技术的适用条件和设计原则是什么?
⑨ 桥梁减隔震装置一般布置在什么位置?
⑩ 传统抗震结构和减隔震结构有什么异同?
⑪ 如何对减隔震桥梁的地震反应进行分析?

第三篇　桥梁抗撞

桥梁抗撞研究关注桥梁在车辆、船舶和落石等撞击荷载作用下结构受力特性和破坏特征，是桥梁结构开展抗撞设计的理论基础。本篇共分为4章。第1章介绍了桥梁撞击破坏类型和破坏特征。第2章介绍了桥梁抗撞理论，包括桥梁抗撞研究方法、撞击力以及极限抗撞承载力。第3章介绍了桥梁撞击数值模拟，重点阐述了LS-DYNA软件基本分析理论、桥梁抗撞数值模拟建模流程并给出了算例。第4章介绍了基于性能的车辆、船舶和落石抗撞设计方法。

第 1 章
桥梁撞击破坏

桥梁作为跨越障碍物的通道,从早期的"横木为梁"到现代桥梁的造型多样,人们对于桥梁的认识也随着科技的发展而更加深刻。与此同时,随着我国经济快速发展,对交通运输需求量日益增大,桥梁作为交通网络中的重要组成,修建数量飞速增长,随之而来的便是各种各样的安全问题,如桥梁自身耐久性不良导致的承载力不足、地震、车辆超载以及外部荷载、撞击导致的桥梁结构损伤与破坏等。在各种安全问题中,撞击荷载作用下的桥梁破坏在近年呈逐渐增多的趋势。撞击荷载不仅包括通航船只、漂流物对桥梁的撞击作用和车辆对跨线桥梁的撞击作用,在山区之中修建的桥梁也可能面临崩塌滚石、泥石流、滑坡等多种灾害的侵扰。当撞击破坏发生时,不仅会造成巨大的经济损失和社会影响,也会危及人们的生命。为了减少桥梁撞击破坏所造成的损失,需要对其破坏特征有一定的认识,开展相关的抗撞设计研究。

本章根据撞击荷载的不同,将桥梁撞击破坏分为车桥碰撞破坏、船桥碰撞破坏和落石冲击破坏,分别进行介绍。

1.1 车桥碰撞破坏

随着我国经济快速发展,城市道路交通运输负担日益繁重。桥梁因其具有跨越障碍以及可与普通道路交错并行的优势,在城市交通流量面临逐渐饱和的情况下,成为完善公路桥梁体系、减缓城市道路交通压力的重要途径。但是随着城市跨线桥梁的增多,受车辆超载超限、路政管理体系不健全、驾驶人员违规驾驶等因素的影响,车桥碰撞事故频频发生,不仅导致巨大的经济损失和人员伤亡,而且造成重大的社会影响。

车桥碰撞破坏按车辆碰撞位置,可划分为墩柱车辆撞击破坏和上部结构车辆撞击破坏。

1.1.1 墩柱车辆撞击破坏

墩柱车辆撞击破坏是较为常见的一种车桥碰撞破坏形式,通常表现为桥墩受撞击区域混凝土开裂剥落、内部钢筋裸露变形甚至断裂、桥墩支座和上部结构变位,撞击严重时可能导致桥墩倒塌和桥体塌落。

图 3-1-1 是 2010 年广州白云区高速公路发生的墩柱撞击破坏事故,事故导致桥墩混凝土表面严重开裂受损,内部钢筋裸露。

图 3-1-2 是 2016 年杭州胜山镇东三环北路高架桥发生的墩柱撞击破坏事故,事故导致

桥墩混凝土开裂,车头严重变形。

图 3-1-3 是 2018 年河北张石高速公路发生的墩柱撞击破坏事故,事故导致桥墩断裂、桥体塌落。

图 3-1-4 是 2020 年河北海张高速公路张家口段发生的墩柱撞击破坏事故,事故导致桥墩断裂,上部结构发生变位。

图 3-1-1　广州墩柱撞击破坏事故

图 3-1-2　杭州墩柱撞击破坏事故

图 3-1-3　张石高速公路墩柱撞击破坏事故

图 3-1-4　河北海张高速公路墩柱撞击破坏事故

1.1.2　上部结构车辆撞击破坏

近年来,上部结构车辆撞击破坏时有发生,事故的主要原因是车辆超高使得车身与桥梁上部结构发生碰撞从而引发破坏。其破坏形式通常表现为受撞击区域混凝土发生开裂剥落,内部钢筋裸露变形甚至彻底断裂,上部结构发生变位甚至塌落,桥梁的其他位置也会受到不同程度的损伤。

图 3-1-5 是 2013 年临沂沂河北大桥发生的上部结构撞击破坏事故,事故导致梁体受损,造成安全隐患。

图 3-1-6 是 2018 年北京北三环马甸桥发生的上部结构撞击破坏事故,事故导致梁体破坏严重,梁体承载能力严重受损。

图 3-1-7 是 2018 年北京丰益桥南向北辅路发生的上部结构撞击破坏事故,事故导致梁

体受损,严重影响交通。

图 3-1-8 是 2019 年杭州庆春东路发生的上部结构撞击破坏事故,事故导致天桥东南侧垮塌。

图 3-1-5 临沂沂河北大桥上部结构撞击破坏事故

图 3-1-6 北京马甸桥上部结构撞击破坏事故

图 3-1-7 北京丰益桥上部结构撞击破坏事故

图 3-1-8 杭州庆春东路上部结构撞击破坏事故

1.2 船桥碰撞破坏

任何建造于通航水域的结构物对船舶都将构成危险,结构物自身也会在船撞事故中成为易损构件。随着我国经济快速发展,跨河、跨海大桥越来越多,受船舶超载超限、船舶驾驶人员违规驾驶等众多因素的影响,船舶与桥梁碰撞事故频发,一方面导致桥梁主体结构损伤甚至倒塌,另一方面造成巨大的经济损失和人员伤亡。

船桥碰撞事故按船舶碰撞位置不同,可划分为墩柱船舶撞击破坏和上部结构船舶撞击破坏。

1.2.1 墩柱船舶撞击破坏

墩柱船舶撞击破坏是较为常见的一种船桥碰撞事故,其破坏形式与车桥墩柱撞击破坏类似,通常表现为桥墩受撞区域混凝土和钢筋的破坏,桥墩、支座和上部结构的变位,损伤严重时可能出现桥墩倒塌以及梁体塌落。

图 3-1-9 是 2007 年广东九江大桥发生的墩柱撞击破坏事故,事故导致大桥三个桥墩倒塌,造成所承桥面约 200m 坍塌,船舶沉没。

图 3-1-10 是 2013 年南京长江大桥发生的墩柱撞击破坏事故,事故导致桥墩混凝土开裂,船体破损、最终沉没。

图 3-1-11 是 2017 年广州洪奇沥大桥发生的墩柱撞击破坏事故,事故导致桥墩混凝土开裂脱落,钢筋外露,桥墩倾斜,墩顶发生位移。

图 3-1-12 是 2021 年广州北斗大桥发生的墩柱撞击破坏事故,事故导致桥墩混凝土开裂,相关水道临时封航。

图 3-1-9　广东九江大桥船桥碰撞事故

图 3-1-10　南京长江大桥船桥碰撞事故

图 3-1-11　广州洪奇沥大桥船桥碰撞事故

图 3-1-12　广州北斗大桥船桥碰撞事故

1.2.2　上部结构船舶撞击破坏

上部结构船舶撞击破坏也较为常见,此类事故由船舶的上部结构与桥梁的上部结构相碰撞所致,其破坏形式通常表现为受撞击区域混凝土发生开裂剥落,内部钢筋裸露变形甚至断裂,上部结构发生变位甚至塌落,桥梁的其他位置也会受到不同程度的影响。

图 3-1-13 是 2008 年浙江金塘大桥发生的上部结构撞击破坏事故,事故导致桥面箱梁塌

落并砸到船舶驾驶台。

图 3-1-14 是 2020 年江西太阳埠大桥发生的上部结构撞击破坏事故，事故导致桥面塌落，并砸到运砂船。

图 3-1-15 是 2021 年广东莲溪大桥发生的上部结构撞击破坏事故，事故导致桥面出现约 10cm 位移，影响道路通行。

图 3-1-16 是 2021 年扬州壁虎大桥发生的上部结构撞击破坏事故，事故导致大桥约百米长的桥面沉入水中。

图 3-1-13 浙江金塘大桥上部结构碰撞事故

图 3-1-14 江西太阳埠大桥上部结构碰撞事故

图 3-1-15 广东莲溪大桥上部结构碰撞事故

图 3-1-16 扬州壁虎大桥上部结构碰撞事故

1.3 落石撞击破坏

崩塌落石作为常见的山区三大地质灾害之一，是指陡坡上的巨大岩石或土体，在重力、地震、雨水及其他外力作用下崩塌脱落的现象，具有预测困难、突发性强、随机性大、致灾严重、影响面广等特点。目前，我国加大了对西部地区交通建设的投入，山区公路和铁路桥梁日趋增多，崩塌落石对桥梁的影响不容忽视。

落石撞击破坏按照落石撞击位置分为桥面撞击破坏、上部结构撞击破坏以及墩柱撞击破坏。

1.3.1 桥面撞击破坏

桥面撞击破坏是较为常见的落石冲击事故,由落石撞击桥面引起桥面的损坏甚至桥身的坍塌。其破坏形式通常表现为落石撞击部分桥面开裂,桥身发生变位、下沉甚至坍塌。

图 3-1-17 是 2011 年西汉高速公路发生的桥面撞击破坏,事故导致道路被堵,对桥梁造成一定的损伤并且影响车辆通行。

图 3-1-18 是 2013 年四川一座乡村拱桥发生的桥面撞击破坏,事故导致桥面破坏严重、道路堵塞、交通中断。

图 3-1-19 是 2020 年成都京昆高速公路发生的桥面撞击破坏,事故导致高速公路一幅桥面垮塌。

图 3-1-20 是 2021 年印度北部发生的桥面撞击破坏,事故导致一座铁路梁桥毁坏,还击中了一辆过路的车辆。

图 3-1-17　西汉高速公路桥面撞击破坏事故

图 3-1-18　四川拱桥桥面撞击破坏事故

图 3-1-19　成都京昆高速公路桥面撞击破坏事故

图 3-1-20　印度北部桥面撞击破坏事故

1.3.2 上部结构撞击破坏

上部结构撞击破坏是由落石撞击桥面以外的上部结构所造成的,其破坏形式通常表现为受撞击区域混凝土发生开裂剥落、内部钢筋裸露、变形甚至断裂,上部结构发生变位。

图 3-1-21 是 2018 年水麻高速公路发生的上部结构撞击破坏,事故导致主梁混凝土大面积脱落、钢筋局部屈服断裂。

图3-1-22是2019年兰海高速公路发生的上部结构撞击破坏,事故导致梁体上部结构混凝土局部剥落、钢筋外露,桥梁运营安全受到影响。

图 3-1-21　水麻高速公路上部结构撞击破坏事故

图 3-1-22　兰海高速公路上部结构撞击破坏事故

1.3.3　墩柱撞击破坏

墩柱撞击破坏是常见的落石冲击事故,其破坏形式通常表现为墩柱被撞区域混凝土发生开裂剥落,内部钢筋裸露变形甚至断裂,桥墩发生倾斜,导致上部结构发生变位甚至倒塌。

图 3-1-23 是 2009 年四川彻底关大桥发生的墩柱撞击破坏,事故导致桥墩被砸断,桥面坍塌,桥上 7 辆汽车连同桥面一起坠下河岸。

图 3-1-24 是 2018 年水麻高速公路发生的墩柱落石撞击破坏,事故导致墩柱表面混凝土局部脱落、钢筋外露、墩顶出现一定程度的变位。

图 3-1-23　四川彻底关大桥墩柱撞击破坏事故

图 3-1-24　水麻高速公路墩柱撞击破坏事故

1.4　桥梁撞击破坏教训与对策

桥梁撞击事故虽然是一种偶然事故,但这种事故通常会造成巨大的经济损失和社会影响,甚至危及人们的生命。因此,对桥梁结构的撞击破坏应有一个科学的认识,通过总结桥梁撞击破坏的教训,确定合理处理原则和应对措施。

1.4.1 桥梁墩柱的破坏

在墩柱碰撞事故中,桥墩的破坏形式和损伤特点通常表现为:
①墩柱受撞击区域混凝土开裂、局部剥落,钢筋裸露变形甚至屈服断裂。
②墩柱发生倾斜,支座及上部结构发生变位。
③墩柱完全破坏,丧失承载能力,桥梁发生倒塌。

对于墩柱结构的防撞措施,设计方面,可以采用基于性能的设计方法,考虑撞击发生的概率和撞击力的强度等因素,基于一系列设计准则,确保在撞击作用下实现结构预定功能,例如桥墩位置的合理选择、考虑撞击力的配筋设计以及局部增强等措施;防撞设施方面,可以设置主动引导防撞设施和被动防撞装置,例如设置助航设施、警示标志、防撞墩、外置柔性防撞装置和落石防护网等,以减轻碰撞对墩柱乃至桥梁整体结构的损伤。

1.4.2 上部结构的破坏

在车辆和船舶与上部结构碰撞事故中,上部结构的破坏形式和损伤特点通常表现为:
①主梁混凝土开裂、保护层剥落、钢筋裸露。撞击部位通常为主梁的腹板和底板,表现为在巨大的冲击作用下梁体局部损伤破坏。
②落梁破坏或支座损伤。在碰撞产生的瞬时冲击力作用下,当支座的横向约束能力不足时,上部结构位移过大,将造成梁体脱落,但一般对桥墩影响不大。

对于车辆与上部结构碰撞事故,通常采取设置限高架的方式来预防,也可以在梁体配筋设计时适当考虑撞击力的因素。对于船舶与上部结构碰撞事故,一方面通过设置主动引导装置避免此类事故的发生,另一方面加强对超高船舶进入河道水域的管理,防患于未然。

在落石与上部结构碰撞事故中,上部结构的破坏形式和损伤特点通常表现为:
①当撞击部位为梁体时,表现为主梁混凝土开裂、保护层剥落、钢筋裸露后变形过大产生的屈服断裂,冲击力较大时可能导致支座损伤以及落梁破坏。
②当撞击部位为桥面时,主要表现为撞击区域水泥路面或沥青路面发生开裂破碎、梁体下缘出现裂缝,冲击力较大时甚至可能击穿主梁,导致主梁坍塌。

对于落石与上部结构碰撞事故,一方面可强化主体结构设计,如增加保护层厚度、合理配置主梁钢筋等,另一方面也可设置柔性防护棚洞和落石防护网等防护措施。

思考题与习题

①根据撞击荷载类型的不同,可将桥梁撞击破坏分为哪几类?
②简述车辆与桥梁碰撞的破坏形式和破坏特征。
③简述船舶与桥梁碰撞的破坏形式和破坏特征。
④简述落石与桥梁碰撞的破坏形式和破坏特征。
⑤比较桥梁墩柱和上部结构碰撞破坏教训与对策的异同点。

第 2 章
桥梁抗撞理论

"碰撞"在物理学中表现为两粒子或物体间极短的相互作用。在冲击动力学范畴中,"碰撞"为介质受到强脉冲载荷作用时的力学效应,也被称为"撞击"。当撞击发生时,在参与物各自的表面和内部将产生高强度、短历时的冲击载荷作用,碰撞前后参与物将发生速度、动量或能量改变。根据能量转移的方式不同,可将碰撞分为弹性碰撞和非弹性碰撞。其中,弹性碰撞是指碰撞前后整个系统的动能不变的碰撞,弹性碰撞的必要条件是动能没有转成其他形式的能量(如热能和转动能);非弹性碰撞是指碰撞后整个系统的部分动能转换成至少其中一碰撞物的内能,使整个系统的动能无法守恒。

桥梁碰撞,是碰撞物和桥梁结构在很短的时间内在巨大碰撞载荷作用下的一种复杂的非线性动态响应过程。由于碰撞中存在着大量的非线性现象,如材料非线性、几何非线性、接触非线性和运动非线性等,导致碰撞物与桥梁结构或构件碰撞问题的研究变得相当复杂和困难,很难用精确的数学和力学模型来描述整个碰撞过程。因此,早期的桥梁碰撞理论以冲量、动量定理以及能量守恒定理为主。后来通过引入冲击动力学,结合应变分析法,实现了从简单理论分析方法到试验研究,再到撞击过程的仿真重现。

2.1 桥梁碰撞研究方法

现有的桥梁碰撞问题研究方法主要包括理论研究、试验研究和数值模拟三种:

①理论研究一般是从方便工程应用出发,通过大量的假设,将短时间内有巨大能量交换的桥梁碰撞问题简化为理论模型,如经典的等效质量弹簧阻尼模型、刚塑性梁模型和均质地基桩柱模型等。

②考虑到桥梁碰撞问题的复杂性,单纯靠动力理论研究很难将碰撞问题研究透彻,因此桥梁碰撞试验对于碰撞研究来说是真实可靠而且不可或缺的手段之一。目前,对于墩柱构件的抗撞性能试验研究包含了足尺碰撞试验研究和缩尺碰撞试验研究。足尺碰撞试验过程直观,但是试验费用昂贵、现实影响因素较多且试验过程复杂,给研究工作带来极大阻力,因此缩尺试验在桥梁碰撞试验研究中应用得更为广泛。

③随着非线性有限元分析方法的进步和计算能力的大幅提高,使研究人员能够对碰撞事故进行重建,以获得桥梁结构或构件在碰撞作用下的损伤劣化过程,进而了解影响桥梁碰撞的主要因素。目前,ABAQUS、LS-DYNA 等大型有限元软件均可应用于墩柱构件抗撞数值分析,其中显式动力分析软件 LS-DYNA 因对非线性碰撞问题具备良好的适用性,而被广泛应用于墩柱构件抗撞数值模拟中。

2.1.1 理论研究

桥梁碰撞的作用机理十分复杂,涉及结构冲击动力学、材料冲击动力学、桥梁工程、岩土力学等多个学科领域,理论研究难度非常大。现有理论研究均是从工程应用方便的角度出发,基于大量的假设,将短时间内有巨大能量交换的复杂撞击系统简化为仅考虑碰撞物变形的单自由度模型或同时考虑桥梁结构和碰撞物共同变形的双自由度质量-弹簧模型等。

1) 单自由度模型

单自由度模型将桥梁碰撞简化为撞击物与静止刚性体的碰撞,相应的力学模型如图 3-2-1 所示。其中,m_1、k_1、x_1、c_1 分别为碰撞物质量、局部变形刚度、前端位移和试件阻尼。

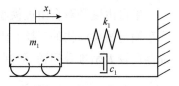

图 3-2-1 一维碰撞单自由度力学模型

根据达朗贝尔原理,建立碰撞物和桥梁系统的碰撞动力学方程(碰撞物初始速度为 v_0):

$$\begin{cases} m_1 \ddot{x}_1 + k_1 x_1 = 0 \\ t = 0, x_1 = 0, \dot{x}_1 = v_0 \end{cases} \tag{3-2-1}$$

可以求得系统的撞击力 $F(t)$:

$$F(t) = k_2 \frac{v_0}{\omega} \sin(\omega t) \tag{3-2-2}$$

以及系统自振频率 ω:

$$\omega = \sqrt{k_1/m_1} \tag{3-2-3}$$

2) 双自由度模型

双自由度模型考虑桥梁结构和碰撞物撞击后的共同变形,相应的力学模型图 3-2-2 所示。其中,m_1、k_1、x_1、c_1 分别为桥梁构件等效质量、变形刚度、位移和接触阻尼;m_2、k_2、x_2、c_2 分别为撞击物质量、局部变形刚度、前端位移和试件阻尼。

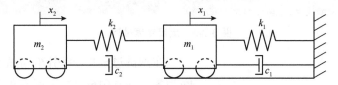

图 3-2-2 一维碰撞双自由度模型

根据达朗贝尔原理,建立撞击物和桥梁系统的碰撞动力学方程(撞击物初始速度为 v_0):

$$\begin{cases} m_1 \ddot{x}_1 + k_1 x_1 - k_2(x_2 - x_1) = 0 \\ m_2 \ddot{x}_2 + k_2(x_2 - x_1) = 0 \\ t = 0, x_1 = x_2 = 0, \dot{x}_1 = 0, \dot{x}_2 = v_0 \end{cases} \tag{3-2-4}$$

可求得撞击力为:

$$F(t) = \frac{k_2 v_0}{B_2 - B_1} \left[\frac{B_1 - 1}{\omega_1} \sin(\omega_1 t) - \frac{B_2 - 1}{\omega_2} \sin(\omega_2 t) \right] \tag{3-2-5}$$

系统自振频率 ω 为：

$$\omega_{1,2}^2 = \frac{1}{2}\left[\left(\frac{k_1+k_2}{m_1}+\frac{k_2}{m_2}\right)\pm\sqrt{\left(\frac{k_1+k_2}{m_1}+\frac{k_2}{m_2}\right)^2-\frac{4k_1k_2}{m_1m_2}}\right] \quad (3\text{-}2\text{-}6)$$

振幅比 B_1、B_2 分别为：

$$B_1 = \frac{m_1\omega_1^2-k_1-k_2}{-k_2}, B_2 = \frac{m_1\omega_2^2-k_1-k_2}{-k_2} \quad (3\text{-}2\text{-}7)$$

单自由度和双自由度模型大大提高了计算效率，但由于在现实的冲击问题（例如，船舶或车辆与桥梁结构的碰撞）中将受冲击的结构（例如，桥梁）简化为单自由度或双自由度系统存在较大困难等问题，限制了它们的适用范围。

2.1.2 试验研究

碰撞试验包含足尺碰撞试验和缩尺碰撞试验。

1) 足尺碰撞试验

足尺碰撞试验采用真实的车辆撞击真实的桥梁构件以获取撞击力时程曲线和位移时程曲线。图 3-2-3 为一辆牵引车撞上一个装有仪器的桥墩，模拟了真实车辆与桥墩的碰撞过程。

图 3-2-3 足尺碰撞试验

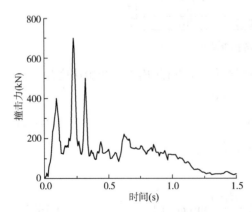

图 3-2-4 桥墩与牵引车界面处的撞击力

在测试过程中，牵引车与桥墩的初始接触时间为零。在 0.016s 时，牵引车的框架开始与桥墩相互作用。发动机舱前部在 0.02s 接触桥墩，发动机在 0.03s 与桥墩充分啮合，牵引车前部在 0.187s 和 0.232s 与牵引车驾驶室后部接触，拖车在 0.452s 时停止前进。撞击力-时间曲线如图 3-2-4 所示。

2) 缩尺碰撞试验

考虑到足尺碰撞试验费用昂贵、巨大的冲击荷载难以实现等原因，将撞击物模型缩尺后与结构物开展碰撞成为桥梁碰撞试验研究的主要手段。根据冲击荷载加载方式,缩尺碰撞试验分为水平撞击试验、落锤撞击试验和摆锤撞击试验:

(1)水平撞击试验

即采用水平冲击系统进行碰撞试验,如图3-2-5所示。水平冲击系统由水平冲击设备和垂直落锤设备组成,垂直落锤设备拖拽测试车辆模型撞击试件。整个试验过程分为前期准备、信号调试和水平撞击三个部分。待准备工作完成,开始信号调试,检测落锤提升控制系统、数据采集系统是否正常工作。信号调试完成后,开始水平撞击试验。启动信号采集开关,释放落锤,通过钢绳拉动小车,小车以一定速度撞击桥墩,完成碰撞试验。为保证测量精度,要求冲击头具有较大的刚度,在冲击过程中不会发生塑性变形。

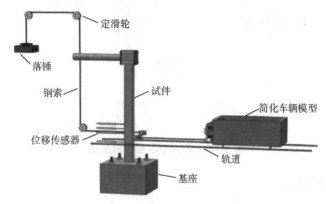

图 3-2-5　水平冲击系统示意图

(2)落锤撞击试验

即采用竖向冲击系统进行碰撞试验,如图3-2-6所示。试验装置由传动机构、锤体部件、升降机构、提锤跟踪装置、导轨和机座框架等组成。锤头升降过程中,锤头夹具将锤头夹紧,通过卷扬机收放连接锤头夹具的缆绳,使锤头沿着导轨升降。进行冲击试验时,锤头夹具松开,锤头在指定高度处释放,沿导轨下落,冲击试件。锤头夹具的夹紧和放松状态通过电控实现,冲击锤头的质量通过增减配重钢板来调节。通过千斤顶可以给试件施加不同的轴力,通过改变锤头质量与落锤高度可获得不同的冲击能量。试验装置应置于坚实的基础上,用地脚螺钉固定。

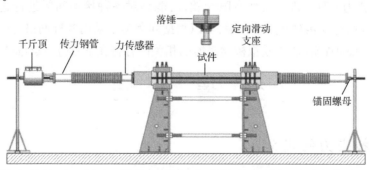

图 3-2-6　竖向冲击系统示意图

(3) 摆锤撞击试验

即采用摆锤冲击系统进行碰撞试验,如图 3-2-7 所示。摆锤冲击系统由钢架、摆臂和可调冲击质量组成。钢框架焊死在地板上,以支持摆臂和冲击质量。在试验过程中,将试件通过钢底板螺栓固定在地面上,当摆锤提起一定角度后自由摆臂,冲击试件,记录冲击力和钢筋应变。测力元件一般放置在刚性冲击质量的正面,以获得冲击载荷值。

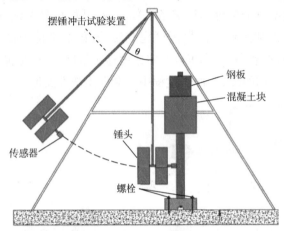

图 3-2-7 摆锤冲击系统示意图

2.1.3 数值模拟

随着有限元技术的发展,数值模拟在桥梁碰撞研究中的应用越来越广泛。当前,有限元技术中包含隐式和显式两种类型的方法:

①隐式方法采用牛顿迭代法,每个增量步都需要对平衡方程进行迭代求解,因此存在迭代收敛问题和计算效率问题。

②显式方法采用动力学方程的差分格式,不需要求解切线刚度,也不需要进行平衡迭代,不存在收敛问题,只需将时间步取得足够小。

为减少接触碰撞过程不连续性对计算产生的影响,碰撞数值模拟一般采用显式方法。目前,基于显式方法的计算软件众多,包括 LS-DYNA、ABAQUS/EXPLICIT、DYTRANS、PAM-CRASH 和 RADIOSS 等,但在大变形和高度非线性冲击建模分析中,LS-DYNA 应用最为广泛。LS-DYNA 作为一种三维非线性有限元软件,能够对各种接触问题进行建模,包括柔性体接触、刚体接触、边缘接触和腐蚀接触,可以根据问题类型采用各种网格,并具备用户自定义材料的功能。LS-DYNA 软件模拟桥梁碰撞的相关内容将在下章进行详细介绍。

2.2 撞 击 力

2.2.1 撞击力的定义

墩柱的撞击力是评估桥梁结构抗撞能力的重要前提,也是开展抗撞设计的重要荷载。

在撞击作用下,墩柱构件撞击力时程曲线一般分成三个阶段,即峰值震荡段、平台段和衰减段,如图 3-2-8 所示。其中,峰值震荡段表示撞击物瞬时接触墩柱时撞击能转换成墩柱构件动能和弹性势能的过程,对应的曲线峰值称为峰值撞击力;平台段表示撞击物与墩柱构件保持接触的过程,此时撞击力将围绕一个特定值上下波动,称为撞击力平台值。考虑到撞击是一个动态过程,在工程设计中,往往需选择适当的方法将这样一个动态撞击过程等效成一个静力荷载作用,称为撞击力。

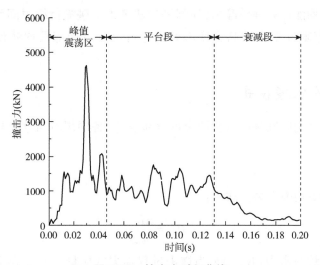

图 3-2-8 撞击力时程曲线

2.2.2 车桥碰撞撞击力

目前,规范中对车桥碰撞撞击力做了如下规定:

①我国《公路桥梁抗撞设计规范》(JTG/T 3360-02—2020)规定,车辆撞击力限值按 1000kN 取值。

②美国 AASHTO LRFD 桥梁设计规范规定,车辆撞击力限值按 2670kN 取值,并明确给出了碰撞力的作用面积。

规范中撞击力限值均为单一值,未考虑撞击重量和撞击速度的影响。为准确评估车桥碰撞撞击力,可以基于撞击力时程曲线,结合以下两种等效静力方法计算车桥碰撞撞击力。

1) 全局平均法计算等效静力

全局平均法将撞击力时程曲线在整个时域内进行平均,即对撞击力时程 $p(t)$ 在时域内积分,然后将其与撞击持续时间 t_t 的比值作为等效静力 P_t,即:

$$P_t = \frac{1}{t_t} \int_0^{t_t} p(t) \mathrm{d}t \tag{3-2-8}$$

该方法虽然考虑了碰撞持续时间的影响,但考虑到车辆冲击力的冲击持续时间非常短,因此采用全局平均法计算等效静力将在一定程度上减弱冲击力峰值效应的影响。

2) 局部平均法计算等效静力

局部平均法是指取撞击力峰值局部时域内的平均值作为撞击力(一般为峰值荷载的 0.7~0.8 倍对应的时域)。该方法在时域内对该时间段($t_2 \sim t_1$)撞击力时程进行积分,将其与撞击时间的比值作为等效静力 P_p,即:

$$P_p = \frac{1}{t_2 - t_1} \int_{t_1}^{t_2} p(t) \mathrm{d}t \tag{3-2-9}$$

相对于全局平均法计算等效静力,局部平均法考虑了碰撞持续时间和碰撞峰值对车辆撞击力的影响,且车辆冲击力的高应变率效应也可以通过局部平均法计算等效静力得到反映。

2.2.3 船桥碰撞撞击力

随着船桥碰撞理论的发展和试验研究的逐步深入,各国规范与学者提出了很多船撞力的简化计算公式:

1) Woisin 公式

Woisin 提出的平均撞击力公式为:

$$P_{\text{ave}} = \frac{\Delta E}{a} \tag{3-2-10}$$

式中,P_{ave} 为平均撞击力(N);ΔE 为撞击过程损失的能量(J);a 为碰撞系统的破损长度,即船舶和桥墩在撞击方向上的破坏长度之和(m)。

关于时间的平均船舶撞击力 $P_{t,\text{ave}}$,按照下式计算:

$$P_{t,\text{ave}} = 1.25 P_{\text{ave}} \tag{3-2-11}$$

碰撞过程中的平均撞击力和最大撞击力 $P_{\max}$ 的关系约为:

$$P_{\text{ave}} \approx 0.5 P_{\max} \tag{3-2-12}$$

此外,Woisin 还总结出散货船对刚性桥墩关于时间的平均有效撞击力的经验公式:

$$P_t = 0.88 \sqrt{\text{DWT}} (1 \pm 50\%) \tag{3-2-13}$$

式中,P_t 为关于时间的平均有效撞击力(MN);DWT 为船舶的载质量(t)。

2) 美国 AASHTO 规范公式

美国 AASHTO 规范规定船舷正撞时的设计船舶撞击力按下式计算:

$$P = 0.98 (\text{DWT})^{1/2} (V/8) \tag{3-2-14}$$

式中,P 为等效静态撞击力(MN);DWT 为船舶的载质量(t);V 为船舶的撞击速度(m/s)。

3) 欧洲规范公式

欧洲统一规范 Eurocode 1 第 2.7 分册中规定,在桥梁的抗船撞设计中,应选用某种统计意义下的设计代表船舶,并按照下式来计算船舶的撞击力 P:

$$P = V \sqrt{KM} \tag{3-2-15}$$

式中,V 为碰撞体在撞击时的速度(m/s);K 为碰撞体的等效刚度;M 为碰撞体的质量。

对于内陆航道的船舶，$K=5\mathrm{MN/m}$；对于远洋船舶，$K=15\mathrm{MN/m}$。

4）我国《公路桥梁抗撞设计规范》（JTG/T 3360-02—2020）

《公路桥梁抗撞设计规范》（JTG/T 3360-02—2020）规定，当船舶与桥梁碰撞时，轮船撞击力设计值应按下列公式计算：

$$F = a\eta\gamma V[(1+C_M)M]^{0.62} \tag{3-2-16}$$

$$\eta = \begin{cases} 1-\exp\left(-\dfrac{\beta \cdot \Delta H}{H_s}\right) & \dfrac{\Delta H}{H_s} \leqslant 1.0 \\ 1 & \dfrac{\Delta H}{H_s} > 1.0 \end{cases} \tag{3-2-17}$$

$$\gamma = 1-a_0\left(\dfrac{1}{M}\right)^{b_0} \cdot (1-\cos\theta) \tag{3-2-18}$$

式中，F 为轮船撞击力设计值（MN）；a 为轮船撞击力系数，取 0.033（m/s）；η 为几何尺寸的修正系数；γ 为撞击角度的修正系数；V 为船舶撞击速度（m/s）；C_M 为附连水质量系数，船舶正撞时宜取 0.1~0.3，侧撞时宜取 0.5~4.5；M 为满载排水量（t）；ΔH 为被撞体厚度（m）；H_s 为船舶高度（m）；β 为统计系数，取 4.0；θ 为船舶轴线与碰撞面法线夹角，$0° \leqslant \theta \leqslant 45°$；$a_0$、$b_0$ 为参数，求法向撞击力时 a_0 取 36.61、b_0 取 0.42，求撞击力合力时 a_0 取 69.13、b_0 取 0.5。

2.2.4 落石碰撞撞击力

目前针对落石-桥梁碰撞撞击力的取值，规范中并未给出相应的公式，但《铁路工程设计技术手册—隧道》和《公路路基设计规范》（JTG D30—2015）对落石冲击力给出了相应的计算公式。

1)《铁路工程设计技术手册—隧道》

手册利用冲量定理给出落石冲击力的计算公式：

$$p = \dfrac{0.226cQH^{1/2}}{h} \tag{3-2-19}$$

$$c = \sqrt{\dfrac{1-\mu}{(1+\mu)(1-2\mu)} \cdot \dfrac{E}{\rho g}} \tag{3-2-20}$$

式中，p 为落石冲击力（kN）；Q 为落石质量（kg）；g 为重力加速度，取 9.8m/s²；H 为落石下落高度（m）；h 为缓冲土层的厚度（m）；c 为压缩波在土层中的速度（m/s）；μ 为回填土的泊松比；E 为缓冲土层的弹性模量（MPa）；ρ 为缓冲土层的密度（kg/m³）。

该法求解简单，但受质量和垫层厚度影响较大，计算结果为平均值。

2)《公路路基设计规范》（JTG D30—2015）

《公路路基设计规范》（JTG D30—2015）简化了落石冲击过程，将落石视为球体，并认为落石冲击过程就是动能的耗散过程。该方法主要考虑了 5 个影响因素：落石重力、缓冲层重度、内摩擦角、冲击速度和接触面积。相应的计算公式如下：

$$P = P(Z)A \tag{3-2-21}$$

$$P(Z) = 2\gamma Z \left[2\tan^4\left(45°+\frac{\varphi}{2}\right) - 1 \right] \tag{3-2-22}$$

$$Z = v\sqrt{\frac{Q}{2g\gamma A\left[2\tan^4\left(45°+\frac{\varphi}{2}\right)-1\right]}} \tag{3-2-23}$$

$$A = \pi \left(\frac{3Q}{4\pi\gamma_1}\right)^{\frac{2}{3}} \tag{3-2-24}$$

式中,Z 为碰撞后落石的冲击深度(m);γ 为缓冲层填土的重度(g/cm³);v 为落石的冲击速度(m/s),宜通过调查或试验确定;Q 为落石重力(N);g 为重力加速度(m/s³);φ 为缓冲层填土的内摩擦角;A 为落石等效圆截面面积(m²);γ_1 为落石重度(g/cm³)。

该法在路基防护设计中应用广泛,但计算值为冲击力的平均值,计算结果偏小。

2.3 极限抗撞承载力

极限抗撞承载力指结构或构件在撞击作用下能承受的临界能量,是衡量结构或构件在撞击荷载下承载能力的重要指标。目前,计算桥梁极限抗撞承载能力主要采用以下两种方法:

①有限元法。应用大型有限元程序仿真撞击物与桥梁撞击全过程,通过改变撞击物撞击能量,得到结构不同的损伤状态,基于给定的损伤破坏准则,评估桥梁所能承受的最大撞击能量。该方法由于需要考虑多个分析工况才能得到最终的临界撞击能,因此计算时间长,计算效率低,适用性不强。

②质量-弹簧-阻尼简化分析方法。将碰撞过程简化为质量-弹簧-阻尼简化模型,并考虑桥梁结构和碰撞物撞击后的共同变形,将撞击物与桥墩的参数用矩阵表示,通过解动力方程反映墩柱的整体响应。该方法的不足主要是获取受压墩柱抗力-位移曲线过程较为复杂,需要通过大量的迭代过程才能获得墩柱的力-位移曲线。

桥梁碰撞有限元法的分析过程将在后续章节进行介绍。本节将以受压墩柱为例,对基于截面纤维模型的质量-弹簧-阻尼等效计算方法实现过程进行介绍。

2.3.1 两自由度质量-弹簧-阻尼模型

图 3-2-9 为受压墩柱侧向遭到重物撞击的两自由度质量-弹簧-阻尼模型,其动力方程为:

$$M\ddot{u} + C\dot{u} + Ku = P \tag{3-2-25}$$

式中,M、C、K、P 分别为质量矩阵、阻尼矩阵、刚度矩阵和外力矩阵;$\ddot{u}$、$\dot{u}$、u 分别为体系的加速度向量、速度向量以及位移向量。

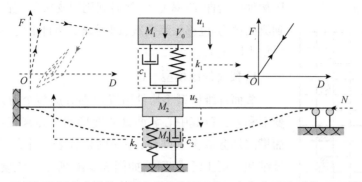

图 3-2-9 受压钢筋混凝土墩柱在撞击荷载作用下的两自由度质量-弹簧-阻尼模型示意图

M_1-撞击物质量;V_0-撞击初速度;M_2-受压墩柱等效质量;c_1、k_1-分别表示撞击物与柱体接触区域的接触阻尼和接触刚度,用来描述冲击过程中重物与柱接触区域内的局部行为;c_2、k_2-分别表示墩柱的阻尼和侧向抗力刚度,用来描述冲击过程中墩柱整体行为;u_1、u_2-分别表示撞击物位移和墩柱位移;N-墩柱外受外力;D-位移;F-抗力

其中,

$$\boldsymbol{M} = \begin{bmatrix} m_1 & 0 \\ 0 & m_2 \end{bmatrix}, \boldsymbol{C} = \begin{bmatrix} c_1 & -c_1 \\ -c_1 & c_1+c_2 \end{bmatrix}$$

$$\boldsymbol{K} = \begin{bmatrix} k_1 & -k_1 \\ -k_1 & k_1+k_2 \end{bmatrix}, \boldsymbol{P} = \begin{bmatrix} m_1 g \\ 0 \end{bmatrix}$$

$$\ddot{\boldsymbol{u}} = \begin{bmatrix} \ddot{u}_1 \\ \ddot{u}_2 \end{bmatrix}, \dot{\boldsymbol{u}} = \begin{bmatrix} \dot{u}_1 \\ \dot{u}_2 \end{bmatrix}, \boldsymbol{u} = \begin{bmatrix} u_1 \\ u_2 \end{bmatrix}$$

撞击物与柱体接触区域的接触刚度 k_1 由下式确定:

$$k_1 = \frac{4\sqrt{R}}{3} \left[\frac{1-v_1^2}{E_1} + \frac{1-v_2^2}{E_2} \right]^{-1} \tag{3-2-26}$$

式中,E_1、E_2 和 v_1、v_2 分别为两个物体的弹性模量和泊松比;R 为落锤的半径。

撞击物与柱体接触区域的接触阻尼 c_1 由下式确定:

$$c_1 = 2\xi \sqrt{\frac{M_1 M_2}{M_1 + M_2} \cdot k_1} \tag{3-2-27}$$

式中,ξ 为阻尼比。

已有研究表明,对于墩柱峰值动力响应而言,试件的阻尼效应影响较小,因此分析时 c_2 一般取0。由此可见,两自由度质量-弹簧-阻尼模型的关键在于确定侧向抗力刚度 k_2。

2.3.2 侧向抗力刚度

在上述两自由度质量-弹簧-阻尼模型中,受压钢筋混凝土墩柱的抗撞击能力由弹簧等效刚度 k_2(即墩柱侧向抗力刚度)决定,因此,准确获得受压墩柱的抗力-位移曲线是建立两自由质量-弹簧-阻尼模型的关键。基于截面纤维模型,在明确材料本构关系的基础上,计算受压构件的弯曲-曲率关系,然后利用简支梁的挠曲方程进一步得到梁的抗力-位移关系曲线,即可确定两自由度模型中墩柱的侧向抗力刚度 k_2。

1) 截面纤维模型

截面纤维模型将构件沿纵向划分成多个薄片,每一薄片的变形和内力以其中心截面处的变形和内力来表示。同时,沿截面横向划分成多个网格,每一网格代表一个纤维,纤维分钢筋纤维和混凝土纤维两种,如图3-2-10所示。该模型基于纤维材料本构关系计算截面轴力,在满足收敛前提下确定截面弯矩,建立弯矩-曲率关系。在此基础上,结合共轭梁法,计算压弯构件抗力-位移曲线。

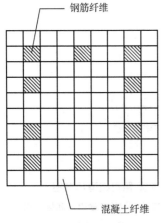

图 3-2-10 截面纤维单元

2) 材料本构关系

(1) 混凝土本构关系

忽略混凝土的抗拉能力影响,图3-2-11a)给出了混凝土应力-应变关系曲线,相应的表达式为:

$$\sigma_c = \frac{f_{co}\varepsilon_c r}{\varepsilon_{cc}\left[r-1+\left(\frac{\varepsilon_c}{\varepsilon_{cc}}\right)^r\right]} \tag{3-2-28}$$

$$r = \frac{E_c}{E_c - E_{sec}} \tag{3-2-29}$$

$$E_{sec} = \frac{f_{co}}{\varepsilon_{cc}} \tag{3-2-30}$$

$$\varepsilon_{cc} = \varepsilon_{co}\left[1 + 5\frac{f_{co}}{f'_{co}} - 1\right] \tag{3-2-31}$$

式中,σ_c 为混凝土的压应力;ε_c 为混凝土的压应变;E_c 为非约束混凝土的弹性模量;ε_{co} 为非约束混凝土的极限强度对应的应变,一般取值为0.002;f_{co} 为混凝土的极限抗压强度,对于非约束混凝土 $f_{co} = f'_{co}$,对于约束混凝土 $f_{co} = f'_{cc}$(其中,f'_{co} 为无侧限条件下标准圆柱体混凝土抗压强度,f'_{cc} 为约束混凝土抗压强度)。

(2) 钢筋本构关系

钢筋的拉压行为采用双折线弹塑性模型模拟,如图3-2-11b)所示,相应的本构关系表达式为:

$$\sigma_s = \begin{cases} E_s\varepsilon_s, & \varepsilon_s < \varepsilon_y \\ f_y + K_b(\varepsilon_s - \varepsilon_y), & \varepsilon_s \geq \varepsilon_y \end{cases} \tag{3-2-32}$$

式中,σ_s 为钢筋应力;K_b 为钢筋硬化段斜率,按 $0.01E_s$ 取值;E_s 为钢筋的弹性模量;ε_s 为钢筋应变;ε_y 为钢筋屈服时的应变;f_y 为钢筋的静力屈服强度。

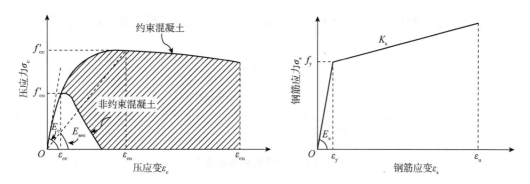

图 3-2-11　钢筋、混凝土的应力应变曲线

3) 材料应变率效应

在撞击过程中,混凝土和钢筋为应变率敏感材料,在动力荷载作用下,需考虑应变率效应对这些材料的影响。其中,考虑应变率效应后的混凝土抗压强度和弹性模量表达式如下:

$$f_{co,d} = \frac{1+\left(\dfrac{\dot{\varepsilon}_c}{0.035 f_{co}^2}\right)^{\frac{1}{6}}}{1+\left(\dfrac{0.00001}{0.035 f_{co}^2}\right)^{\frac{1}{6}}} f_{co} \tag{3-2-33}$$

$$E_{c,d} = \frac{1+\left(\dfrac{\dot{\varepsilon}_c}{0.035 f_{co}^3}\right)^{\frac{1}{6}}}{1+\left(\dfrac{0.00001}{0.035 f_{co}^3}\right)^{\frac{1}{6}}} E_c \tag{3-2-34}$$

式中,$\dot{\varepsilon}_c$ 表示混凝土应变率;$f_{co,d}$ 表示当应变率为 $\dot{\varepsilon}_c$ 时,混凝土的抗压强度;$E_{c,d}$ 表示当应变率为 $\dot{\varepsilon}$ 时,混凝土的弹性模量。

钢筋应变率效应表达式为:

$$f_{sy} = (1.202 + 0.040 \times \lg \dot{\varepsilon}_s) f_y \tag{3-2-35}$$

式中,f_{sy} 表示应变率为 $\dot{\varepsilon}_s$ 时钢筋的屈服强度;$\dot{\varepsilon}_s$ 表示钢筋应变率。

由上可知,在撞击过程中,考虑材料应变率效应的关键在于确定应变率。目前通常采用平均应变率来描述动态试验加载过程中材料的应变率,相应的平均应变率按最大应变率的 1/2 取值。对于撞击荷载作用下的墩柱构件,最大应变率取构件失效时对应的应变率,相应的计算步骤如下:

① 截面屈服后,构件进入塑性,在墩柱的两端与跨中截面形成塑性铰,如图 3-2-12 所示,此时:

$$\theta_{pl} = \theta_y + \frac{\varphi_p}{l_p} = \theta_y + 2 \cdot \frac{D_p}{0.5l} \cdot \frac{1}{l_p} = \theta_y + 4 \cdot \frac{D-D_y}{l} \cdot \frac{1}{l_p} \tag{3-2-36}$$

式中,θ_{pl} 表示跨中截面进入塑性后曲率;θ_y 表示屈服曲率;φ_p 表示塑性曲率;l_p 表示塑性铰长度;D_p表示竖向塑性变形;D表示竖向总变形;D_y表示竖向屈服变形;l表示墩柱长度。

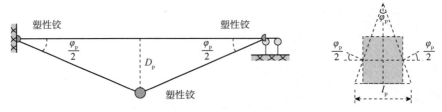

图 3-2-12 塑性铰变形示意图

②式(3-2-36)两边同时对时间 t 求导,可以得到跨中截面曲率 $\dot{\theta}$ 与竖向速度 $\dot{D}$ 的关系式:

$$\dot{\theta} = \frac{4}{ll_p}\dot{D} \qquad (3\text{-}2\text{-}37)$$

③当撞击物的撞击速度为 V 时,代入式(3-2-37),得:

$$\dot{\theta} = \frac{4V}{ll_p} \qquad (3\text{-}2\text{-}38)$$

各材料平均应变率为:

$$\dot{\varepsilon}_c = \dot{\theta} x_u / 2 \qquad (3\text{-}2\text{-}39)$$

$$\dot{\varepsilon}_s = \dot{\theta}(d-x_u)/2 \qquad (3\text{-}2\text{-}40)$$

式中,x_u 为静力加载时截面失效点中性轴位置。

将式(3-2-40)~式(3-2-42)代入式(3-2-35)~式(3-2-37),得到考虑等效应变率影响的材料属性。

4) 弯矩-曲率曲线

应用截面纤维模型计算弯矩-曲率关系时,需满足以下基本假定:

①截面变形前后满足平截面假定,截面应变按线性分布。

②不考虑钢筋与混凝土之间的相对滑移。

③忽略试件在水平荷载作用下的剪切变形和扭转变形的影响。

基于前述的截面纤维单元划分,以截面纤维形心处的应力和应变作为整个纤维的应力和应变,通过反复迭代得到常轴力下各级曲率对应的弯矩,其中一个曲率增量步下的迭代过程如下:

①基于给定的轴力,求出初始应变。

②假定截面受压区高度 x_c 的迭代初值。

③由截面的曲率及各纤维中心坐标求得各纤维单元相应的应变 ε_{ki}。

④由材料的本构关系求得各纤维单元应力 σ_{ki}。

⑤由截面各纤维单元应力求得截面的轴力,判断轴力是否收敛。若不收敛,修正截面受压区高度 x_c,返回步骤②,否则转入步骤⑥。

⑥根据各纤维单元应力及纤维中心坐标求得截面对应的弯矩 M_k。

⑦计算截面最大压应变,并判断是否超过材料的极限压应变,若未超过则进入下一级曲率增量。

基于上述方法,计算各曲率增量步下的弯矩,得到弯矩-曲率关系曲线。

5) 抗力-位移曲线

将压弯构件沿纵向划分成若干薄片,并以薄片中心截面处的变形和内力来表示每一薄片对应的变形和内力,同时忽略构件轴向压缩变形的影响,则一个曲率增量步下迭代求解抗力-位移关系的步骤如下:

①基于截面弯矩-曲率关系曲线,求得本级曲率下控制截面相应的弯矩值。

②取上次迭代结束时撞击处位移,由以下公式计算撞击水平力 P:

$$P = \frac{M - N\delta}{l} \tag{3-2-41}$$

式中,M 为对应曲率下的弯矩;N 为构件轴力;δ 为构件上一次撞击处位移;l 为撞击点到端部长度。

③由构件撞击水平力计算各微段中心截面处弯矩并由弯矩-曲率关系得到相应曲率。

④应用共轭梁法计算撞击处位移 δ',通过与上次迭代结束时撞击处位移进行对比,判断其收敛性;若不收敛,返回步骤②,直至满足收敛要求。

⑤判断本级曲率是否超过极限曲率;若未超过,进入下一级曲率增量。

应用上述方法,计算各曲率增量步下的抗力和位移,得到抗力-位移全过程曲线。

6) 负刚度问题的处理

在荷载-位移曲线的计算过程中,塑性铰在截面进入屈服后逐渐形成,其区域宽度亦随着荷载水平的增大而逐渐扩大。当塑性铰区域控制截面弯矩达到峰值弯矩时,若继续增大截面曲率,该截面将进入负刚度阶段,截面的弯矩值将会减小,整个构件将出现卸载,直至丧失承载力。

为模拟上述过程,当构件截面出现卸载情况时调整卸载刚度,具体为:

①塑性铰区域内的卸载刚度取弯矩-曲率关系曲线的下降段。

②塑性铰区域外卸载刚度近似取初始截面刚度。

7) 侧向抗力刚度取值

得到压弯构件的抗力-位移曲线,取峰值抗力对应的割线刚度作为两自由度质量-弹簧-阻尼模型的加载上升段侧向抗力刚度 k_2;当两自由度质量-弹簧-阻尼模型进入卸载阶段后,取压弯构件的抗力-位移曲线的初始弹性刚度作为下降段的侧向抗力刚度 k_2。

2.3.3 极限抗撞承载力简化方法

极限抗撞承载力也称为临界撞击能。在获取了抗力-位移曲线,得到侧向抗力刚度 k_2 后,利用中心差分法,结合式(3-2-25)可求得每级冲击能量下的位移-时程曲线,当墩柱撞击后的位移响应大于或等于失效位移时,对应的撞击能量即为极限抗撞承载力。

1) 失效位移

根据墩柱达到的峰值位移是否大于失效位移 D_{mu}，可判断墩柱是否失效。失效位移 D_{mu} 可由下面两种方法确定：

① 当有试验数据支撑，可直接用下式确定：

$$D_{mu} = D_y + 0.25(\theta_u - \theta_y)l_p l \tag{3-2-42}$$

式中，D_y 表示竖向屈服变形；θ_u 表示极限曲率；θ_y 表示屈服曲率；l_p 表示塑性铰长度；l 表示墩柱长度。

② 若无试验数据支撑，抗力-位移曲线的最大位移即为失效位移。

2) 位移时程曲线

计算冲击过程中墩柱跨中截面每一时间步的位移曲线的具体步骤如下：

① 输入初始条件：撞击物的初速度 V_0 和质量 M_1，接触刚度 k_1 和阻力系数 c_1、c_2，墩柱尺寸和等效质量 M_2，墩柱的材料属性。

② 根据得到的抗力-位移曲线，求解墩柱抗力刚度 k_2。

③ 利用有限差分法求解运动方程，获得质量 M_1 和 M_2 对应的速度和位移。

④ 判断墩柱计算位移是否等于或大于失效位移 D_{mu}，若 $D_i \geq D_{mu}$，墩柱失效，结束计算；若 $D_i < D_{mu}$，进一步判断墩柱计算位移是否等于或大于 $\max(D_1:D_{i-1})$，若 $D_i \geq \max(D_1:D_{i-1})$，重复步骤③、步骤④，输出冲击过程中位移时程曲线，若 $D_i < \max(D_1:D_{i-1})$，转入下一步。

⑤ 考虑到 D_i 小于 $\max(D_1:D_{i-1})$ 时，墩柱将进入卸载阶段，取压弯构件的抗力-位移曲线的初始弹性刚度作为下降段的侧向抗力刚度 k_2，返回步骤③。

3) 极限抗撞承载力简化方法分析步骤

综上所述，极限抗撞承载力简化方法分析步骤如下：

① 基于截面纤维模型，结合钢筋和混凝土的材料本构关系，通过反复迭代得到弯矩-曲率曲线。

② 依托截面弯矩-曲率关系曲线，应用共轭梁法通过反复迭代计算每级曲率下撞击截面处位移，得到抗力-位移曲线。

③ 基于抗力-位移曲线，得到侧向抗力刚度 k_2，利用中心差分法，结合式(3-2-25)求得单级冲击能量下的位移-时程曲线。

④ 基于得到的位移-时程曲线，判断墩柱最大位移是否等于或大于失效位移 D_{mu}，若是，结束计算，此时的撞击能量即为撞击临界能，对应的撞击力为极限抗撞承载力；若否，按加载级数增大撞击能量（可通过改变锤头质量或撞击高度实现），重复步骤③，直至墩柱位移-时程曲线中最大位移等于或大于失效位移 D_{mu}。

思考题与习题

① 桥梁碰撞问题的主要研究方法有哪些？对比各自的优缺点。

② 分别画出单自由度和双自由度碰撞力学模型图式，建立碰撞动力学方程并求解撞击

力和自振频率。

③简述桥梁足尺碰撞试验研究的优缺点。

④简述桥梁缩尺碰撞试验的类型和碰撞原理。

⑤简述桥梁碰撞数值模拟隐式方法和显式方法的适用范围。

⑥桥梁碰撞撞击力时程曲线分几个阶段？结合撞击力时程曲线给出撞击力定义的方法有哪些？

⑦阐述全局平均法和局部平均法计算等效撞击力的原理,总结两种方法的适用范围。

⑧对比美国规范、欧洲规范和我国规范对船舶撞击作用下撞击力计算公式,分析三种规范对同一桥梁结构抗船撞设计的异同点。

⑨阐述极限抗撞承载力的定义和计算方法。

⑩简述两自由度质量-弹簧-阻尼模型计算极限抗撞承载力的原理和步骤。

第 3 章
桥梁撞击数值模拟

在桥梁撞击问题的研究中,考虑到试验技术、测试手段的限制,试验研究存在成本高、数据离散性大和影响因素复杂等诸多不足,一般很难通过测试得到材料内各点应力应变动态变化过程,从而对问题的分析造成困难,为此需要借助数值模拟对撞击试验进行补充。数值模拟作为一种数值仿真手段,能重现桥梁撞击的全过程并给出计算结果,可更直观地评估桥梁撞击问题。

本章主要介绍 LS-DYNA 软件基本分析理论,车桥碰撞、船桥碰撞和桥梁落石撞击数值模拟的建模流程,最后以车桥碰撞为例开展了数值模拟。

3.1 LS-DYNA 软件

3.1.1 软件简介

LS-DYNA 软件是由 LSTC 公司研发的商业有限元软件,在动力结构分析领域得到广泛利用。应用 LS-DYNA 的显式算法可对各种复杂的冲击接触动力学问题、多重非线性准静态问题迅速计算求解。LS-DYNA 还拥有相当丰富的单元库,如梁单元、杆单元、壳单元、实体单元等,且各类单元对应有多种算法可供选择。除此之外,LS-DYNA 提供了 150 余种常见的金属、非金属、气体材料模型。尤其对于混凝土材料,提供了诸如 KCC 模型、HJC 模型和 CSC 模型等能反映应变率效应、软化、失效、损伤演化等动态特性的损伤模型,被广泛应用于桥梁的碰撞数值模拟。

3.1.2 混凝土材料损伤模型

1) KCC 模型

KCC 模型通过定义 3 个独立的剪切破坏面来控制混凝土类材料在复杂应力条件下的非线性行为,基于线性插值函数考虑当前应力状态的累积损伤。LS-DYNA 程序前处理中的材料模型可直接定义 *MAT_72R3 的关键字,根据 k 文件帮助手册输入对应的参数,如图 3-3-1 所示。

(1) 剪切破坏面方程

图 3-3-2 和图 3-3-3 分别为 KCC 模型的 3 个剪切破坏面(屈服破坏面、最大破坏面和残余破坏面)和材料的本构关系,其中 f'_c 和 f_t 分别表示单轴抗压强度和拉伸强度,$\Delta\sigma$ 和 P 分别表示主应力差和静水压力。

Card 1	1	2	3	4	5	6	7	8
Variable	MID	RO	PR					
Type	A8	F	F					
Default	none	none	none					

Card 2	1	2	3	4	5	6	7	8
Variable	FT	A0	A1	A2	B1	OMEGA	A1F	
Type	F	F	F	F	F	F	F	
Default	none	0.0	0.0	0.0	0.0	none	0.0	

Card 3	1	2	3	4	5	6	7	8
Variable	$S\lambda$	NOUT	EDROP	RSIZE	UCF	LCRATE	LOCWID	NPTS
Type	F	F	F	F	F	I	F	F
Default	none	none	none	none	none	none	none	none

Card 4	1	2	3	4	5	6	7	8
Variable	$\lambda 01$	$\lambda 02$	$\lambda 03$	$\lambda 04$	$\lambda 05$	$\lambda 06$	$\lambda 07$	$\lambda 08$
Type	F	F	F	F	F	F	F	F
Default	none	none	none	none	none	none	none	none

Card 5	1	2	3	4	5	6	7	8
Variable	$\lambda 09$	$\lambda 10$	$\lambda 11$	$\lambda 12$	$\lambda 13$	B3	A0Y	A1Y
Type	F	F	F	F	F	F	F	F
Default	none	none	none	none	none	none	0.0	0.0

Card 6	1	2	3	4	5	6	7	8
Variable	$\eta 01$	$\eta 02$	$\eta 03$	$\eta 04$	$\eta 05$	$\eta 06$	$\eta 07$	$\eta 08$
Type	F	F	F	F	F	F	F	F
Default	none	none	none	none	none	none	none	none

Card 7	1	2	3	4	5	6	7	8
Variable	$\eta 09$	$\eta 10$	$\eta 11$	$\eta 12$	$\eta 13$	B2	A2F	A2Y
Type	F	F	F	F	F	F	F	F
Default	none	none	none	none	none	0.0	0.0	0.0

图 3-3-1　KCC 模型参数输入格式

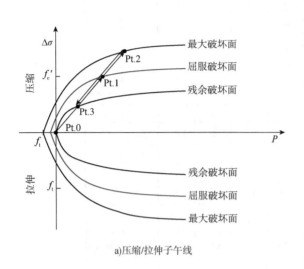
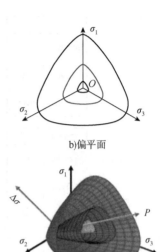

图 3-3-2 KCC 模型的剪切破坏面

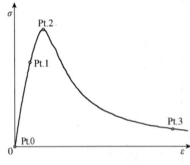

图 3-3-3 KCC 模型的本构关系

KCC 模型的材料本构行为描述如下：

①初始点 Pt.0 线性地上升到屈服点 Pt.1 的屈服破坏面。

②材料发生应变硬化效应，上升到峰值强度点 Pt.2 的最大破坏面。

③材料发生软化效应，下降到残余强度点 Pt.3 的残余破坏面，此时材料完全破坏。

3 个剪切面对应的表达式为：

$$\Delta \sigma_y = a_{0y} + \frac{P}{a_{1y} + a_{2y} P} \tag{3-3-1}$$

$$\Delta \sigma_m = a_0 + \frac{P}{a_1 + a_2 P} \tag{3-3-2}$$

$$\Delta \sigma_r = \frac{P}{a_{1f} + a_{2f} P} \tag{3-3-3}$$

式中，$\Delta \sigma_y$、$\Delta \sigma_m$、$\Delta \sigma_r$ 分别表示屈服破坏强度、最大破坏强度、等效残余强度；a_{0y}、a_{1y}、a_{2y}、a_0、a_1、a_2、a_{1f}、a_{2f} 为用户自定义的输入参数，以确定模型的剪切破坏面，一般通过收集材料的单轴和三轴压缩试验数据，基于最小二乘拟合曲线来确定。

当材料应力介于三个剪切破坏面之间时，当前应力通过线性插值计算：

$$\Delta \sigma = \begin{cases} \eta(\lambda) \Delta \sigma_m + [1 - \eta(\lambda)] \Delta \sigma_y & \lambda \leq \lambda_m \\ \eta(\lambda) \Delta \sigma_m + [1 - \eta(\lambda)] \Delta \sigma_r & \lambda > \lambda_m \end{cases} \tag{3-3-4}$$

式中，$\eta(\lambda)$ 表示与等效塑性应变 λ 相关的损伤函数；λ_m 表示等效塑性峰值应变。

当 λ 从 0 增大到 λ_m 时，$\eta(\lambda)$ 由 0 增加到 1，表示材料进入屈服强化阶段，随后 $\eta(\lambda)$ 随

着 λ 值增加到某个较大值后逐渐下降为 0,表示材料进入破坏阶段,如图 3-3-4 所示。

(2)状态方程

为准确描述混凝土材料模型中的压缩行为,KCC 模型解耦了体积响应和偏差响应,其中体积行为由状态方程(EOS)控制,相应的静水压力 P 与体积应变 ε_v 之间的关系如下:

$$P = C(\varepsilon_v) + \gamma T(\varepsilon_v) E \tag{3-3-5}$$

式中,P 表示静水压力;$C(\varepsilon_v)$ 表示体积应变 ε_v 对应的体积压力值,$\varepsilon_v = \ln(V/V_0)$,其中 V 表示相对体积,V_0 表示初始相对体积;γ 表示比热比;$T(\varepsilon_v)$ 表示体积应变 ε_v 对应的温度值;E 表示初始单位体积的内能。

如图 3-3-5 所示,状态方程中静水压力随体积应变的增大而递增,以压缩压力为正。当状态方程卸载时,相应的卸载刚度为卸载体积模量 K,其起于峰值体积应变,止于静水压力 $P = -f_t/3$。重新加载路径沿卸载路径到卸载开始点,之后沿着加载路径继续加载。

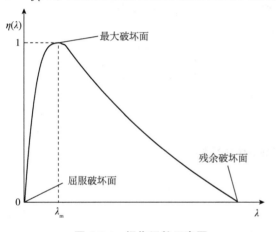

图 3-3-4 损伤函数示意图

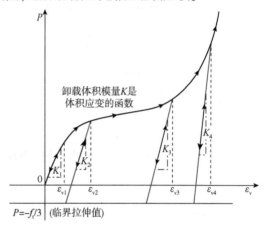

图 3-3-5 静水压力-体积应变曲线的表观压实状态方程

(3)KCC 模型控制参数

在使用 KCC 模型时,需输入材料强度参数 a_0、a_1、a_2、a_{0y}、a_{1y}、a_{2y}、a_{1f}、a_{2f} 以及材料损伤参数 b_1、b_2、b_3。这些控制参数一般通过收集材料的单轴和三轴拉伸压缩试验数据,基于最小二乘拟合曲线来确定。

2)HJC 模型

HJC 模型是 Holmquist 提出的一种与应变率相关的损伤模型,该模型通过确定损伤函数和静水压力-体积应变关系来建立屈服面方程,进而确定本构关系。由于 LS-DYNA 程序前处理中的材料模型无法选择 HJC 模型,因此需在生成的 k 文件中定义 *MAT_JOHNSON_HOLMQUIST_CONCRETE 的关键字,根据 k 文件帮助手册输入对应的参数,如图 3-3-6 所示。

(1)屈服面方程

HJC 模型屈服面方程基于归一化等效应力来定义(图 3-3-7),相应的表达式为:

$$\sigma^* = \left[A(1-D) + BP^{*N} \right] \left(1 + C\ln \dot{\varepsilon}^* \right) \leqslant S_{max} \qquad (3\text{-}3\text{-}6)$$

式中，σ^* 表示等效应力 σ 与单轴抗压强度 f_c' 的比值；P^* 表示静水压力 P 与单轴抗压强度 f_c' 的比值；$\dot{\varepsilon}^*$ 表示真实应变率 $\dot{\varepsilon}$ 和参考应变率 $\dot{\varepsilon}_0$ 的比值；A 和 B 分别表示归一化内聚强度系数和归一化压力系数；N 和 C 分别表示应变硬化指数和应变率系数；S_{max} 表示最大归一化强度；D 表示由损伤函数确定的损伤参数，其取值范围为 0~1。

Card 1	1	2	3	4	5	6	7	8
Variable	MID	RO	G	A	B	C	N	FC
Type	A8	F	F	F	F	F	F	F

Card 2	1	2	3	4	5	6	7	8
Variable	T	EPS0	EFMIN	SFMAX	PC	UC	PL	UL
Type	F	F	F	F	F	F	F	F

Card 3	1	2	3	4	5	6	7	8
Variable	D1	D2	K1	K2	K3	FS		
Type	F	F	F	F	F	F		

图 3-3-6　HJC 模型参数输入格式

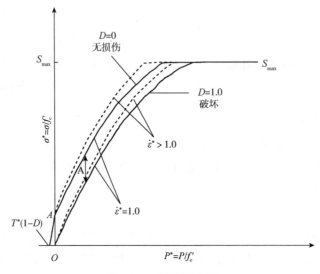

图 3-3-7　屈服面方程

注：T^* 表示最大拉伸强度 T 与单轴抗压强度 f_c' 的比值。

（2）损伤方程

HJC 模型通过等效塑性应变和塑性体积应变的累积来描述材料内部空隙压实导致黏结强度降低而造成的损伤（图 3-3-8），相应的表达式如下：

$$D = \sum \frac{\Delta\varepsilon_p + \Delta\mu_p}{\varepsilon_p^f + \mu_p^f} \tag{3-3-7}$$

$$\varepsilon_p^f + \mu_p^f = D_1(P^* + T^*)^{D_2} \geqslant \varepsilon_{fmin} \tag{3-3-8}$$

式中,$\Delta\varepsilon_p$ 和 ε_p^f 分别表示常压下材料的等效塑性应变和等效塑性应变增量;μ_p^f 和 $\Delta\mu_p$ 分别表示常压下材料的塑性体积应变和塑性体积应变增量;ε_{fmin} 表示材料破坏时的最小塑性应变;D_1 和 D_2 分别表示控制材料损伤程度的参数;T^* 表示最大拉伸强度 T 与单轴抗压强度 f_c' 的比值,当 $P^* = -T^*$ 时,材料不再承受任何塑性应变。

（3）状态方程

HJC 模型中,材料静水压力-体积应变曲线由分段状态方程组成,如图 3-3-9 所示。

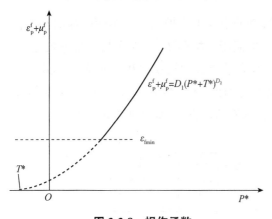

图 3-3-8　损伤函数

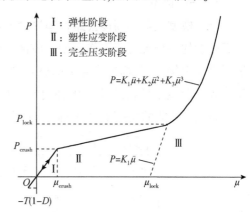

图 3-3-9　静水压力-体积应变状态方程

第一阶段为线弹性阶段 $[-T(1-D) \leqslant P \leqslant P_{crush}]$,静水压力和体积应变呈线性关系,即加载段和卸载段均为可逆的弹性状态,相应的表达式为:

$$P = K_e \mu \tag{3-3-9}$$

$$K_e = P_{crush}/\mu_{crush} \tag{3-3-10}$$

式中,μ 表示弹性体积模量和体积应变;K_e 表示单轴压缩试验中材料达到弹性极限时的静水压力 P_{crush} 与体积应变 μ_{crush} 的比值。

第二阶段为塑性应变阶段（$P_{crush} < P \leqslant P_{lock}$）,材料内部空隙逐渐压实,开始出现塑性体积应变和破坏性裂缝,相应的表达式为:

加载段　　　　　　　　$P = (\mu - \mu_{crush})K_p + P_{crush}$ 　　　　　　　　(3-3-11)

卸载段　　　　　　　　$P = P_0 - [(1-F)K_p + FK_1](\mu_0 - \mu)$ 　　　　　(3-3-12)

式中,$K_p = (P_{lock} - P_{crush})/(\mu_{lock} - \mu_{crush})$,表示塑性体积模量;$P_{lock}$ 和 μ_{lock} 分别表示压实静水压力和体积应变;P_0 和 μ_0 分别表示卸载前静水压力和体积应变;$F = (\mu_0 - \mu_{crush})/(\mu_{lock} - \mu_{crush})$ 表示卸载比例系数。

第三阶段为完全压实阶段（$P > P_{lock}$）,材料内部所有空隙均被压实,导致材料失效,相应的表达式为:

加载段　　　　　　　　$P = K_1\bar{\mu} + K_2\bar{\mu}^2 + K_3\bar{\mu}^3$ 　　　　　　　　(3-3-13)

卸载段 $$P = K_1 \bar{\mu} \tag{3-3-14}$$

式中，K_1、K_2、K_3 表示完全压实的材料压力常数；$\bar{\mu}$ 表示修正后的体积应变，$\bar{\mu} = (\mu - \mu_{lock})/(1 + \mu_{lock})$。

(4) HJC 模型控制参数

在使用 HJC 模型时，需输入材料屈服面方程控制参数 A、B、N、C、S_{max}，损伤函数控制参数 D_1、D_2、E_{fmin}，静水压力-体积应变控制参数 P_{crush}、P_{lock}、μ_{crush}、μ_{lock}。这些控制参数一般通过收集材料的最大拉伸强度和单轴抗压强度并参考 Holmquist 推荐的普通混凝土初始值来确定。

3) CSC 模型

CSC 模型是美国高速公路管理局为模拟路边钢筋混凝土防护结构与车辆碰撞的动态性能而研发的一种混凝土损伤模型。该模型综合考虑混凝土材料硬化、损伤及应变率效应，通过屈服面本构方程、描述混凝土的软化效应和模量衰减效应的损伤方程以及应变率效应方程来表征混凝土材料的动态破坏过程。CSC 模型与 HJC 模型类似，需在生成的 k 文件定义 *MAT_CSCM 的关键字，根据 k 文件帮助手册输入对应的参数，如图 3-3-10 所示。

Card 3	1	2	3	4	5	6	7	8
Variable	G	K	ALPHA	THETA	LAMDA	BETA	NH	CH
Type	F	F	F	F	F	F	F	F

Card 4	1	2	3	4	5	6	7	8
Variable	ALPHA1	THETA1	LAMDA1	BETA1	ALPHA2	THETA2	LAMDA2	BETA2
Type	F	F	F	F	F	F	F	F

Card 5	1	2	3	4	5	6	7	8
Variable	R	X0	W	D1	D2			
Type	F	F	F	F	F			

Card 6	1	2	3	4	5	6	7	8
Variable	B	GFC	D	GFT	GFS	PWRC	PWRT	PMOD
Type	F	F	F	F	F	F	F	F

Card 7	1	2	3	4	5	6	7	8
Variable	ETA0C	NC	ETA0T	NT	OVERC	OVERT	SRATE	REPOW
Type	F	F	F	F	F	F	F	F

图 3-3-10 CSC 模型参数输入格式

(1) 屈服面方程

CSC 模型屈服面包括剪切破坏面和盖帽硬化面，通过相乘的方式实现了两者之间的光滑连接，如图 3-3-11 所示，其中剪切破坏面在偏平面上的投影形状由 Willam-Warnke 模型描述，而盖帽硬化面由材料所经历的应力和应变的历史来决定其位置和大小。CSC 模型屈服面本构方程如下：

$$f(J_1,J_2',J_3',\kappa)=J_2'-R^2F_f^2F_c \tag{3-3-15}$$

$$J_1=3P \tag{3-3-16}$$

$$J_2'=\frac{1}{2}S_{ij}S_{jk} \tag{3-3-17}$$

$$J_3'=\frac{1}{3}S_{ij}S_{jk}S_{ki} \tag{3-3-18}$$

式中，J_1 表示应力张量第一不变量，$J_1=\sigma_1+\sigma_2+\sigma_3$，其中 σ_1、σ_2 和 σ_3 分别为三个主应力；J_2' 和 J_3' 分别表示偏应力张量第二不变量和第三不变量；κ 表示盖帽硬化参数，其值取剪切破坏面和盖帽硬化面交界处的 J_1；R 表示 Rubin 折减函数；F_f 和 F_c 分别表示剪切破坏面方程和盖帽硬化面方程；P 表示静水压力；S_{ij}、S_{jk}、S_{ki} 表示偏应力张量。

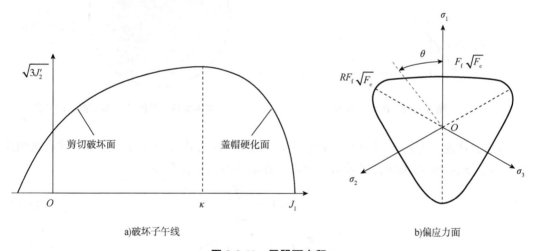

a)破坏子午线　　　　　　　　　b)偏应力面

图 3-3-11　屈服面方程

假设弹性应力不变量分别为 $J_1'^T$、$J_2'^T$、$J_3'^T$，则 $f(J_1'^T,J_2'^T,J_3'^T,\kappa^T)\leqslant 0$ 表示材料处于弹性应力阶段，$f(J_1'^P,J_2'^P,J_3'^P,\kappa^P)=0$ 表示材料进入屈服应力阶段，$f(J_1'^T,J_2'^T,J_3'^T,\kappa^T)>0$ 表示材料进入弹塑性应力阶段。这是通过强制塑性一致性条件和相关变形来实现的。

① 剪切破坏面方程

当混凝土处于受拉状态或低围压状态时，混凝土强度由描述剪切屈服强度的剪切破坏面来模拟，剪切破坏面方程通过压缩子午线、剪切子午线和拉伸子午线来描述，其中压缩子午线表达式为：

$$F_f(J_1)=\alpha-\lambda\exp^{-\beta J_1}+\theta J_1 \tag{3-3-19}$$

式中，α、β、λ、θ 为剪切破坏面参数，一般通过三轴压缩试验结果拟合上述表达式来确定。

图 3-3-12 中，压缩子午线控制点如下：$A(-3f'_{tt},0)$ 表示三轴等拉状态，$B(-2f'_{bt},f'_{bt}/\sqrt{3})$ 表示双轴等拉状态，$C(f'_c,f'_c/\sqrt{3})$ 表示单轴压缩状态（其中，f'_{tt}、f'_{bt} 和 f'_c 分别表示三轴等拉强度、双轴等拉强度和单轴抗压强度），$D(2\sigma_3+\sigma_1,(\sigma_1-\sigma_3)/\sqrt{3})$ 表示三轴压缩状态（其中，σ_1 和 σ_3 分别为围压试验中的轴向应力和围压，以压应力为正）。

如图 3-3-13 所示，CSC 模型通过 Rubin 函数折减三轴压缩剪切强度（RF_f）来模拟三轴扭转强度（TOR）和三轴拉伸强度（TXE），其中 R 的取值取决于角度 $\hat{\beta}$ 对应的应力状态和由试验确定的比例函数 Q_1、Q_2，并明确 Q_1F_f 表达剪切子午线（模拟三轴扭转强度），Q_2F_f 表达拉伸子午线（模拟三轴拉伸强度）。

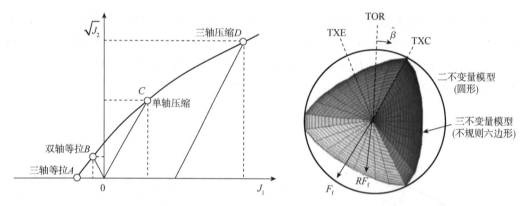

图 3-3-12　压缩子午线　　　　图 3-3-13　屈服面在偏平面上的投影

角度 $\hat{\beta}$ 决定了相对于三轴压缩强度（TXC）的任何应力状态的混凝土强度。其值被约束在 $-\pi/6$ 至 π 之间，与偏应力张量第二变量 J'_2 和第三不变量 J'_3 有关。

$$\sin 3\hat{\beta} = \hat{J}_3 = \frac{3\sqrt{3}J'_3}{2J'^{3/2}_2} \tag{3-3-20}$$

$$\begin{cases} \hat{\beta}=\dfrac{\pi}{6},\hat{J}_3=1 & \text{for TXC} \\ \hat{\beta}=0,\hat{J}_3=0 & \text{for TOR} \\ \hat{\beta}=-\dfrac{\pi}{6},\hat{J}_3=-1 & \text{for TXE} \end{cases} \tag{3-3-21}$$

Rubin 折减函数 R 表达式如下：

$$R=\frac{-b_1+\sqrt{b_1^2-4b_2b_0}}{2b_2} \tag{3-3-22}$$

$$b_0=-(3+b-a^2)/4 \tag{3-3-23}$$

$$b_1=a(\cos\hat{\beta}-a\sin\hat{\beta}) \tag{3-3-24}$$

$$b_2 = (\cos\hat{\beta} - a\sin\hat{\beta})^2 + b\sin^2\hat{\beta} \tag{3-3-25}$$

$$a = \frac{-a_1 + \sqrt{a_1^2 - 4a_2 a_0}}{2a_2} \tag{3-3-26}$$

$$a_0 = 2Q_1^2(Q_2 - 1) \tag{3-3-27}$$

$$a_1 = \sqrt{3}Q_2 + 2Q_1(Q_2 - 1) \tag{3-3-28}$$

$$a_2 = Q_2 \tag{3-3-29}$$

$$b = (2Q_1 + a)^2 - 3 \tag{3-3-30}$$

比例函数 Q_1、Q_2 可由下列公式确定:

$$Q_1(J_1) = \alpha_1 - \lambda_1 \exp^{-\beta_1 J_1} + \theta_1 J_1 \tag{3-3-31}$$

$$Q_2(J_1) = \alpha_2 - \lambda_2 \exp^{-\beta_2 J_1} + \theta_2 J_1 \tag{3-3-32}$$

式中,α_1、β_1、λ_1 和 θ_1 分别表示扭转强度常数项、扭转强度线性项、扭转强度非线性项和扭转强度指数;α_2、β_2、λ_2 和 θ_2 分别表示三轴拉伸面常数项、三轴拉伸面线性项、三轴拉伸面非线性项和三轴拉伸面指数。

图 3-3-14 中,拉伸子午线控制点如下:$A(-3f'_{tt}, 0)$ 表示三轴等拉状态,$E(-f'_t, f'_t/\sqrt{3})$ 表示单轴拉伸状态,$F(2f'_{bc}, f'_{bc}/\sqrt{3})$ 表示双轴等压状态(其中,f'_{tt}、f'_t 和 f'_{bc} 分别表示三轴等拉强度、单轴抗拉强度和双轴等压强度),$G(2\sigma_3 + \sigma_1, (\sigma_1 - \sigma_3)/\sqrt{3})$ 表示三轴拉伸状态(其中,σ_1 和 σ_3 分别为围压试验中的轴向应力和围压,以压应力为正)。

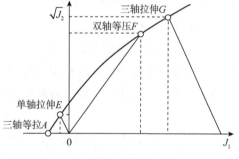

图 3-3-14 拉伸子午线

② 盖帽硬化面方程

当混凝土处于低围压到高围压状态时,混凝土强度由盖帽硬化面方程确定。当混凝土材料处于受拉或低围压状态时,盖帽硬化面方程取值为 1,此时混凝土强度仅由剪切破坏面方程控制;当混凝土材料处于中高围压状态时,盖帽硬化面方程为椭圆函数,混凝土强度由剪切破坏面方程和盖帽硬化面方程共同确定,相应的盖帽硬化面表达式如下:

$$F_c(J_1, \kappa) = \begin{cases} 1 & J_1 \leq L(\kappa) \\ 1 - \dfrac{[J_1 - L(\kappa)][|J_1 - L(\kappa)| + J_1 - L(\kappa)]}{2[X(\kappa) - L(\kappa)]^2} & J_1 > L(\kappa) \end{cases} \tag{3-3-33}$$

$$X(\kappa) = L(\kappa) + nF_f[L(\kappa)] \tag{3-3-34}$$

$$L(\kappa) = \begin{cases} \kappa & \kappa > \kappa_0 \\ \kappa_0 & \kappa \leq \kappa_0 \end{cases} \tag{3-3-35}$$

式中,$X(\kappa)$ 表示盖帽硬化面与 J_1 轴的交点;n 表示盖帽硬化面方程的椭圆函数长轴与短轴的比值;κ_0 表示剪切破坏面与盖帽硬化面初始相交时对应的 J_1 值。

将式(3-3-35)代入式(3-3-33),化简为:

$$F_c(J_1,\kappa) = \begin{cases} 1-(J_1-\kappa)^2/(X-\kappa)^2 & J_1 \geqslant \kappa \\ 1 & J_1 < \kappa_0 \end{cases} \quad (3\text{-}3\text{-}36)$$

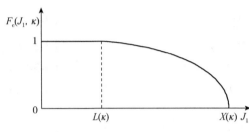

图 3-3-15 盖帽硬化面函数示意图

盖帽硬化面函数示意图见图 3-3-15,可以看出,当 $J_1 \leqslant L(\kappa)$ 时,盖帽硬化面函数 $F_c(J_1,\kappa)$ 等于1;当 $L(\kappa) \leqslant J_1 \leqslant X(\kappa)$ 时,盖帽硬化函数 $F_c(J_1,\kappa)$ 由椭圆函数表示。$J_1 = L(\kappa)$ 定义了剪切破坏面与盖帽硬化面的交界线。

盖帽硬化面方程通过盖帽面的膨胀和收缩来模拟材料塑性体积的变化,即 $X(\kappa)$、κ 的增大和减小分别表示材料塑性体积的膨胀和压缩,相应的硬化准则如下:

$$\varepsilon_v^p = W[1-\exp^{-D_1(X-X_0)-D_2(X-X_0)^2}] \quad (3\text{-}3\text{-}37)$$

式中,ε_v^p 表示塑性体积应变;W 表示最大塑性体积应变;D_1 和 D_2 分别表示线性形状参数和二次形状参数;X_0 表示 κ 取 κ_0 时盖帽硬化面的初始横坐标截距。

(2)损伤方程

CSC 模型通过损伤方程来描述混凝土的模量衰减效应和应变软化效应,如图 3-3-16 所示。模量衰减表现为重复卸载和加载出现曲线斜率的下降,应变软化表现为混凝土达到峰值强度后在应变演化过程中出现的强度降低现象,相应的损伤方程如下:

$$\sigma_{ij}^d = (1-d)\sigma_{ij}^{vp} \quad (3\text{-}3\text{-}38)$$

式中,σ_{ij}^d 和 σ_{ij}^{vp} 分别表示损伤应力张量和无损伤应力张量;d 表示标量损伤参数,取值范围为 0~1,表示从无损伤到完全损伤的演化过程。因此,$1-d$ 是一个对体积模量和剪切模量各向同性折减的折减因子。

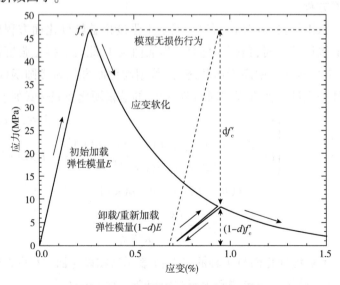

图 3-3-16 应变软化及模量衰减示意图

在 CSC 模型中,当混凝土的损伤达到损伤阈值后开始损伤累积,表现出脆性损伤和塑性损伤两种形式。

①脆性损伤

当混凝土处于受拉状态且能量型损伤参数 τ_b 超过脆性损伤阈值 τ_{0b} 时,脆性损伤开始累积,相应的损伤表达式如下:

$$\tau_b = \sqrt{E\varepsilon_{max}^2} \tag{3-3-39}$$

式中,τ_b 表示能量型损伤参数;E 表示初始加载弹性模量;ε_{max} 表示材料的最大主应变。

②塑性损伤

当混凝土处于受压状态且能量型损伤参数 τ_d 超过塑性损伤阈值 τ_{0d} 时,塑性损伤开始累积,相应的损伤表达式如下:

$$\tau_d = \sqrt{\frac{1}{2}\sigma_{ij}\varepsilon_{ij}} \tag{3-3-40}$$

式中,τ_d 表示能量型损伤参数;σ_{ij} 表示考虑损伤和应变率效应前的弹塑性应力;ε_{ij} 表示由应变分量决定的塑性损伤累积。

③软化函数

当混凝土损伤累积时,损伤参数 d 从初始值 0 增加到最大值 1,相应的损伤表达式如下:

对于脆性损伤:

$$d(\tau_d) = \frac{0.999}{D}\left[\frac{1+D}{1+D\exp^{-C(\tau_d-\tau_{0d})}}-1\right] \tag{3-3-41}$$

对于塑性损伤:

$$d(\tau_d) = \frac{d_{max}}{B}\left[\frac{1+B}{1+B\exp^{-A(\tau_d-\tau_{0d})}}-1\right] \tag{3-3-42}$$

$$A = A(d_{max}+0.001)^{pmod} \tag{3-3-43}$$

$$\tau_d = \sqrt{\frac{1}{2}\sigma_{ij}\varepsilon_{ij}} \tag{3-3-44}$$

式中,A 和 B 表示塑性形状软化参数;C 和 D 表示脆性形状软化参数;d_{max} 表示材料所能达到的最大损伤;pmod 表示自定义拟合软化参数,其默认值为 0。

(3)应变率效应

CSC 模型通过应变率效应来确定材料的动态强度。在计算过程的每一个时间步长内,混凝土材料的黏塑性应力在弹性试算应力和非黏塑性应力之间通过插值确定,公式如下:

$$\sigma_{ij}^{vp} = (1-\gamma)\sigma_{ij}^{T}+\gamma\sigma_{ij}^{P} \tag{3-3-45}$$

$$\gamma = (\Delta t/\eta)/(1+\Delta t/\eta) \tag{3-3-46}$$

式中,σ_{ij}^{vp} 和 σ_{ij}^{P} 分别表示考虑应变率效应的黏塑性应力和不考虑应变率效应的非黏塑性应力;σ_{ij}^{T} 表示弹性试算应力;γ 表示黏塑性插值参数;Δt 表示时间步长;η 表示应变率效应流动系数,可通过方程插值求得:

拉伸 $$\eta = \eta_s + (\eta_t - \eta_s)(-J_1/\sqrt{3J_2'})^{\text{PWRT}} \qquad (3\text{-}3\text{-}47)$$

压缩 $$\eta = \eta_s + (\eta_c - \eta_s)(-J_1/\sqrt{3J_2'})^{\text{PWRC}} \qquad (3\text{-}3\text{-}48)$$

$$\eta_t = \eta_{0t}/\dot{\varepsilon}^{N_t} \qquad \eta_c = \eta_{0c}/\dot{\varepsilon}^{N_c} \qquad \eta_s = \text{SRATE}\,\eta_t \qquad (3\text{-}3\text{-}49)$$

式中，η_{0t} 和 η_{0c} 分别表示单轴受拉和受压应变率效应参数；η_t、η_c 和 η_s 分别表示受拉流动系数、受压流动系数和受剪流动系数；PWRT 和 PWRC 分别表示剪拉转换参数和剪压转换参数；N_t 和 N_c 分别表示单轴受拉和受压应变率效应功率参数；SRATE 表示受剪流动系数与受拉流动系数的比值；$\dot{\varepsilon}$ 表示有效应变率。

在确定了应变率效应流动系数 η 后，对于直拉和无约束的轴压混凝土，其动态强度为：

$$f'_{td} = f'_t + E\dot{\varepsilon}\eta \qquad f'_{cd} = f'_c + E\dot{\varepsilon}\eta \qquad (3\text{-}3\text{-}50)$$

式中，f'_{td} 和 f'_{cd} 分别表示动态单轴抗拉强度和动态单轴抗压强度；f'_t 和 f'_c 分别表示单轴抗拉强度和单轴抗压强度；$E\dot{\varepsilon}\eta$ 表示由应变率效应导致的过应力；E 表示材料弹性模量。

在 CSC 模型中，用户可以通过输入参数 REPOW 考虑应变率效应后的断裂能，如下所示：

$$G_f^{\text{rate}} = G_f \left(1 + \frac{E\dot{\varepsilon}\eta}{f'}\right)^{\text{REPOW}} \qquad (3\text{-}3\text{-}51)$$

式中，G_f^{rate} 表示通过应变率效应增强的断裂能；G_f 表示未考虑应变率的断裂能；f' 表示施加应变率效应之前的屈服强度（由模型内部计算）。括号中的值大于或等于 1，表示动态强度与静态强度的近似比值。

为了限制高应变率下的应变率效应，用户可以输入受拉最大允许过应力 OVERT 和受压最大允许过应力 OVERC，当计算得到的过应力 $E\dot{\varepsilon}\eta$ 大于 OVERT 或 OVERC 时，塑性流动系数 η 由下式确定：

$$\eta = \text{OVER}/(E\dot{\varepsilon}) \qquad (3\text{-}3\text{-}52)$$

当受拉时，OVER = OVERT，当受压时，OVER = OVERC。

(4) CSC 模型控制参数

在使用 CSC 模型时，只需输入混凝土的抗压强度即可自动生成其余参数，方便使用。

3.1.3 钢筋材料损伤模型

在撞击作用下，桥墩钢筋材料应变率效应十分明显，因此常选用考虑了强化、屈服和应变率效应的 Cowper-Symonds 损伤模型进行数值模拟研究。Cowper-Symonds 模型考虑了各向同性、随动硬化，其受力特性与应变率有直接关系，在计算过程中会考虑单元失效。其中，硬化参数 $\beta(0 \leqslant \beta < 1)$ 的大小决定材料的特性，当 β 为 0 时材料损伤模型为各向同性，当 β 为 1 时材料损伤模型关系为随动硬化。钢筋应变率采用 Cowper-Symonds 本构关系来表达，相应的屈服应力关于应变率的表达关系如下：

$$\sigma_y = \left|1 + \left(\frac{\dot{\varepsilon}}{C}\right)^{\frac{1}{P}}\right| (\sigma_0 + \beta E_p \varepsilon_p^{\text{eff}}) \qquad (3\text{-}3\text{-}53)$$

式中，C、P 为材料特性相关常数；$\dot{\varepsilon}$ 为应变率；σ_0 为动态极限屈服应力；ε_p^{eff} 为等效塑性应变；E_p 为塑性硬化模量。

3.1.4 接触处理

在桥梁碰撞的数值模拟中，需通过设置接触来实现碰撞过程，其中常用的接触类型有单面接触、点面接触和面面接触。

①单面接触：将部件以 part 的形式设置为从面而不设置主面，并考虑所有部件之间的接触，包括单个部件内部节点相接触的情形。单面接触适用于一个物体的外表面与自身接触或和另一个物体的外表面接触的情形，可通过关键字*CONTACT_AUTOMATIC_SINGLE_SURFACE 来设置。

②点面接触：对每个从节点，在搜索距离内寻找一个主面并沿主面的法向投影至主面上，然后在从节点和主面间建立接触单元，要求一个从节点对应一个接触单元。点面接触适用于一个物体的节点与另一个物体的外表面接触的情形，可通过关键字*CONTACT_AUTOMATIC_NODES_TO_SURFACE 来设置。

③面面接触：为每个从节点查找从面上相邻的面片并选择样本点（例如高斯点），然后查找相应的主面片并在从面片和主面片之间建立多个接触单元，要求一个从面片对应多个接触单元。面面接触适用于一个物体的外表面与另一个物体的外表面接触的情形，可通过关键字*CONTACT_AUTOMATIC_SURFACE_TO_SURFACE 来设置。

3.1.5 应力初始化

采用 LS-DYNA 软件进行动力分析前应对结构的应力进行初始化，才能运用于瞬态分析。目前对结构应力初始化的处理有下面几种方法：

①动态松弛法：在 LS-DYNA 中首先对结构的应力进行预处理，再进行瞬态分析。操作时在结构中加大阻尼，待结构稳定后，再进行瞬态处理，并通过设置的一个容许度来判断是否达到稳定状态。

②显隐转换法：在显式瞬态分析前，先做一个隐式分析。操作时，通过 LS-DYNA 自带的隐式求解器进行分析，并将结果写入文件进行瞬态分析。

③阻尼法：直接进行瞬态分析。操作时先采用关键字*DAMPING_GLOBAL 给结构施加一个大于临界阻尼的超阻尼，当动能趋近于零时，删除阻尼，然后加载其他载荷进行下一步分析。

3.1.6 LS-DYNA 程序建模步骤

1）建模思路选择

LS-DYNA 程序中，一般有两种建模思路：

①自下而上，通过点→线→面的建模思路，即先建立关键点，再通过关键点建立线，最后

由线建立面或体,是一种由低级向高级建模的思路。

②自上而下,直接建立三维实体单元,程序将自动生成从属于该体的低级图元,是一种自顶向下建模的思路。

一般对于规则形状采用自上而下建模效率更高,而对于局部构造复杂的结构,采用自下而上的建模思路能取得更好的分析效果。

2) 前处理

前处理主要包括设置 Preference 选型、选择单元类型、选择材料模型、定义模型参数、建立实体模型、划分有限元网格、创建 PART、定义接触类型等。

3) 加载求解

加载包括定义边界条件、设定初始速度、设置求解过程中的控制参数(能量选项、求解时间、时间步长等)、读取 Jobname.k 文件。如某些材料模型在前处理中无法选择,可根据材料实际的本构模型对 k 文件进行修改,再提交至 LS-DYNA Solver 主程序进行求解。

4) 后处理

后处理包括 ANSYS 通用后处理器和 LS-PREPOST 两种方式。ANSYS 通用后处理器具备二次开发功能,可以使用 ANSYS Parametric Design Language(APDL)来编写命令流,当一些材料模型和控制参数等不能直接在 LS-DYNA 中输入时,可以手动在 k 文件中添加。LS-PREPOST 具备良好的数值处理能力,可直接读取 LS-DYNA 计算结果,并进行计算数据的汇整及二次运算。

3.2 车桥碰撞数值模拟

3.2.1 模型的建立

1) 车辆模型

在车桥碰撞过程中,车辆的质量与刚度是撞击力的主要影响因素,为此车辆模型需要体现出车辆的质量与刚度特性。建立车辆模型的过程中,依据不同车辆的特性与研究目的,尽量简化模型以达到减少模型计算时间的目的,因此通常将车辆分为各个部分,而后确定各部分的单元类型及其材料和相关参数。

以常用的货车模型美国福特 F800 为例,通常将其分为车头、车厢、车轮、发动机、货物五个部分,分别进行建模,分别输入各部分的单元类型及材料参数,具体如下:

①车头、车轮和车厢常采用壳单元,货物和发动机常采用实体单元。车头材料常用关键字*MAT_PIECEWISE_LINEAR_PLASTICITY 来定义,车轮和发动机材料常用关键字*MAT_ELASTIC 定义,车厢材料常用关键字*MAT_PLASTIC_KINEMATIC 定义。

②设置车辆各部分之间的连接约束。整车骨架的连接约束有多种设置,主要利用关键字*CONSTRAINED_JOIINT_CYLINDRICAL 来模拟各个节点间的联系。

③通过在车厢材料的关键字*MAT_PLASTIC_KINEMATIC 下附加 Cowper-Symonds 来考虑应变率效应。

2) 桥墩模型

以常用的钢筋混凝土桥墩为例,主要有三种建模方式,分别为组合式建模、整体式建模和分离式建模,下面分别介绍这三种模型建立方式:

(1) 组合式建模

在模型建立过程中将钢筋同等参数混入混凝土实体单元,在一定程度上可以大幅度减少单元计算数量,但是单元刚度计算则更为复杂。另一种是将钢筋结构与混凝土结构分层组合,在桥墩内部分别建立钢筋层以及混凝土层,钢筋与混凝土之间共节点,这种建模方式在钢筋混凝土柱与壳结构中应用较广。

(2) 整体式建模

将钢筋模型分布于混凝土模型之中,整体刚度矩阵则是融合了混凝土与钢筋刚度。这种模型建立方法忽略了钢筋和混凝土之间的黏结滑移,将整个模型视为钢筋与混凝土材料参数混合后的均质模型。这种方法的优点就是对复杂的钢筋混凝土结构进行有效的简化,并且可以使得运算更容易收敛,但是无法根据计算结果对钢筋的动力响应进行单独分析。

(3) 分离式建模

在建立模型时,对混凝土和钢筋分别采用不同的单元。混凝土模型一般采用 Solid 实体单元,而钢筋则往往采用 Beam 梁单元。这种建模方法的优势主要在于模型计算过程中考虑了混凝土与钢筋之间的黏结滑移,对两种单元刚度分别进行计算,可以较好地反映车辆-桥墩真实的撞击动力响应以及损伤状态,缺点是相对复杂。

3) 梁体模型

以钢筋混凝土梁和预应力混凝土梁为例,其建模方式与桥墩基本一致,即选定混凝土与钢筋的损伤模型后,从组合式建模、整体式建模以及分离式建模之中选取一种方式来建立梁体模型。与桥墩建模相比,梁体建模还需要考虑预应力钢筋以及支座的建模。

支座通常采用实体单元,并且为简化计算,其材料通常定义为弹性材料,支座与梁体接触采用面面接触。

预应力钢筋的模拟重点在于预应力的模拟,常利用材料热胀冷缩的特性来模拟预应力加载。预应力钢筋的单元采用梁单元,材料采用程序中的温度相关的弹塑性材料,其关键字为*MAT_ELASTIC_PLASTIC_THERMAL,该材料模型可以设定温度荷载,通过设定不同的温度荷载使预应力钢筋获得不同的预应力值。在进行预应力钢筋建模时,需要注意锚固端,不要因为局部应力过大而导致较大的局部破坏,相应的解决方法为:

①把钢筋锚固端周围的混凝土单元设置为弹性材料,不考虑其破坏。

②设置弹性壳单元与钢筋端点连接,再将弹性壳单元与混凝土连接,相当于将钢筋应力分布加载在混凝土上。

4) 桩-土相互作用

桩基承台在撞击作用下将产生位移和转动,桩基受到周围土的弹性抗力作用,会影响桩基结构的内力,从而影响墩柱结构的内力。因此,在撞击数值模拟中需根据研究目的选取适宜的方法来模拟桩-土相互作用,一般采用以下四种方法:

(1) 等效嵌固法

将插入土中的弹性桩等效为具有一定嵌固深度的同断面悬臂桩,并确保相同荷载作用下两者具有相等的桩顶水平变位或转角,其嵌固点即为弹性桩的等效嵌固点。一般采用3倍、5倍和8倍桩径长度约束,即对桩基在局部冲刷线或淤泥以下深度为3倍、5倍和8倍桩径处设置固结约束。

(2) 等效弹簧法

等效弹簧法即为《公路桥涵地基与基础设计规范》(JTG 3363—2019)中的 m 法。m 为地基水平向抗力系数的比例系数,通过在桩基周围等距建立离散弹簧单元模拟土壤对桩的支撑作用。弹簧本构模型通常选择 MATS08,仅考虑弹簧单元的压缩响应而不考虑其拉伸响应。各层弹簧刚度 K_i 由下式计算:

$$K_i = \int_h mb_0 z \mathrm{d}z \tag{3-3-54}$$

式中,h 为土层厚度;m 可通过查阅《公路桥涵地基与基础设计规范》(JTG 3363—2019)合理选择;b_0 为桩基有效计算宽;z 为桩基单元划分高度。

(3) 有限域土体法

有限域土体法是一种更为精准地考虑桩-土作用的方法,通过建立一定范围内的土体模型来模拟其对桥墩的作用。但这种方法所需土体体积庞大,建模复杂并且计算收敛困难,因此在车桥碰撞中较少使用。

(4) 墩底固结法

墩底固结法将墩底承台与地面设定为固结。在实际工程中,桥墩会靠桩土与承台作用产生约束力,但是车辆与桥墩的碰撞时间极短,几乎瞬间完成,因此可将约束近似作为刚性约束,直接将墩底承台与地面设定为固结。这种方法虽会使计算结果与真实值产生一定偏差,但根据研究目的的不同,偏差通常在可接受范围内,因此常采用此法来处理桩-土相互作用。

5) 车桥碰撞模型

(1) 车辆-桥墩碰撞模型

在车辆-桥墩碰撞模型中,主要是通过两者之间的碰撞接触来对碰撞过程进行模拟。碰撞接触主要包括车辆与桥墩的碰撞接触、车辆与地面的接触以及车辆自身内部的接触。接触类型可通过关键字 *CONTROL_CONTACT 来进行控制。一般来说,车辆与桥墩、车辆与地面设置为面面接触,其关键字为 *AUTO_CONTACT_SURFACE_TO_SURFACE;车辆内部设置为单面接触,其关键字为 *AUTO_CONTACT_SINGLE_SURFACE。

除了以上需要处理的参数外,还需要进行应力初始化,设置摩擦系数、车辆初速度、撞击位置等相关参数,设置完成之后便可提交至软件中进行计算。

（2）车辆-上部结构碰撞模型

在车辆-上部结构碰撞模型中，需设置的参数与车辆-桥墩碰撞模型基本一致，只需将车辆-桥墩的接触方式改为车辆-上部结构的接触方式，通常采用面面接触的方式。应注意的是，车辆-上部结构碰撞通常发生在跨中位置，表现为车厢与梁体腹板的撞击。

3.2.2 模型验证

为确保车桥碰撞有限元模型的适用性，需要进行三级模型的验证，分别为实车碰撞试验验证车辆有限元模型、落锤冲击试验验证墩梁有限元模型、能量变化准则验证碰撞有限元模型。

1) 车辆有限元模型验证

对于已建好的车辆模型，通常采用模拟已有碰撞试验的方式，将计算结果中的冲击力时程曲线、位移时程曲线和车辆损伤状态与真实试验结果对比，以此来验证车辆模型的有效性。

2) 墩梁有限元模型验证

对于墩梁有限元模型，需要验证所选取的混凝土与钢筋损伤模型参数的有效性，通常用所选取的损伤模型参数来模拟已有的落锤冲击试验，将计算结果中的跨中位移和冲击力与试验结果进行对比，以此来验证损伤模型参数的有效性。

3) 碰撞有限元模型验证

车桥碰撞有限元模型的可靠性在后续研究中起着至关重要的作用。车桥碰撞在有限元数值分析中属于一种十分复杂的非线性动力响应问题，碰撞模型建立后依旧无法通过撞击表象确保模型的可靠性。为此，通过车桥碰撞过程中系统的能量转化以及有限元计算中碰撞所产生的沙漏能和滑移能控制，对碰撞模型的可靠性进行验证。

对于车桥碰撞有限元模型的可靠性考察，一般有以下三个判别条件，即：

$$\rho_{能} = \left(1 - \frac{E_{内}+E_{动}+E_{沙}+E_{滑}}{E_{初总}}\right)_{max} < 5\% \quad (3\text{-}3\text{-}55)$$

$$\rho_{沙} = \left(\frac{E_{沙}}{E_{内}+E_{动}+E_{沙}+E_{滑}}\right)_{max} < 10\% \quad (3\text{-}3\text{-}56)$$

$$\rho_{滑} = \left(\frac{E_{滑}}{E_{内}+E_{动}+E_{沙}+E_{滑}}\right)_{max} < 10\% \quad (3\text{-}3\text{-}57)$$

式中，$\rho_{能}$为总能量变化占比；$\rho_{沙}$为沙漏能占比；$\rho_{滑}$为滑移能占比；$E_{内}$为系统内能；$E_{动}$为车辆的衰减动能；$E_{沙}$为沙漏能；$E_{滑}$为滑移能；$E_{初总}$为车辆初始动能。

若车桥碰撞整体有限元模型满足以上几个条件，则可以判定模型是可靠有效的。

3.3 船桥碰撞数值模拟

船桥碰撞的有限元模型建立以及验证过程与车桥碰撞基本一致，主要区别在于船舶模型的建立方法。此外，船桥碰撞是在河流中发生的，需要考虑水流对船桥碰撞过程的影响。

3.3.1 船舶模型

船舶碰撞桥梁是一个非线性碰撞过程,在船舶与桥梁结构发生接触的过程中,船头结构会出现屈曲、压溃等破坏现象。因此要得到一个真实的撞击过程,必须准确地模拟船头的形状和构造。相较于车辆模型,船舶模型要大得多,但考虑到碰撞是局部的,碰撞导致的船体变形对其他部位影响不大,为提高建模与计算的效率,通常对船身模型进行简化,只对船头或船体上部精细建模。

船舶计算模型由船艏或船体上部可变形的弹塑性壳单元和船身其他部位的刚性壳单元组成,其中:

①船艏或船体上部可变形部分通常采用随动强化弹塑性材料本构模型,关键字为*MAT_PLASTIC_KINEMATIC,并且需要精细化划分网格。

②船体中后部由于远离撞击区,仅提供刚度和质量,因此对船体中后部通常采用刚性体模型。同时为提高计算效率,船身部分的网格划分可以适当放大。

③船舶计算模型连接、接触处理等其他设置与车辆模型设置基本一致。

3.3.2 流体效应的处理方法

船舶作为一种水上交通工具,其动态行为会受到周围水体的影响,因此船桥碰撞分析中,必须考虑周围水流对船舶的影响。目前,在船桥碰撞有限元分析中,通常采用两种方法来考虑流水介质作用:流固耦合法和附加水质量法。

1) 流固耦合法

船舶和桥梁在水域中发生碰撞,考虑流体对碰撞作用的影响时,采用 ALE(Arbitrary Lagrange-Euler)算法实现流体-结构耦合的动态分析。该算法自动将固体部分认定为"从物质",将流体部分认定为"主物质",利用罚函数方法耦合模拟。

基于 ALE 的罚函数耦合方法优点在于:

①可以兼顾拉格朗日算法和欧拉算法两者优势,在解决结构非线性问题的同时,能准确描述流体运动特性。

②能够解决结构破口流体涌入后二次冲击作用下的结构响应问题。

③通过定义结构和流体之间的相互作用,能够传递流体的压缩和膨胀引起的压力变化。该方法缺点在于可能造成流体渗漏现象的发生。

(1) ALE 算法求解时的基本控制方程

ALE 算法引入 Lagrange 和 Euler 坐标之外的第三个任意参照坐标,与参照坐标相关的材料可以采用下式描述:

$$\frac{\partial f(X_i,t)}{\partial t}=\frac{\partial f(x_i,t)}{\partial t}+\omega_i\frac{\partial f(x_i,t)}{\partial x_i} \quad (3\text{-}3\text{-}58)$$

式中,X_i 为拉格朗日坐标;x_i 为欧拉坐标;ω_i 为相对速度;$\omega_i=v_i-u_i$,其中 v_i 为物质速度,u_i 为计算域网格速度。

ALE算法的控制方程由以下质量守恒方程、动量守恒方程和能量守恒方程给出：

$$\frac{\partial \rho}{\partial t} = -\rho \frac{\partial v_i}{\partial x_i} - \omega_i \frac{\partial \rho}{\partial x_i} \quad (3\text{-}3\text{-}59)$$

$$\rho \frac{\partial v_i}{\partial t} = \sigma_{ij,j} + \rho b_i - \rho \omega_i \frac{\partial v_i}{\partial x_i} \quad (3\text{-}3\text{-}60)$$

$$\rho \frac{\partial E}{\partial t} = \sigma_{ij} v_{i,j} + \rho b_i v_i - \rho \omega_j \frac{\partial E}{\partial x_j} \quad (3\text{-}3\text{-}61)$$

式中，ρ 为密度；b_i 为单位体积力；E 为能量；σ_{ij} 为应力张量；$\sigma_{ij,j}$ 为应力张量对坐标的偏导数；$v_{i,j}$ 为物质速度对坐标的偏导数。

（2）流固耦合的有限元设置方法

①定义物质结构为拉格朗日单元，流体介质为 ALE 单元。

②通过初始体积分数方法去除结构内部水介质。

③将结构网格和流体网格耦合在一起，使得求解过程中产生一定的耦合力，从而阻止 ALE 网格穿透拉格朗日网格造成的渗漏现象发生。

2）附加水质量法

附加水质量法是采用船舶附加质量的形式来考虑周围流体介质对碰撞作用的影响，一般采用切片法计算或经验公式估算。切片法的计算精度高但较为复杂，通常采用经验公式估算的方式求得附加质量即可。

假定船舶横漂运动时，船体附加质量 m_{yy} 为：

$$m_{yy} = 0.4m \quad (3\text{-}3\text{-}62)$$

式中，m 为船体质量。

考虑到船舶碰撞过程中附加质量值是随接触碰撞时间不断变化的，碰撞持续时间越长，附加质量越大，其变化范围是：

$$m_{yy} = (0.4 \sim 1.3)m \quad (3\text{-}3\text{-}63)$$

当船舶进退运动时，船舶附加质量 m_{xx} 相比于船体质量 m 较小，估算取值范围一般为：

$$m_{xx} = (0.02 \sim 0.07)m \quad (3\text{-}3\text{-}64)$$

当船桥碰撞情况发生时，船舶一般做纵向进退运动，取范围内的附加水质量模拟流体介质对碰撞作用的影响，通过改变船体材料密度的方式将附加水质量增加到船舶有限元模型之中。

3.4 落石撞击数值模拟

落石撞击有限元模型建立和验证过程与车桥碰撞基本类似，区别在于落石模型的建立以及落石与桥墩或梁体的接触方式。

3.4.1 落石模型

通常采用实体单元来模拟落石，并由于其刚度远大于桥墩刚度，通常视为刚体模型。落石形状往往具有很大的随机性与不规则性,常见的落石形状包括正方体、长方体、片状体、近球体、圆柱体等,为此需根据研究目的的不同来建立不同形状的落石模型。

3.4.2 碰撞模型

1) 落石-桥墩碰撞模型

由于落石与桥墩皆有各种形状,两者发生碰撞时的接触面也各不相同,需要根据落石与桥墩的形状来选择两者的接触设置。例如:长方形落石与矩形截面桥墩的接触方式可采用面面接触;圆形落石与矩形截面桥墩的接触方式可采用点面接触;圆形落石与圆柱形桥墩的接触方式可采用单面接触。不同的接触设置会对落石冲击力等计算结果产生较大的影响,需妥善处理。

2) 落石-上部结构碰撞模型

根据落石形状的不同,落石-上部结构碰撞的接触设置可分为点面接触和面面接触两种方式,具体需要根据落石形状来进行选择。

3.5 车桥碰撞分析示例

3.5.1 基本资料

车桥碰撞实例中,车辆选用 Ford 800 卡车。该车为两轴卡车,车轮轴距为 5.29m,车宽 2.44m,车身总长 8.54m,总质量为 8t,其中压载货物质量为 2.9t。桥墩选用城市桥梁中常用的直径为 0.8m、混凝土强度为 C30 的钢筋混凝土桥墩,其中纵筋和箍筋直径分别为 13mm 和 11mm,均采用 HRB400 钢筋。车辆撞击速度分别为 20km/h、40km/h、60km/h、80km/h、100km/h、120km/h。

3.5.2 有限元模型

1) 车辆模型

车辆模型选用美国国家碰撞中心(National Crash Analysis Center,NCAC)公布的 Ford 800 车辆有限元模型(模型有效性已被验证),见图 3-3-17。该模型主要由 5 个部件构成,发动机和货物由实体单元模拟,车厢、车轮和车头和底盘由壳单元模拟,车辆重量可通过调整货物重量来进行控制。

2) 桥墩模型

桥墩采用分离式建模,墩身和钢筋分别由实体单元和梁单元模拟。纵筋和箍筋的受力性能采用随动硬化模型模拟,混凝土材料损伤行为采用 HJC 模型模拟,且不考虑钢筋与混凝土之间的相对滑动,如图 3-3-18 所示。边界处理时选用固定约束对桥墩底部边界进行简化。

图 3-3-17 货车模型

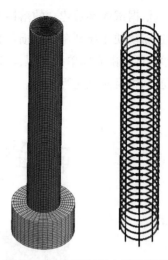

图 3-3-18 钢筋混凝土桥墩模型

C30 混凝土的 HJC 模型关键参数取值如表 3-3-1 所示。

通过模拟已有落锤冲击试验并与试验结果对比,验证 HJC 模型有效性,图 3-3-19 为相应的试验装置。

HJC 模型参数表　　　　　　表 3-3-1

A	B	C	N	E_{fmin}	S_{max}	P_{crush}	μ_{crush}	P_{lock}	μ_{lock}	D_1	D_2
0.79	1.6	0.007	0.61	0.01	7	4.6	0.0003	230	0.072	0.03	0.01

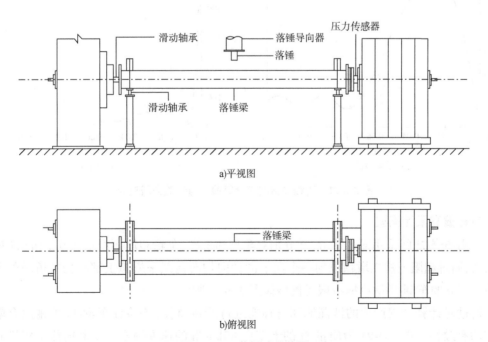

a)平视图

b)俯视图

图 3-3-19 落锤试验装置

依据试验参数建立的落锤冲击有限元模型如图 3-3-20 所示。其中,钢筋由梁单元模拟,通过随动硬化模型考虑其损伤行为;混凝土由实体单元模拟,通过 HJC 模型考虑其损伤劣化行为;落锤由实体单元模拟,落锤与钢筋混凝土梁之间设置为面面接触,梁两端分别以滑动支座和固定支座进行约束。

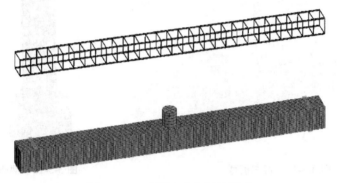

图 3-3-20 落锤冲击有限元模型

如图 3-3-21 所示,通过模型计算得到的位移时程曲线和冲击力时程曲线与实测曲线大致吻合,跨中位移峰值偏差仅为 1.52%,冲击力峰值偏差仅为 2.45%,表明所选取的 HJC 模型关键参数具有较好的适用性。

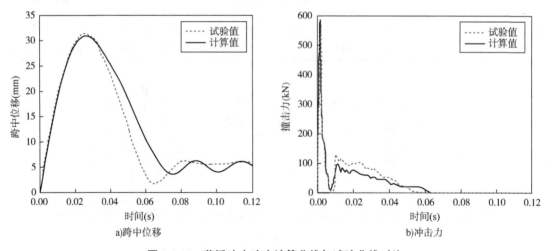

图 3-3-21 落锤冲击响应计算曲线与试验曲线对比

3) 碰撞有限元模型

车辆-桥墩之间采用面面接触,并分别对车辆和桥墩、车轮和地面间定义 0.2 和 0.7 的摩擦系数,通过超阻尼法在墩顶添加一个向下的轴向均布荷载来模拟上部结构对桥墩的荷载作用。建立的车辆-桥墩碰撞有限元模型如图 3-3-22 所示。

通过对计算过程产生的沙漏能和滑移能进行严格监控,来验证车辆-桥墩碰撞有限元模型的有效性。图 3-3-23 为质量 8t 的卡车以 80km/h 的速度撞击桥墩时的能量转换时程曲线。

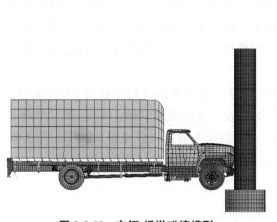

图 3-3-22 车辆-桥墩碰撞模型

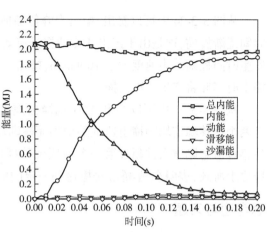

图 3-3-23 能量转换时程曲线

从图中可以看出,车辆-桥墩碰撞初始阶段,系统的总能量仅为车辆动能。随着碰撞的持续进行,系统动能逐渐减小,内能、沙漏能和滑移能逐渐增大,总能量有轻微浮动但基本保持不变。当碰撞趋于平稳时,各项能量变化接近水平,取能量曲线的水平值作为最终能量值,计算的沙漏能和滑移能占比如下:

$$沙漏能占比 = \frac{沙漏能}{总能量} = \frac{0.025\text{MJ}}{1.97\text{MJ}} = 1.27\% < 10\% \qquad (3\text{-}3\text{-}65)$$

$$滑移能占比 = \frac{滑移能}{总能量} = \frac{0.03\text{MJ}}{1.97\text{MJ}} = 1.52\% < 10\% \qquad (3\text{-}3\text{-}66)$$

从上述计算结果可以看出:平稳后的总能量为 1.97MJ,沙漏能、滑移能分别占总能量的 1.27% 和 1.52%,皆小于总能量的 10%,表明建立的车辆-桥墩碰撞计算模型具有较好的精准性。

3.5.3 碰撞结果分析

图 3-3-24 和图 3-3-25 分别为质量 8t 的卡车在不同撞击速度下的撞击力时程曲线和墩顶位移时程曲线对比。

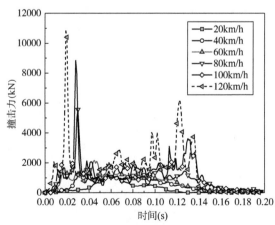

图 3-3-24 不同撞击速度下撞击力时程曲线

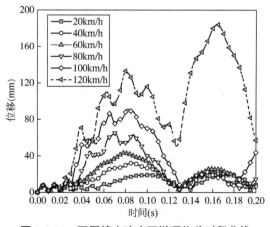

图 3-3-25 不同撞击速度下墩顶位移时程曲线

从图 3-3-24 中可以看出,撞击力峰值随撞击速度的增大呈线性递增,且撞击力峰值发生时间逐渐提前,这是由于撞击速度的提升有效增大了撞击能量,从而增大了撞击力峰值并使发生时间提前。当速度大于 100km/h,撞击力时程曲线明显出现了两个峰值,这是由于高速撞击时车厢将产生二次碰撞。

从图 3-3-25 中可以看出,在不同撞击速度下,墩顶位移时程曲线均存在两个碰撞峰值,且两个位移峰值均随撞击速度的增加而逐渐增大,当撞击速度超过 100km/h 时,第二个墩顶位移峰值急剧增大并超过第一个墩顶位移峰值,这是由于车厢撞击效应叠加在车头撞击效应之上所致,表明车辆-桥墩碰撞达到一定的撞击能量后应考虑二次碰撞效应的影响。

思考题与习题

① 简述 KCC 模型、HJC 模型和 CSC 模型的定义及其适用性。
② KCC 模型如何描述材料的本构关系?
③ HJC 模型状态方程中静水压力-体积应变曲线如何组成?
④ CSC 模型中剪切破坏面方程的作用是什么?如何描述?
⑤ 简述 LS-DYNA 程序中碰撞接触的处理方式及适用性。
⑥ 简述 LS-DYNA 程序中应力初始化的方法及适用性。
⑦ 简述 LS-DYNA 程序进行碰撞数值模拟的建模流程。
⑧ 车桥碰撞有限元模型中,车辆各组成部分如何模拟?
⑨ 车桥碰撞有限元模型建立包括哪些步骤?如何验证模型有效性?
⑩ 车桥碰撞有限元模型中,桩-土相互作用的处理方法有哪些?
⑪ 船桥碰撞有限元模型中,流体效应的处理方法有哪些?其原理是什么?
⑫ 在落石撞击数值模拟中,如何建立落石模型?

第4章
基于性能的桥梁抗撞设计

桥梁抗撞设防标准是指为保证桥梁结构在使用寿命期内的碰撞损失(经济损失及人员伤亡)不超过规定的水平或社会可接受的水平,规定桥梁工程结构必须具备的抗撞能力。因此,抗撞设防标准是工程项目进行抗撞设计的准则,也是工程抗撞设计中需要解决的首要问题。

桥梁工程的抗撞设防目标就是既要减少桥梁抗撞措施所带来的造价的增加,又要减轻碰撞发生时桥梁的破坏和损失,让其满足合理安全度的原则,实现经济性和适用性的动态平衡。

4.1 桥梁抗撞设防标准

桥梁重要性、通航和通行环境、气象水文条件、所处阶段等均是确定抗撞设防原则时需要考虑的因素。所处阶段主要是基于桥梁建设期和运营期抗撞能力不同的考虑。施工期间,桥梁不具备设计要求的抗撞能力,通常需要联合交通部门、航道管理等部门,采取临时通行管理措施,保障施工区域航行和通行安全,采用"以防为主,防控结合"的原则;运营期间则采用"以抗为主,以防为辅"的原则。

桥梁工程的抗撞设防标准一般指确定"撞击作用"的标准。撞击作用定义得越大,抗撞设防标准就要求越高。但是桥梁在使用寿命期间遭遇抗撞设防标准所期望的碰撞总是少数,这样就需要在桥梁的安全与经济之间寻找一个合理的平衡点,使经济投入取得最好的效益。

目前普遍采用分类设防的抗撞设计思想,即"小撞不坏、中撞可修、大撞不倒"。小撞是指桥梁建设地点易发生的撞击,中撞是指在桥梁的使用年限内偶然发生的撞击,大撞则是指在桥梁使用年限内发生概率极小的撞击。与这三个撞击水准相应的抗撞设防目标是:在小撞作用下,结构物不需修理,仍可正常使用;在中撞作用下,结构物无重大损坏,经修复后仍可继续使用;在大撞作用下,结构物可能产生重大破坏,但不致倒塌。

现行的桥梁抗撞设防标准在很大程度上是依据人们的主观经验和判断决定的,一般考虑三方面因素:一是桥梁的重要性、抢修和修复的难易程度;二是撞击破坏后,桥梁结构功能丧失可能引起的损失;三是建设单位所能承担抗撞防灾的最大经济能力。

在确定桥梁的抗撞设防标准时,除了必须规定抗撞设防水准外,还必须同时规定对应的结构性能目标。根据多级设防的抗撞设计思想,桥梁的设防目标不是单一的,因此设防水准往往也不是单一的,而应是多级的。

4.2 桥梁抗撞设防分类

4.2.1 抗撞设防类别

桥梁抗撞设防根据桥梁所属公路等级和桥梁重要性采用不同的设防标准。

①桥梁的撞击重要性等级依据所属公路等级和桥梁分类的不同,分为 C1、C2、C3 三个等级,相应等级按表 3-4-1 确定。其中,C1 类抗撞设防要求最高,C2、C3 类抗撞设防要求依次降低。对于有特殊要求的桥梁,其撞击重要性等级可根据具体情况研究确定。

桥梁的撞击重要性等级　　　　　　表 3-4-1

所属公路等级	桥梁分类		
	特大桥	大桥	中桥
高速	C1	C1	C1
一级	C1	C1	C1
二级	C1	C1	C1
三级	C2	C2	C2
四级	C2	C3	C3

注:1. 桥梁分类按现行《公路桥涵设计通用规范》(JTG D60)规定的单孔跨径确定,对多跨不等跨桥梁,以其最大跨径为准。

2. 国防公路、生命线公路上桥梁的撞击重要性等级应取 C1 级。

②桥梁的撞击作用设防水准按表 3-4-2 选取。

撞击作用设防水准划分　　　　　　表 3-4-2

撞击作用设防水准	年平均失效概率
L1	1×10^{-3}
L2	1×10^{-4}

注:年平均失效概率=1/重现期。

4.2.2 抗撞设防目标

桥梁抗撞设防目标是开展桥梁抗撞设计的重要前提。设防目标一般应兼顾经济性和适用性,结合撞击作用设防水准和撞击重要性等级来确定。

①桥梁的抗撞设防目标依据撞击重要性等级和撞击作用设防水准不同,分为 P1、P2、P3 三个等级,相应等级按表 3-4-3 选取。其中,P1 级抗撞设防目标指的是长期功能降低的临界状态,P2 级抗撞设防目标指的是部分安全功能丧失的临界状态,P3 级抗撞设防目标指的是安全功能完全丧失的临界状态。

桥梁的抗撞设防目标 表 3-4-3

撞击作用设防水准	撞击重要性等级		
	C1	C2	C3
L1	P1	P1	P2
L2	P1	P2	P3

②桥梁构件的抗撞能力按性能分级,主要考虑构件的可修复性,因此桥梁构件的抗撞性能等级根据构件的不同分为 JX1、JX2、JX3 三个等级,具体描述见表 3-4-4。

桥梁构件的抗撞性能等级 表 3-4-4

构件的抗撞性能等级	性能描述		
	墩柱和主梁构件	支座	桩基础
JX1	无须维修	支座可以保持正常功能	碰撞后基础正常工作
JX2	可修复的损伤	支座发生破坏,但不发生落梁,更换	主要功能不受影响,无须大的维修即可继续使用
JX3	更换新构件	—	须维修加固

③桥梁结构体系的抗撞能力按照性能分级,主要考虑桥梁被撞后的承载能力变化、使用功能影响和可修复性问题。因此,桥梁结构的抗撞性能等级依据桥梁的抗撞性能等级和构件的不同按表 3-4-5 选取。

桥梁结构的抗撞性能等级 表 3-4-5

结构的抗撞性能等级	总体性能描述	构件的抗撞性能等级要求		
		墩柱和主梁构件	支座	桩基础
P1(长期功能降低的临界状态)	结构构件的安全性能完全保持,即其承载能力和通行能力没有降低,但因局部损伤影响桥梁的耐久性,需要进行耐久性的修补	JX1	JX1	JX1
P2(部分安全功能丧失的临界状态)	结构主要构件受到一定程度的损伤,即其承载能力和通行能力一定程度降低,当限制交通荷载和通行能力时,仍可以使用,可以提供紧急通行功能。损伤可以修复,且修复后功能可以得到恢复	JX2	JX2	JX2
P3(安全功能完全丧失的临界状态)	结构接近倒塌,承载能力和通行能力接近完全丧失	JX3	—	JX3

4.3 抗撞设计方法及流程

根据桥梁撞击重要性等级和设防目标,桥梁抗撞设计方法可分为三类,如表 3-4-6 所示,具体如下：

①1类：应进行两水准撞击作用下的抗撞分析和抗撞验算，并满足相关构造和措施的要求。

②2类：应进行一水准撞击作用下的抗撞分析和抗撞验算，并满足相关构造和措施的要求。

③3类：应满足相关构造和措施的要求，可不进行抗撞分析和抗撞验算。

桥梁抗撞设计方法选用 表 3-4-6

桥梁抗撞设防目标	桥梁撞击重要性等级		
	C1	C2	C3
P1	1类	1类	—
P2	—	1类	2类
P3	—	—	3类

桥梁工程在其使用期内，要承受多种作用的影响，包括永久作用、可变作用和偶然作用三大类。碰撞作用是桥梁工程的一种偶然作用，在使用期内不一定会出现，但一旦出现，对结构的影响很大。桥梁工程必须首先确保运行功能，即满足永久作用和可变作用的要求，这是静力设计的目标。其次，保证桥梁工程在撞击下的安全性也非常重要，因此要进行抗撞设计。目前，桥梁工程的抗撞设计一般配合静力设计进行，并贯穿桥梁结构设计的全过程。

桥梁工程的抗撞设计流程如图 3-4-1 所示，包括七个步骤，即确定总体设计、选择设计方案和代表撞击作用、计算需求、确定作用分级和性能分级、确定设防目标、验算抗撞性能、确定抗撞设计方案。

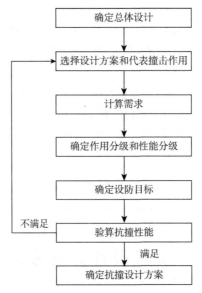

图 3-4-1　桥梁抗撞设计流程

4.4 桥梁抗车撞设计

桥梁抗车撞设计一般采用颁布的规范或标准作为依据,《公路桥涵设计通用规范》(JTG D60—2015)对桥梁抗车撞做出了如下规定:

①桥梁跨越有中央分隔带的多车道公路时,不宜在中央分隔带内设置桥墩,需要设置桥墩时,桥墩结构应考虑汽车的撞击作用,并应在桥墩附近设置必要的防撞设施及警示标志、标线。

②跨线桥的桥墩设置在桥下公路的路侧时,宜设置在公路路侧净区以外,不得侵入公路建筑限界;不能满足时,应设置桥下公路路侧护栏和桥墩保护设施并在桥梁结构设计时考虑汽车的撞击作用。

③汽车撞击力设计值在车辆行驶方向应取1000kN,在车辆行驶垂直方向应取500kN,两个方向的撞击力不同时考虑,撞击力应作用于行车道以上1.2m处,直接分布于撞击涉及的构件上。

④对设有防撞设施的结构构件,可视防撞设施的防撞能力,对汽车撞击力设计值予以折减,但折减后的汽车撞击力设计值不应低于上述规定值的1/6。

美国第6版的AASHTO LRFD桥梁设计规范规定汽车撞击力设计值为2670kN,并明确给出了碰撞力的作用面积。可以看出,美国规范取值相对于我国相关规范增大了2.67倍,因此对于跨线桥梁,应更加注重桥梁抗车撞设计。目前,桥梁抗车撞设计包括桥梁结构自身抗车撞设计、防车撞设施和构件附着式抗撞装置三种类型。

4.4.1 结构自身抗车撞设计

规范规定桥梁结构在必要时应考虑汽车的撞击作用。在进行公路桥涵结构设计时,一般将汽车撞击的等效静力作为偶然作用计入承载能力极限状态和正常使用极限状态组合中。与此同时,为防止或减轻因撞击而产生的破坏,对易受到汽车撞击的结构构件的相关部位可采取相应的构造措施,具体如下:

①通过增设钢筋或钢筋网的方式来提高构件自身的抗撞击能力。

②运用耗能材料(如ECC❶、UHPC❷等具备良好断裂韧性的结构材料),结合合理的设计,制作桥梁抗撞击构件,以此达到提高抗冲击性能的目的。

③考虑经济性和适应性,采用新材料与传统材料组合提升桥梁构件抗撞性能。

4.4.2 防车撞设施

防车撞设施包括主动引导设施和被动防护设施。其中,主动引导设施包括警戒装置和

---

❶ ECC:Engineered Cementitious Composite,工程用水泥基增强复合材料。
❷ UHPC:Ulbra-High Performance Concrete,超高性能混凝土。

监控装置等,被动防护设施包括防撞栏、防撞岛、防撞墙、防撞桶等。

《公路交通安全设施设计规范》(JTG D81—2017)中指出,公路交通安全设施设计应坚持以人为本、预防为主、系统设计、重点突出的原则,且应在交通安全综合分析的基础上,优先设置主动引导设施,并根据需要设置被动防护设施。

1) 主动引导设施

主动引导设施包括交通警戒标志、交通标线、视线诱导设施、减速丘、限高架等,如图 3-4-2 所示。主动引导设施的作用在于通过各类警示设施提醒驾驶员,以此来减小车桥碰撞发生的概率。

a) 交通警戒标志

b) 视线诱导设施

c) 减速丘

d) 限高架

图 3-4-2 主动引导设施

2) 被动防护设施

被动防护设施综合考虑道路情况、桥梁围闭、桥梁高度以及经济性等因素,目前国内采用较多的被动防护设施有防撞岛、防撞护栏、防撞墙和防撞桶等,如图 3-4-3 所示。

被动防护设施的作用在于缓冲消能,延长撞击时间,减小撞击力,从而防止桥梁桥墩因撞击力超过桥梁承受能力而遭破坏。桥梁被动防护设施应考虑如下原则:

①能对碰撞的车辆能量进行消能缓冲,尽量减轻车辆对于桥梁的损伤。
②要与场地条件相协调,既不影响车辆的通行又与周边环境相协调。

③制造、安装、维护和修理应比较方便,以便在撞击事故发生后,能迅速修复。

a)防撞岛

b)防撞护栏

c)防撞墙

d)防撞桶

图 3-4-3　被动防护设施

4.4.3　构件附着式抗撞装置

构件附着式抗撞装置一般采用橡胶等弹性材料或其他吸能材料制作并附着在桥梁构件表面,其主要靠防护装置的弹性材料变形来吸能,从而减小桥梁构件承受的撞击力,减小桥梁构件受到的损害,此类装置节省空间,又能较好地达到抗撞的目的。附着式抗撞装置分为复合材料和钢-复合材料组合两种类型,如图 3-4-4 所示。

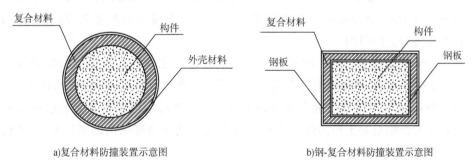

a)复合材料防撞装置示意图　　　　　b)钢-复合材料防撞装置示意图

图　3-4-4

c)复合材料防撞装置

d)钢-复合材料防撞装置

图 3-4-4 构件附着式抗撞装置

目前,复合材料抗撞装置按材料类型的不同分为泡沫铝防撞装置、橡胶混凝土防撞装置、纤维增强复合材料防撞装置、泡沫铝外包橡胶混凝土防撞装置等:

①泡沫铝防撞装置。泡沫铝材料有很强的吸收冲击动能的能力。将泡沫铝材料制成板状贴合在构件表面,通过泡沫铝材料的弹塑性变形来吸收动能,降低构件受到的撞击力。

②橡胶混凝土防撞装置。比起普通混凝土,橡胶混凝土抗裂性能好、阻尼耗能能力强、能量吸收多、延性及抗冲击性能好,将其作为防撞装置外包在构件表面,通过其吸能能力来降低构件受到的撞击力,达到抗撞的目的。

③纤维增强复合材料防撞装置。与传统材料相比,纤维增强复合材料具有比刚度大、比强度高、可设计性好以及吸能性能好等诸多优点,并可通过多种不同复合材料层层组合的方式来获得更好的抗撞性能。将纤维增强复合材料防撞装置外包在构件表面,依靠其吸能能力来降低构件受到的撞击力。

④泡沫铝外包橡胶混凝土防撞装置。泡沫铝材料有很强的吸收冲击动能的能力,但是其刚度不够,通过泡沫铝与橡胶混凝土组合的方式能够克服这一缺点。将泡沫铝外包在构件表面并外包橡胶混凝土,通过两者的吸能性能来降低构件受到的撞击力。

钢-复合材料组合防撞装置按复合材料的不同分为钢-玻璃纤维增强复合材料防撞装置、钢-UHPC防撞装置、钢套箱-玄武岩纤维增强混凝土防撞装置等。

①钢-玻璃纤维增强复合材料防撞装置。通过钢板-玻璃纤维增强复合材料-钢板的组合方式外包于构件表面,钢板提供一定的刚度,玻璃纤维增强复合材料提供吸能能力,两者相互结合达到碰撞吸能的目的。

②钢-UHPC防撞装置。钢-UHPC组合防撞装置通过在内外钢板组成的钢套箱内浇筑UHPC外包于构件表面,利用两者组合后良好的吸能特性达到提升抗撞性能的目的。

③钢套箱-玄武岩纤维增强混凝土防撞装置。玄武岩纤维混凝土具有较强的抗冲击性能。通过玄武岩纤维混凝土作为外部面板、钢套箱作为内部缓冲结构的组合方式,实现跨线桥梁墩柱抗撞性能的提升。

构件附着式抗撞装置目前仍在不断更新中,但这类装置应满足以下要求:

①具备良好的吸能能力。对撞上的车辆所具有的动能,要能吸收相当一部分,而这时车辆应不发生较大破坏,其余部分动能传递到构件上时构件应不产生破坏。

②具备撞后可恢复功能。防撞装置应具备重复使用功能,要求小撞不需维修、中撞方便维修和大撞可更换。

③运输、安装方便。运输和安装过程中不应有过多的限制,力求做到标准化,从而降低装置的总成本。

④不应因防撞装置而产生新的问题(如占地面积过大、阻碍视线等),并兼顾通行、桥梁、运营等各方面的利益。

4.5 桥梁抗船撞设计

《公路桥梁抗撞计规范》(JTG/T 3360-02—2020)明确提出公路桥梁主体结构宜采用基于性能的抗撞设计方法,并给出两个作用水准,具体如下:

①桥梁的船撞重要性等级、抗船撞设防目标、抗船撞性能等级和桥梁构件的抗船撞性能等级构成了基于性能抗撞设计的目标体系,该体系是桥梁结构抗船撞设计需要达到的目标,也是对设计结果进行评价的标准。

②抗船撞性能验算的条款给出了偶然组合需要考虑的作用类型,明确了温度作用等不参与撞击组合。

③考虑轮船撞击桥梁动态过程时,以中国8艘代表性轮船(载重量3000~50000吨)的船撞动态时间过程为依据,采用一个等效静力来近似代替并作用于结构。

④将设防代表船型简要划分为轮船和驳船,给出了轮船撞击力设计值、甲板室撞击力设计值、桅杆撞击力设计值和驳船撞击力设计值的计算公式,并推荐采用概率-风险分析方法确定设防船撞力。

近年来,船舶撞击桥梁事件频发,造成巨大的经济损失和人员伤亡,因此开展对既有桥梁和新建桥梁的防船撞设计尤为重要。目前,桥梁抗船撞设计包括桥梁防船撞主动引导设施和桥梁抗船撞装置两种类型。

4.5.1 桥梁防船撞主动引导设施

桥梁防船撞主动引导设施包括警戒装置和监控装置等,如桥区附近设置的交通警戒标志、远程船舶监控系统以及船舶防撞助航系统等(图3-4-5和图3-4-6),其目的是降低撞击发生概率。

4.5.2 桥梁抗船撞装置

由于主动引导设施无法完全避免船舶撞击的发生,故被动的抗船撞装置在桥梁抗撞领域有着不可替代的作用。桥梁抗船撞装置的作用在于降低撞击发生后桥梁倒塌的概率。现阶段国内的桥梁抗船撞装置没有统一的样式,使用得较多的是采用橡胶等弹性材料或其他吸能材料制作并附着在桥墩表面的抗船撞装置，依靠防护装置的弹性材料变形来吸能，从而减小桥墩承受的撞击力、减轻桥墩受到的损害。目前桥梁抗船撞装置主要分为复合材料抗船撞装置、钢-复合材料抗船撞装置和钢-消能元件抗船撞装置三种。

图 3-4-5　水上交通警戒标志　　　　　　图 3-4-6　远程船舶监控系统

①复合材料抗船撞装置如图 3-4-7 所示。考虑到单纯钢材单位材料吸能率较低，随着复合材料在桥梁防撞工程的应用推广，各类复合材料被相继开发，如玻璃纤维增强制品和芳纶纤维增强制品等。复合材料具有密度低、强度高、韧性好、耐高温、易于加工和成型的特点，其吸能效率可以达到 60%~80%，能最大限度地减小船舶对桥墩的撞击力并保护船舶。

②钢-复合材料抗船撞装置如图 3-4-8 所示。该装置是一种缓冲吸能型抗撞装置，由迎撞板、增强板、耗能板以及填充在构件内部的耗能闭孔材料组成。采用高强螺栓把抗撞节段连接并布置在桥墩四周。在船撞桥发生时，钢-复合材料抗撞装置可通过缓冲消减撞击力，进而卸载撞击能量。钢-复合材料抗船撞装置属于柔性抗撞装置，能够较大限度地保障船舶与桥梁的安全，船撞力降低率可达 25%~35%。

图 3-4-7　复合材料抗船撞装置示意图　　　　图 3-4-8　钢-复合材料抗船撞装置示意图

③钢-消能元件抗船撞装置。该装置是一种缓冲吸能型抗撞装置，由防撞钢壳、滑动推槽、推动弹簧、缓冲柱、连接槽、下减震板、减震弹簧和上减震板组成。在船撞桥发生时，钢-消能元件抗船撞装置可通过消能元件消减撞击力、卸载撞击能量。钢-消能元件抗船撞装置

与钢-复合材料抗船撞装置一样都属于柔性抗撞装置,两者在船舶撞击作用下的消能能力相当。

上述抗船撞装置按结构附着方式的不同,可以划分为整体固定式、分布固定式和浮动式三种类型,其中:

①整体固定式抗船撞装置由外围件、内围件、格构件、耗能芯材和固定式连接件组成并整体固定在桥墩上,如图 3-4-9 所示。该装置通过螺栓固定在桥墩或承台四周,可以预埋带有套筒的紧固件(适用于新建桥梁)或安装前将螺栓植筋到桥墩或承台上(适用于老桥改造)。螺栓连接方式安装方便,在更换时只需拧开螺栓便可更换。该装置更适用于水位变化不大的桥梁。

②分布固定式抗船撞装置的组成与整体固定式抗船撞装置类似,但布置时将抗船撞装置分片布置并固定在桥墩上,单片抗船撞装置如图 3-4-10 所示。分布固定式抗船撞装置拥有整体固定式抗船撞装置的优点,且安装位置更加灵活,适用于桥墩或承台垂直方向尺寸变化较大的桥梁。

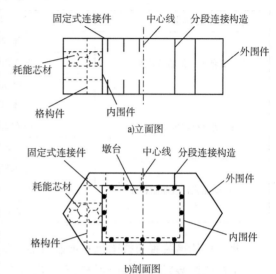

图 3-4-9 整体固定式抗船撞装置示意图

③浮动式抗船撞装置由外围件、内围件、格构件、耗能芯材和浮动式连接件组成,在运营过程中会随着水位一起变动,如图 3-4-11 所示。浮动式抗船撞装置可以随着水位的涨落依靠自身的浮力沿着桥墩轴线上下升降,并始终漂浮于水面,适用于最高水位和最低水相位差较多,且桥墩或承台垂直方向尺寸相同或变化不大的桥梁。

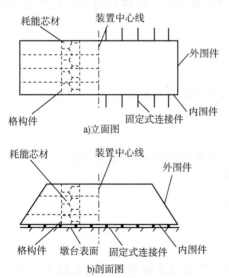

图 3-4-10 分布固定式抗船撞装置示意图

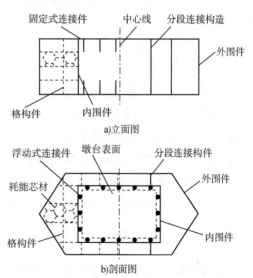

图 3-4-11 浮动式抗船撞装置示意图

根据《公路桥梁防船撞装置通用技术条件》(JT/T 1414—2022),抗船撞装置的防护性能要求如表3-4-7所示。

抗船撞装置的防护性能要求 表3-4-7

类别	附着方式	墩台船撞力降低率(%)
复合材料抗船撞装置	整体固定式	≥20
	分布固定式	≥15
	浮动式	≥30
钢-复合材料抗船撞装置	整体固定式	≥15
	分布固定式	≥10
	浮动式	≥20
钢-消能元件抗船撞装置	整体固定式	≥25
	分布固定式	—
	浮动式	≥25

此类抗船撞装置与桥梁抗车撞装置需要满足的相关要求大致相同,不同点在于:
①抗船撞装置密水性应可靠,不得出现渗水。
②浮动式抗船撞装置随水位变化、沿桥墩上下浮动功能应可靠,不应出现浮动不畅,且要求浮动时顶面与水平面夹角不超过2°。

4.6 桥梁抗落石撞击设计

目前,国内外尚未制定桥梁抗落石撞击的相关规范和标准,相关研究主要集中于崩塌及落(滚)石的运动轨迹、冲击动能、停留范围、防护措施等方面。抗落石撞击设计主要包括主动防护和被动防护。

4.6.1 主动防护

主动防护是指以"看、清、支、接、固"为主的防护措施,具体包括:
①"看"是指设置预警装置,在设定点看守。
②"清"是指清除有危险的石头。
③"支"是指设置支挡结构加固边坡和墙体,达到保护边坡和墙体的目的。
④"接"是指把墙体连接起来,相当于一个护栏。
⑤"固"是指通过锚固和喷锚封闭等措施加固危岩。

4.6.2 被动防护

被动防护是指以遮拦、防护设施和防撞装置为主的被动防护措施。从实践中可以看到,这些措施确实对崩塌、落石灾害起到了相应的防治作用。

1) 遮拦

常用的遮拦措施为明洞和棚洞组合遮拦装置,如图 3-4-12 所示。棚洞是指明挖路堑后,在桥梁上部构筑简支顶棚架,并回填而成的洞身,属于明洞范畴,该装置常用在地质不良路段的桥隧连接处。

2) 防护设施

柔性网系统(SNS)防护如图 3-4-13 所示。SNS 以柔性网(如钢丝绳网)覆盖包裹在需防护的斜坡或岩石上,以限制坡面岩土体

图 3-4-12　明洞和棚洞组合防护

的分化剥落或破坏导致的崩塌,或者将落石运动控制于一定范围内。该防护系统具有以下几个特点:

①具有高韧性、高防护强度和易铺展性。

②适应任何坡面地形,安装程序标准化、系统化。

③系统采用模块化安装方式,可缩短工期和施工费用。

④系统材料采用特殊制造工艺和防腐防锈技术,具有较长的寿命。

⑤能将工程对环境的影响降到最小,其防护区域内可以充分保持土体和岩石的稳固。

素混凝土保护层如图 3-4-14 所示。该防护措施是在桥墩底部外围施工一层混凝土保护层,当发生碰撞时,通过混凝土的破坏变形来吸收能量。该防撞措施的优点是材料来源方便,造价低,耐久性好,且后期维护成本低。但该防撞措施吸能变形能力和抗碰撞能力较差,对桥墩在落石撞击作用下的保护有限,且空间占用率高。

图 3-4-13　SNS 防护

图 3-4-14　素混凝土保护层

3) 防撞装置

外套钢板筒防撞装置如图 3-4-15 所示。该防撞装置是在桥墩外部外围安装一层或多层钢板保护筒,当落石撞击钢板筒时,钢筒良好的变形能力可以有效吸收落石撞击的能量,从而保护桥墩不被破坏。这种防撞措施的优点是制作以及施工难度都不大,且抗撞性能和防

护效果都较好,但钢板筒的成本较高,钢材容易生锈腐蚀,后期维护费用高。

废旧汽车轮胎防撞装置如图3-4-16所示。该防撞设施通过分割、捆绑、连接废旧汽车轮胎形成防撞结构。当发生碰撞时,由于废旧汽车轮胎具有较高的弹性和韧性,可以减小落石冲击力和吸收落石冲击动能。应用该方法可以解决废旧轮胎的处理问题,为这种"黑色垃圾"的再利用提供了一种新途径。此外,这种防撞设施的成本相对较低,如果能得到充分利用,未来会具有较好的潜在经济效益和社会效益。

图3-4-15 外套钢板筒系统示意图　　　图3-4-16 废旧汽车轮胎防撞设施示意图

应用上述被动防护措施时一般应满足以下要求:
①棚洞和防护网的安装必须确保灵活性并减轻对环境的影响。
②防撞设施的安装容量不能超出所使用的路网的设计容量。
③防撞装置应能多次使用,小撞不需维修,中撞方便维修且大撞可更换。
④在正常设计、生产、安装、运营和养护条件下,防撞装置的设计使用年限不应低于15年。

思考题与习题

①桥梁抗撞设防的原则和目标分别是什么?
②桥梁构件的抗撞性能分为几个等级?简要描述各等级下构件的性能。
③桥梁结构的抗撞性能分为几个等级?简要描述各等级下结构的总体性能。
④简述桥梁的抗撞设计流程。
⑤我国《公路桥涵设计通用规范》(JTG D60—2015)对抗车撞做了哪些规定?
⑥运用桥梁结构或构件自身抵抗车辆撞击有哪些方法?
⑦简述桥梁防车撞设施中的主动引导设施和被动防护设施的作用机理。
⑧复合材料抗撞装置和钢-复合材料组合防撞装置按复合材料的不同如何分类?
⑨构件附着式抗撞装置需要满足哪些要求?
⑩桥梁抗船撞装置分为哪几个类型?各自的作用机理是什么?
⑪简述整体固定式、分布固定式和浮动式三种抗船撞装置的优缺点和适用条件。
⑫桥梁抗落石撞击设计中的主动防护措施包括哪些?
⑬简述桥梁外套钢板筒防撞装置和废旧汽车轮胎防撞装置各自的构造和优缺点。

参 考 文 献

[1] 张子明.结构动力学[M].北京:中国电力出版社,2009.
[2] 刘晶波.结构动力学[M].北京:机械工业出版社,2005.
[3] 盛宏玉.结构动力学[M].合肥:合肥工业大学出版社,2005.
[4] 李耀庄.结构动力学及应用[M].合肥:安徽科学技术出版社,2005.
[5] 彭俊生.结构动力学、抗震计算与SAP2000应用[M].成都:西南交通大学出版社,2007.
[6] 徐赵东.结构动力学[M].北京:科学出版社,2007.
[7] 范立础.桥梁抗震[M].上海:同济大学出版社,1997.
[8] 范立础,卓卫东.桥梁延性抗震设计[M].北京:人民交通出版社,2001.
[9] 范立础,王志强.桥梁减隔震设计[M].北京:人民交通出版社,2001.
[10] 谢旭.桥梁结构地震响应分析与抗震设计[M].北京:人民交通出版社,2005.
[11] 叶爱君,管仲国.桥梁抗震[M].3版.北京:人民交通出版社股份有限公司,2017.
[12] 肖潇,陈振富.桥梁抗震与减隔震[M].北京:机械工业出版社,2014.
[13] 谷岩.桥梁抗震与抗风[M].天津:天津大学出版社,2014.
[14] 任亮,王凯.超高性能混凝土冲击动力特性数值模拟——基于霍普金森压杆冲击测试技术[M].北京:人民交通出版社股份有限公司,2021.
[15] AASHTO.Specifications for LRFD seismic bridge design[S].Washington,D.C.:American Association of State Highway and Transportation Officials,2020.
[16] 刘斌.受压圆形钢筋混凝土墩柱侧向抗冲击性能试验与分析方法研究[D].长沙:湖南大学,2019.
[17] 万超.不同冲击应变率下车辆-桥墩碰撞动力响应与损伤评估[D].南昌:华东交通大学,2022.